LE MARKETING ON LINE

Éditions d'Organisation
Groupe Eyrolles
61, bd Saint-Germain
75240 Paris Cedex 05

www.editions-organisation.com
www.editions-eyrolles.com

ISBN : 978-2-212-53982-0

Michelle & Philippe JEAN-BAPTISTE

LE MARKETING ON LINE

GUIDE PRATIQUE – GUIDE JURIDIQUE

Du même auteur

Michelle Jean-Baptiste, *Créer et exploiter un commerce électronique,* Litec, 1998, ouvrage primé par l'AFDIT (association Française du Droit de l'Informatique et des Télécoms).

Michelle Jean-Baptiste, « Broadcasting and telecommunications : which convergences ? », in *The New Electronic Communication Law,* Annals of telecommunications, 2006.

Dédicace

Au professeur Xavier Linant de Bellefonds, expert émérite et généreux du droit de l'Internet, parti trop tôt.

Remerciements

Nous souhaitons remercier les personnes qui nous ont permis d'élaborer ce livre grâce à leur talent et leur générosité d'esprit.

Merci à Laurent de Camas et Éric Mathieu pour la qualité de nos échanges et pour leurs éclairages professionnels.

Merci à Sylvie Pasquelin-Mimouni pour ses précieux encouragements.

Merci à Serge Soudoplatoff pour nous avoir fait l'honneur et le plaisir de rédiger la préface de cet ouvrage.

Merci à Luc Vauthrin pour sa disponibilité estivale et la qualité de ses illustrations.

Merci à notre éditrice, Marguerite Cardoso, qui a supervisé la réalisation de ce livre avec patience, créativité et délicatesse.

Merci à nos conjoints respectifs ainsi qu'à notre famille pour avoir supporté nos longs week-ends d'écriture et nos nuits blanches studieuses.

Enfin, merci à Irvin Lécuyer (fils et neveu adoré des auteurs) qui a collaboré du haut de ses onze ans à la recherche documentaire on line avec beaucoup d'enthousiasme et de professionnalisme.

Sommaire

Mode d'emploi du livre

Les différentes parties du livre

Cet ouvrage volontairement très opérationnel est organisé autour des actions du marketing *on line*.

Les différentes parties du livre seront donc et dans cet ordre :

1. Constituer et exploiter sa base de données.
2. Développer un e-mailing.
3. Créer et exploiter un site Internet.
4. Tirer parti du Web 2.0.
5. Faire de la publicité on line.
6. Mettre en place des offres promotionnelles on line.

Les tableaux

Ce livre comporte de nombreux tableaux récapitulatifs vous présentant :

- les obligations que vous devez respecter;
- ce que vous devez faire et/ou ne pas faire;
- les différentes actions à ne pas oublier.

Les icônes

Pour vous aider à repérer facilement un certain nombre d'informations, nous avons créé des icônes.

Conversation à bâtons rompus : petit dialogue entre le marketeur et la juriste mettant en avant de manière conviviale les problèmes de droit rencontrés par le professionnel.

Paroles de pros ! : rubrique donnant la parole à des professionnels du marketing et illustrant l'action professionnelle qui va être développée dans la section.

Et ailleurs comment ça se passe ? : rubrique concernant le droit comparé en Europe et au-delà de l'Europe.

Le juge a dit : rubrique concernant les points de jurisprudence importants.

Conseils pratiques : rubrique donnant des conseils marketing et juridiques pratiques pour une mise en œuvre opérationnelle en toute légalité.

Quiz : petit test des connaissances ayant pour vocation de renforcer certains points abordés avec humour.

Pour aller plus loin

Pour aller plus loin, nous avons mis en place une rubrique qui clôture chaque chapitre et qui comporte un carnet d'adresses, ainsi qu'une bibliographie dédiés à la thématique du chapitre.

Préface

L'innovation induite par Internet trouve des racines profondes dans ses processus mêmes de fabrication. Citons-en trois, au hasard : les personnes qui ont conçu et réalisé Internet n'étaient pas forcément payées pour faire ce travail; les décisions sont prises par vote; il n'y a pas de chef de projet global dans la gouvernance de l'Internet. Ce n'est pas exactement ce qu'on enseigne dans les écoles, ni ce qu'on dit dans les grandes entreprises…

La culture de l'Internet est aujourd'hui héritière de ces gènes : une simple analyse des entreprises florissantes, des mouvements populaires, de ce début du troisième millénaire nous montre bien des ruptures : la valeur, qu'elle soit économique ou sociale, est maintenant dans le réseau, dans les échanges entre pairs (bien sûr n'oublions pas d'appliquer les lois « anti-piratage »); le consommateur prend de plus en plus sa part dans le design des produits et des services (adieu la célèbre « Madame Michu », qui devient plus adulte, et ne veut plus être « au centre »); l'économie devient franchement immatérielle (nous devons bien sûr respecter le Code du travail si bien adapté à la société industrielle du XIXe siècle); la logique des « mashup » et autres flux RSS est une parfaite illustration du déplacement de la valeur du stock dans le flux (quel avenir alors pour la vente centrée sur le contenu que l'on rend artificiellement rare ?).

Nous sommes dans un autre monde : les valeurs changent, les règles changent, il nous faut sans cesse inventer de nouveaux chemins. À l'inverse des cultures verticales et hiérarchiques, c'est dans l'approche systémique que se situe la valeur. Aborder ce monde complexe passe par la coopération des métiers, par exemple, la juriste et le marketeur, dans un respect mutuel, mais sans éviter le débat. Internet est vraiment le monde du « ET ».

C'est dans cet esprit systémique que ce livre doit se lire. Ou plutôt, je dirais presque doit s'écouter, car son rythme, sa prose, ses multiples paragraphes d'une grande précision, ses phrases scandées tels des leitmotivs encadrant des propos rigoureux nous en rendent le contenu intelligible et agréable, évoquant la richesse d'une partition musicale.

Tout comme Didier Lockwood et Caroline Casadesus ont su, dans « le jazz et la diva », nous faire comprendre les apports réciproques de la musique classique et du jazz, et aimer leurs différences, les « Jean-Baptiste » nous délivrent un contrepoint riche et complet sur le difficile mariage du droit rigoureux et du marketing créatif.

Serge SOUDOPLATOFF

Enseignant chercheur et délégué général d'Almatropie,
association dédiée à la promotion des usages de l'Internet.

Introduction

Droit et marketing *on line* : quels enjeux? Quelles relations?

Internet : réseau des réseaux où tout semble possible; espace où l'on peut tour à tour rechercher, apprendre, travailler, échanger; vecteur d'information interactif sans précédent où le temps et l'espace semblent n'avoir plus d'emprise; zone internationale à hauts risques (pleine de pirates, de virus, de voleurs d'information de tous ordres) pour les uns; dernier lieu de liberté, de démocratie, d'expression, d'éducation, de créativité et de développement économique pour les autres.

Internet et les technologies de l'information (télévision, informatique, télécoms) ont envahi nos vies en l'espace de quelques décennies. Personne ne peut plus échapper à ce tourbillon à la fois technologique, économique, social et culturel.

Les professionnels des affaires – commerciaux, communicants, financiers, juristes, professionnels du marketing – ne peuvent ignorer un phénomène auquel ils se trouvent confrontés à double titre : en tant que professionnels tout d'abord, ils doivent connaître les règles qui s'appliquent à leur métier dans le «cyberespace»; en tant qu'utilisateurs ensuite. Qui n'est pas muni aujourd'hui de la «panoplie téléphone, fax, ordinateur, connexion Internet»?

À l'origine, Internet était surtout utilisé pour se procurer des informations de référence, des informations professionnelles dans les domaines très techniques de l'informatique et de l'électronique. Il s'agissait d'un dispositif développé par les militaires, les ingénieurs, les chercheurs dans un environnement plus marqué par la gratuité et la liberté d'échange que par le profit et la loi du marché. Mais très rapidement[1] Internet s'est ouvert au grand public participant ainsi au développement de la «Nouvelle économie» et du commerce en ligne.

1. À partir de 1993 date de lancement du logiciel de navigation Mosaïc rendant possible et facile l'utilisation du Web sur ordinateur sous Windows ou Macintosh.

En 2006, on comptait ainsi 694 millions[1] d'internautes âgés de 15 ans et plus dans le monde et 16,1 millions d'internautes en France ayant déjà effectué un achat en ligne, soit près d'un Français sur trois[2].

Internet, un formidable outil

Internet est devenu ainsi en moins de quinze ans un espace économique et commercial dans lequel s'exerce un nouveau marketing *one to one* avec lequel il faut désormais composer. Le marketing sur Internet ou « Marketing *on line* » est né, devenant un véritable enjeu au sein de la communication globale. Il faut dire que les avantages de l'utilisation d'Internet sont indéniables : rapidité, interactivité, possibilité de personnalisation à l'extrême des contacts commerciaux, faible coût et mesure précise de l'efficacité de l'action marketing en temps réel.

Le professionnel du marketing a trouvé dans l'Internet un formidable outil de prospection, de vente, de fidélisation et de commercialisation des offres. Grâce à la technique, il peut construire et optimiser des sites Web répondant aux attentes des cibles visées. Il peut générer un trafic qualifié par l'intermédiaire des moteurs de recherche, de la publicité ou du marketing direct *on line*. Les comportements du consommateur sont suivis en temps réel, les propositions qui lui sont faites peuvent être fonction de son cheminement dans l'arborescence d'un site Web. La cible est clairement identifiée et l'on peut s'adresser à elle sans être présent physiquement mais en connaissant presque tout de ses goûts et de son profil d'acheteur.

1. Source : ComScore World Metrix, mars 2006.
2. Source : Observatoire des usages Internet de Médiamétrie.

Le marketing *on line* : source inépuisable de questions juridiques...

Ce *profiling* grandement facilité par la technique pose un problème de fond en matière de protection des consommateurs et de responsabilité des professionnels. C'est à ce stade d'ailleurs que les premières interrogations d'ordre juridique se posent : jusqu'où peut-on aller pour vendre mieux? Toutes les informations sont-elles bonnes à prendre? Peut-on toutes les utiliser? Que faire des informations obtenues à l'insu de l'internaute? Sont-elles utilisables telles quelles? Comment gérer juridiquement une campagne d'e-mailing? Quand tombe-t-on sous le coup du *spamming*? La création de sites Internet ou de supports publicitaires en ligne pose aussi problème : existe-t-il des règles de rédaction? Quelles mentions légales insérer? Quid du droit des marques et des noms de domaines? Qu'est-ce que le *cybersquatting*? Dans le cas du développement de partenariats commerciaux : quels contrats mettre en place? Quelles sont les responsabilités en matière de contenus? Quelles règles sont applicables en matière d'édition en ligne : *newsletter*, blogs, etc. Comment gérer les annonces virtuelles, les jeux concours en ligne, les espaces privatifs et extranets, les liens sponsorisés, promotionnels, contextuels? Qu'en est-il des règles concernant le contrôle de l'audience de sites, des *cookies*, du référencement?

Droit et marketing : entre chien et chat...

Force est de constater que même si les professionnels saisissent de plus en plus l'importance de la maîtrise juridique des risques liés à leur métier de manière générale et au marketing *on line* en particulier; ils ne se préoccupent que ponctuellement des questions de droit. En effet, la plupart du temps, ils ne sollicitent le service juridique qu'au dernier moment, lors des lancements de leurs opérations de communication et non en amont; donc il est souvent trop tard.

Cette attitude largement répandue, et ce, quel que soit le secteur d'activité dans lequel intervient le professionnel du marketing, est due principalement à la nature des relations qu'entretient le juriste avec le marketeur et inversement.

Il semble en effet que « ces deux-là » se vivent comme des « extra-terrestres » habitant deux mondes parallèles régis par des règles diamétralement opposées.

Ainsi, quand le marketeur voit dans le consommateur une cible à rentabiliser, le juriste voit « une partie faible » à protéger.

Quand le marketeur est dans le « temps réel », le juriste est dans le temps de la recherche, et de l'analyse.

Quand le marketeur est dans l'action, le juriste est dans la réflexion.

Quand le marketeur travaille dans l'urgence, le juriste privilégie les plannings à moyen ou long terme et les procédures administratives.

Quand le marketeur privilégie la synthèse, le slogan court, le résumé, le langage accessible à tous, le juriste, lui, privilégie le détail, les « longs écrits », les références aux textes développés dans un langage technique.

Quand le marketeur aime les réponses directes, « agressives », immédiatement lisibles, le juriste fournit des réponses « à n'en plus finir » qui s'apparentent souvent à des réponses de « normand » ; « oui mais non », « oui mais à condition que » donc inexploitables par le marketeur.

Quand le marketeur utilise un jargon anglo-saxon, le juriste use d'une prose latine.

Quand le marketeur évolue par définition dans un environnement multicanal (print, Web, télévision, support mobile, etc.) et multilingue (donc transnational), le juriste reste souvent très vertical, ultra-spécialisé et souvent national.

Quand le marketeur privilégie les supports électroniques (e-mail, agenda électronique, etc.), le juriste en est encore à l'âge du papier et du stylo.

Les professionnels du marketing et du droit n'arrivent pas toujours à s'entendre car il y a une grande méconnaissance réciproque des obligations, des métiers et des contraintes de chacun et parce qu'ils ne défendent pas les mêmes intérêts et n'ont pas les mêmes objectifs.

Même la perception de l'outil Internet diffère :

- l'Internet, c'est rapide : parfait pour le marketeur, trop risqué pour le juriste ;
- l'Internet, c'est nouveau : idéal pour le marketeur car source de regain d'intérêt du client, vraiment problématique pour le juriste qui y détecte de nombreuses zones d'ombres pour le consommateur ;
- l'Internet, c'est du *one to one*, ce qui a toujours été le rêve de tout marketeur (message personnalisé pour chaque client-prospect), alors que le juriste est plus à l'aise avec les lois par définition « générales » et ayant vocation à s'appliquer à tous ;
- l'Internet est vu et perçu comme l'affranchissement des contraintes : idéal pour le marketeur afin d'ouvrir de nouvelles possibilités de communication (plus de connivence avec le consommateur, message plus personnalisé...), alors que pour le juriste il s'agit d'une zone qu'il faut rapidement réglementer afin de protéger les internautes.

Droit et marketing : une réconciliation possible...

Les professionnels du marketing et du droit vont devoir pourtant arriver à s'entendre, car il en va de la viabilité, de la sécurité et de la pérennité du monde des affaires.

D'ailleurs, les mentalités évoluent et ces professionnels souvent opposés essaient bon an, mal an de communiquer. Parfois, il arrive même que d'autres personnes trouvent un intérêt à cette nouvelle alliance.

Pour en rire ou en sourire, voici l'extrait d'une chronique que nous avons trouvée sur Internet après avoir saisi dans un moteur de recherche les deux mots inconciliables (?) droit et marketing : « *L'idée de départ consiste à vendre aux gens un abonnement à un truc hyper technologique dont ils n'ont pas besoin. J'ai une super-bonne idée de business, pour ramasser un maximum de thunes sans aucun risque en peu de temps. Mais comme ce n'est pas très honnête, je vous la donne pour rien. Il faut juste un super-juriste et un super marketeur. L'idée de départ consiste à vendre aux gens un abonnement à un truc hyper technologique dont ils n'ont pas besoin, genre avoir à la fois 400 chaînes de télé et recevoir Internet par le tuyau de la douche. Le super marketeur, c'est pour persuader les gens qu'ils vont kiffer. Le super-juriste, c'est pour rédiger un contrat tellement grave béton de chez béton qu'une fois qu'ils l'auraient signé, ils ne pourraient plus s'en dépêtrer* » (Pierre Blanc-Sahnoun, Newzy.fr, le 3 septembre 2006).

1 Constituer et exploiter sa base de données en toute légalité

Pas de marketing sans base de données. Pas de prospection efficace sans la création et l'enrichissement de fichiers, pas de vente sans avoir cerné son marché potentiel et identifié clairement sa cible. La base de données se situe réellement au cœur de l'entreprise : sans elle il n'y a ni relation commerciale ni segmentation possibles.

Grâce à Internet la procédure d'alimentation de la base s'accélère, s'automatise et surtout s'enrichit de manière considérable. Les informations sont non seulement fournies par la cible elle-même de manière volontaire (le fameux *permission marketing*) mais aussi à son insu, grâce aux outils informatiques qu'elle utilise permettant au marketeur de la «profiler» en accédant à de nouvelles applications.

L'enjeu pour les entreprises est alors de garantir l'exploitation optimale de la base tout en respectant les obligations réglementaires et contractuelles applicables dans un contexte où si l'on sollicite les prospects à outrance, l'opération commerciale risque de ne pas aboutir voire de provoquer le rejet. En outre, la numérisation de l'information offre de nouvelles occasions aux entreprises et aux consommateurs de jouer plusieurs rôles à la fois : ceux de producteur, distributeur, vendeur, revendeur et usager de base de données.

La création et l'exploitation de bases de données soulèvent aujourd'hui de nombreuses questions :

Existe-t-il vraiment un droit en la matière et, si oui, à qui, quand, comment et où s'applique-t-il? Quels types d'informations peut-on collecter? Comment constituer son fichier? Quelles sont les règles liées à la conservation des données? Comment commercialiser la base que ce soit dans le cadre d'un échange, d'une location ou d'une vente?

Cadre juridique de la base de données

Conversation à bâtons rompus...

Le marketeur : Pour trouver des infos sur le droit des bases de données c'est la galère. Il y a tant de textes différents. On ne sait par où commencer. Puis, quand finalement on finit par trouver, c'est carrément incompréhensible ! Vous ne pouviez pas faire plus compliqué !

La juriste : Tous ces textes n'existent pas juste pour vous compliquer la vie, au contraire. Chacun des droits a été pensé pour protéger chaque base de données quels que soient son contenu, sa structure ou le profil des acteurs qui ont participé à son développement.

Définition légale et jurisprudentielle

La notion de base de données est très large et il existe plusieurs définitions.

Une définition générale : la base de données est un *« ensemble structuré et organisé permettant le stockage de grandes quantités d'informations afin d'en faciliter l'exploitation (ajout, mise à jour, recherche de données)*[1] *».*

Une définition informatique : la base de données, ou *data base*, est un *« ensemble de fichiers disque ou mémoire permettant le stockage permanent ou temporaire et l'accès à des informations structurées*[2] *».*

Une définition marketing : la base de données marketing est un *« ensemble des données disponibles sur les clients et/ou les prospects (profil quantitatif et qualitatif des achats, occasions de contacts avec l'entreprise...) qui permettent de personnaliser et d'anticiper les relations avec eux*[3] *».*

En droit français, la définition de la base de données résulte de la loi du 1er juillet 1998 qui a transposé la directive communautaire du 11 mars 1996 concernant la protection juridique des bases de données (article L. 112-3 alinéa 2 du Code de la propriété intellectuelle) : « On entend par base de données, un recueil d'œuvres, de données ou d'autres éléments indépendants, disposés de manière systématique ou méthodique, et individuellement accessible par tout moyen électronique, ou par tout autre moyen. »

1. www.wikipedia.org.
2. www.dicofr.com.
3. www.abc-netmarketing.com.

Et ailleurs comment ça se passe?

Les autres pays de l'Union européenne adoptent une définition très voisine de la nôtre. Ils reprennent aussi la définition de la directive, par exemple l'Espagne avec son article 12 du TRLPI[1] : «Aux fins de la présente loi, et sans préjudice des dispositions du paragraphe précédent, sont considérés comme bases de données les recueils d'œuvres, de données ou d'autres éléments indépendants, disposés de manière systématique ou méthodique et individuellement accessibles par des moyens électroniques ou d'une autre manière.»

Au-delà de l'Europe, la base de données n'est pas toujours définie par une loi, mais la jurisprudence rejoint la définition européenne et, de la même façon, ne fait pas de distinction entre bases de données électroniques et non électroniques. C'est le cas des États-Unis par exemple.

Le juge a dit

En application de cette définition légale, les juges français et européens ont reconnu que constituaient notamment des bases de données : des répertoires d'adresses; des annuaires professionnels; des dictionnaires; des encyclopédies; des catalogues de vente par correspondance; la disposition d'ouvrages dans une bibliothèque; la disposition d'objets exposés dans un musée; des livres de recettes de cuisine; des sites Internet.

Traduite dans le langage courant cette définition légale nous apprend que la base de données est un recueil, une compilation de données; disposées selon une méthode par la personne qui est à l'origine de la base ; il doit y avoir rassemblement ou compilation d'éléments informationnels indépendants; c'est-à-dire que l'utilisateur de la base doit être en mesure d'accéder à ces éléments, appréhendés individuellement sans tenir compte de l'organisation donnée par celui qui est à l'origine de la base; la base de données peut être électronique ou non électronique.

Quiz

1. **Une base de données est :**
   - **A :** une plate-forme de lancement de données.
   - **B :** un ensemble de signes incompréhensibles.
   - **C :** une compilation de données structurée et organisée.

1. Pour plus de détail voir l'article: «Bases de datos y derechos de autor (primera parte)», Matilde Cuena Casas, Revista General de Legislación y Jurisprudencia, n° 12, avril 2001 http://vlex.com/vid/192623.

2. Une base de données est un recueil :
A : de données accessibles uniquement par Internet.
B : d'œuvres ou de données accessibles par tout moyen.
C : d'œuvres accessibles uniquement par télépathie.

Textes juridiques applicables

Les principaux textes applicables aux bases de données en France relèvent du droit international, européen et national[1].

Conseils pratiques

Ne perdez pas de vue que vous êtes dans un contexte international. En fonction de la nationalité de votre cible ou du lieu du siège social de votre entreprise, le droit applicable n'est peut-être pas le droit français. Dans ce cas, renseignez-vous pour savoir si des règles spécifiques sont applicables.

Le droit est une matière vivante, les lois et les textes évoluent, veillez à vérifier la pertinence et l'actualité des informations dont vous disposez en permanence. Les associations professionnelles procèdent à cette veille juridique, n'hésitez pas à lire leurs articles et à faire un tour sur leurs sites.

Vous pouvez être amené à jouer plusieurs rôles à la fois : utilisateur, producteur, loueur, locataire de la base. Les droits qui vous seront applicables ne seront pas forcément les mêmes pour chaque rôle.

Si vous avez un juriste sous la main exposez-lui de manière précise votre situation afin qu'il puisse vous conseiller dans les meilleurs délais.

CONSTITUER UNE BASE DE DONNÉES EN TOUTE LÉGALITÉ

Conversation à bâtons rompus...

Le marketeur : Construire une base de données est essentiel pour l'avenir économique de l'entreprise. Pour nous, l'information «rare» est celle qui permet de se différencier de la concurrence et de fidéliser la clientèle. Seulement voilà, nous sentons bien qu'au quotidien, nous sommes souvent à «la limite» de la légalité, quand nous ne sommes pas conscients d'avoir franchi des «interdits» pratiqués par tous : situation patrimoniale des personnes, origine ethnique, opinion politique par croisement de différentes bases. Par exemple, je peux croiser des fichiers d'un parti politique avec les abonnés d'une revue gay, et «profiler» des

1. Voir le tableau récapitulatif des textes juridiques en annexe.

personnes d'une certaine tendance politique et d'une orientation sexuelle spécifique. Et cela sans jamais décrire avec ces termes les «profils» de ma base de données. Le contournement des lois me paraît tellement facile que leur existence même peut sembler inutile.

La juriste : Bien sûr les lois peuvent sembler facilement contournables, c'est la raison pour laquelle on assiste depuis quelques années à un durcissement des textes et des sanctions, notamment s'agissant du profiling conduisant à une discrimination. Comme dit l'adage, «nul n'est censé ignorer la loi», et en tant que professionnel vous êtes doublement obligé de faire attention aux types de données que vous collectez.

Les règles de collecte des données

Paroles de pros!

«On ne bricole pas. Il faut trouver de nouvelles catégories à intégrer aux data bases qui identifient et prédisent le comportement des consommateurs. [...] Pour des produits de grande consommation, la base doit intégrer des informations sur le comportement du client : ancienneté, fréquence et montant de ses achats et données relatives aux produits. Elle doit détailler son profil : âge, catégorie socioprofessionnelle, situation familiale, etc. Dans certains cas, prenons celui d'une agence de voyages, l'âge des enfants sera un critère pertinent pour personnaliser les offres. Les numéros de Siret, les codes Naf et Treff sont, quant à eux, indispensables pour les activités de business to business.»

Andréa Micheaux, directrice associée de AID, enseignante au Celsa; auteur de *Marketing et Base de données*, Éditions d'Organisation, 1997.

Pour l'entreprise comme pour le marketeur, toutes les données et informations sont bonnes à collecter qu'il s'agisse d'informations générales comme les critères géographiques : région, type d'habitat, centre-ville/banlieue; spécifiques au client ou au prospect comme les critères sociodémographiques : âge, sexe, nationalité, situation de famille, niveau d'études, catégorie socioprofessionnelle, métier; ou les critères économiques très utiles dans le cadre du *B to B* : code NAF, activité principale, date de création, taille salariale, chiffre d'affaires, bénéfices, structure juridique, établissements secondaires; ou d'informations de comportement d'achat comme la nature et l'historique, le montant, la fréquence des achats[1], la fidélité à la marque, le mode d'achat (en magasin, à distance...), la réaction aux sollicitations commerciales, la valeur du client[2].

1. La matrice RFM (récence, fréquence et montant) ou FRAT (*frequency, recency, amount*).
2. La matrice LTV (*Lifetime Value*).

Toutes ces informations constituent en effet des critères de segmentation[1] précieux pour les professionnels du marketing, mais ces informations sont des données personnelles considérées comme telles par le juriste dès lors qu'elles permettent d'identifier directement ou indirectement des personnes.

La collecte de ces données est strictement encadrée par le droit

La loi CNIL[2] précise que : « L'information ne doit porter atteinte ni à l'identité humaine, ni aux droits de l'homme, ni à la vie privée, ni aux libertés individuelles ou publiques. » En application de cet article, la Commission nationale informatique et libertés (CNIL), organisme incontournable dans la constitution d'une banque de données marketing *off* et *on line,* surveille les données dites « sensibles » concernant les origines raciales, les opinions politiques, philosophiques ou religieuses, les appartenances syndicales, la santé, la vie sexuelle ou encore les données relatives aux infractions ou aux condamnations. En outre, elle vérifie que les informations utilisées sont « adéquates, pertinentes et non excessives par rapport aux finalités ». En effet tout fichier doit avoir un objectif précis et comporter des informations cohérentes par rapport à la finalité du traitement des données.

Vous avez donc des obligations lors de la collecte des données et ce quelle que soit la source de vos données (sources internes : facturation, force de vente, salons, courriers des clients, opérations promotionnelles ; ou sources externes : achat de fichier auprès d'autres sociétés, INSEE, sociétés spécialisées) et quel que soit le mode de collecte utilisé (questionnaires, formulaires de participation aux jeux concours, bons d'inscription, etc.).

Vos obligations lors de la collecte des données

Vous devez recueillir le consentement de la personne pour utiliser une information qui l'identifie; vérifier que les données que vous traitez sont exactes, complètes et mises à jour; enfin informer du caractère obligatoire ou facultatif des réponses, des conséquences d'un défaut de réponse des destinataires des informations. L'obligation d'informer concerne :

- l'existence d'un droit d'accès et de rectification;
- l'existence d'un droit d'opposition c'est-à-dire de la possibilité de s'opposer, sur demande et gratuitement, au traitement des données à caractère personnel les concernant;

---

1. Voir les principaux critères de segmentation, «Les 7 bases de valorisation des données», *Marketing Direct* n° 82, 1er mars 2004. Cahier réalisé par Muriel Jaouën avec Xavier Lucron.
2. Article 1er de la loi du 6 janvier 1978 relative à l'informatique, aux fichiers et aux libertés.

- le traitement automatisé des données s'il a été mis en place et ce, même lorsque la collecte des informations a été faite de manière indirecte.

Vous devez aussi préciser sur les questionnaires ou les formulaires de collecte destinés à vos clients ou prospects :

- la mention dédiée à la loi Informatique, fichiers et libertés du 6 janvier 1978;
- l'identité du responsable du traitement et, le cas échéant, de son représentant;
- les finalités du traitement auxquelles les données sont destinées;
- les informations supplémentaires eu égard, par exemple, aux droits dont dispose toute personne fichée.

En revanche, **vous ne devez pas** collecter des données à l'insu des personnes propriétaires de ces données. Attention! Les informations obtenues à l'insu du consommateur grâce à l'utilisation des outils techniques liés à Internet (type d'ordinateur sur lequel il surfe, information financière, version des logiciels utilisés, etc.) ne sont donc pas légales.

Vous ne devez pas non plus réutiliser des informations de manière incompatible avec la finalité pour laquelle elles ont été collectées; ni collecter des données sensibles comme :

- les origines raciales ou ethniques;
- les opinions politiques, philosophiques ou religieuses;
- les données concernant la santé et les condamnations;
- les données relatives à la vie sexuelle;
- l'appartenance syndicale;
- toute information pouvant entraîner une appréciation du comportement ou des opinions.

Enfin, en cas de collecte de données à caractère personnel par un moyen frauduleux, déloyal ou illicite (article 226-18 du Code pénal) ou de détournement de finalité (article 226-21 du Code pénal), vous risquez cinq ans d'emprisonnement et 300000 euros d'amende.

Cas particulier des données personnelles des mineurs

Vous devez recueillir le consentement préalable des parents, à qui l'on doit donner les moyens de s'opposer à la collecte, et fournir une information claire aux mineurs.

Mais vous ne devez pas :

- recueillir des données sensibles (origines raciales, opinions politiques, religieuses, philosophiques, syndicales, de mœurs);
- récupérer des informations sur l'entourage familial, le mode de vie des parents, leur statut professionnel car cela est considéré comme excessif et déloyal.

Interdiction des listes noires

Le 17 décembre 2004, la CNIL a considéré qu'un fichier de mauvais payeurs constitué dans un secteur, par exemple le secteur locatif, ne devait pas être utilisé dans d'autres secteurs. Dans un arrêt du 28 juillet 2004, le Conseil d'État a validé cette position.

Toujours en 2004, la CNIL a dénoncé au parquet la Ligue européenne de défense des victimes de notaires, qui avait publié sur son site Internet une liste de 2500 noms de notaires sans respecter leur droit d'opposition. Le 5 juillet 2006, le tribunal correctionnel de Bourges a conforté l'analyse de la CNIL en condamnant cette association.

Quiz

1. **Lors de la collecte de vos données *via* un questionnaire, vous récupérez :**
   A : Toutes les informations que vous voulez.
   B : Les informations sur les opinions politiques de vos clients.
   C : Des informations en rapport avec la finalité du traitement de vos données.
2. **Lors de la collecte de vos données *via* une enquête de satisfaction, vous :**
   A : Obligez la personne sondée à répondre sous la menace «Oui, votre société est formidable».
   B : Informez la personne sondée du caractère obligatoire ou facultatif de ses réponses.
   C : N'avez rien à faire.

Protection de la base de données

Il ressort des textes que la base de données est protégée par cinq droits différents :

- droit d'auteur;
- droit *sui generis* des bases de données;
- droit sur les éléments incorporés à la base;
- droit de la concurrence;
- droit des logiciels.

Cette protection s'exerce à condition pour le droit d'auteur que la structure de la base de données soit originale; pour le droit spécifique aux bases de données (ou droit *sui* generis) que le contenu de la base de données révèle des investissements matériels et humains substantiels; pour le droit des logiciels que le logiciel résulte d'un travail intellectuel et personnel de son auteur; pour le droit sur les éléments incorporés à la base que ces éléments aient dépassé l'état brut et fassent l'objet de droit privatif; enfin pour le droit de la concurrence que la base propriétaire ait été copiée ou utilisée de manière déloyale par un tiers sans bourse déliée.

Protection des bases de données par le droit d'auteur

Selon l'article L 112-3, alinéa 1 du Code de la propriété intellectuelle (CPI), *« les bases de données constituent des créations intellectuelles protégeables par le droit d'auteur du fait des choix de disposition et d'organisation qui sont effectués par les auteurs »*.

Quels sont les éléments protégés ?	La forme de la base de données, c'est-à-dire « le choix, la disposition et l'agencement de la base ». La structure c'est-à-dire l'architecture de la base, son contenant. Les œuvres originales contenues dans la base.
Qui sont les titulaires de la protection ?	Le ou les auteurs de la base de données c'est-à-dire : – ceux qui conçoivent la structure de la base; – ceux qui l'alimentent.
Quelles sont les conditions de la protection ?	Nécessité d'une création, c'est-à-dire d'une œuvre originale marquée par l'empreinte de son auteur. L'originalité devra se déceler soit dans un choix arbitraire qu'a pu faire l'auteur de la structure ou dans les données stockées, soit dans la façon dont elles auront été disposées. Aucune formalité préalable n'est exigée, aucun dépôt préalable non plus.
Quels sont les effets de la protection ?	Cette protection confère à l'auteur de la base de données : – des droits moraux : droit exclusif de divulgation de l'œuvre, droit à l'intégrité de l'œuvre, droit au nom, droit à la paternité de l'œuvre; – des droits patrimoniaux : droit de diffusion, d'exploitation, de traduction, d'adaptation de la base de données, droit de s'opposer notamment à toute reproduction intégrale ou partielle sans autorisation. Article L 111-1 du Code de la propriété intellectuelle
Quelles sont les sanctions ?	En cas de non-respect, les sanctions sont celles du délit de contrefaçon institué par l'article L 335-2 du Code de la propriété intellectuelle. Ainsi « toute reproduction, représentation ou diffusion, par quelque moyen que ce soit » de la base de données, en violation des droits de son auteur sera sanctionnée par : – une peine de 2 ans d'emprisonnement; – une amende de 150 000 € (articles L 335-2 et suivants du Code de la propriété intellectuelle).
Quelle est la durée de la protection ?	Les données et/ou le choix des donnés et/ou la structure seront, si elles sont originales protégées par le droit d'auteur, soit jusqu'à une période de 70 ans après la mort de leur auteur. Si la base est considérée comme étant une œuvre collective les contenus et la structure seront protégés 70 ans après le 1er janvier de l'année qui suit la date de publication.

Protection des bases de données par le droit du producteur ou *sui generis*

Beaucoup de documents et de données ne sont pas protégés par le droit d'auteur car le critère de caractère original/marque de la personnalité de l'auteur ne peut s'appliquer. Le droit d'auteur se limitant à la forme, il fallait donc prévoir une autre protection pour le contenu informationnel de la base de données qui a autant, voire souvent plus, de valeur que la forme. C'est la raison pour laquelle le législateur dans le cadre de la loi n° 98-536 du 1er juillet 1998 sur la protection des bases de données a décidé de créer un droit *sui generis* de la base de données, c'est-à-dire un droit spécifique. Ce droit a été intégré dans le Code de la propriété intellectuelle (article L 341-1) : « *La personne, qui prend l'initiative et le risque des investissements correspondants, bénéficie d'une protection du contenu de la base lorsque la constitution, la vérification ou la présentation de celui-ci attestent d'un investissement financier, matériel ou humain substantiel* » ; « *Cette protection est indépendante et s'exerce sans préjudice de celle résultant du droit d'auteur ou d'un autre droit sur la base de données ou un de ses éléments constitutifs.* »

Quels sont les éléments protégés ?	Le contenu de la base de données.
Qui sont les titulaires de la protection ?	Les producteurs de la base de données, c'est-à-dire « les personnes qui ont pris l'initiative et le risque des investissements correspondants ». Sont donc exclus les co-contractants qui n'assument aucun risque. Le titulaire du droit peut donc être différent de celui qui détient les droits d'auteur sur une même base de données. Attention ! si l'entreprise n'a pas pris quelques précautions, un salarié pourrait très bien être investi des droits d'auteur sur la base de données alors que ce sera l'employeur qui sera titulaire du droit *sui generis.*
Quelles sont les conditions de la protection ?	Cette protection spécifique des producteurs de bases de données est applicable dès lors que le producteur justifie « d'un investissement financier, matériel ou humain substantiel ».
Quels sont les effets de la protection ?	Le producteur de base de données a le droit d'interdire : – « L'extraction, par transfert permanent ou temporaire de la totalité ou d'une partie qualitativement ou quantitativement substantielle du contenu d'une base de données sur un autre support, par tout moyen et sous toute forme que ce soit » ; – « La réutilisation, par la mise à la disposition du public de la totalité ou d'une partie qualitativement ou quantitativement substantielle du contenu de la base, quelle qu'en soit la forme [...] ».

.../...

Quelles sont les sanctions ?	Les sanctions de l'irrespect de ces dispositions sont prévues par les articles L 343-1s du CPI : « Le fait de porter atteinte aux droits d'un producteur d'une base de données est puni de 2 ans d'emprisonnement et d'une amende de 150 000 €. »
Quelle est la durée de la protection ?	La protection accordée au producteur de la base dure 15 ans après le 1er janvier de l'année civile qui suit l'achèvement de la fabrication de la base, ou 15 ans après le 1er janvier de l'année civile qui suit la première mise à disposition du public. Cette protection peut être renouvelée pour 15 ans supplémentaires si un nouvel investissement quantitativement et qualitativement substantiel a été réalisé.

Protection des bases de données par le droit sur les logiciels

« Le droit sui generis protège seulement le contenu, les logiciels utilisés dans la fabrication ou le fonctionnement de bases de données accessibles par des moyens électroniques sont écartés de cette protection, car ils bénéficient d'un mode de protection séparé au titre d'un droit d'auteur particulier. » L'article 1er de la loi n° 85-660 du 3 juillet 1985 relative aux droits d'auteur et aux droits des artistes interprètes, des producteurs de phonogrammes et de vidéogrammes et des entreprises de communication audiovisuelle a en effet étendu aux logiciels, en tant qu'œuvres de l'esprit, la protection prévue par la loi du 11 mars 1957 sur la propriété littéraire.

Quels sont les éléments protégés ?	Le programme source, le programme objet, le cahier des charges et le cahier de spécifications, les organigrammes, les analyses organiques et fonctionnelles et dans certains cas l'aspect télévisuel et la documentation. Attention ! Un langage de programmation n'est pas protégé par le droit d'auteur. La Directive européenne sur la protection juridique des programmes d'ordinateur exclut spécifiquement les langages de programmation de son champ. L'auteur d'un nouveau langage a alors tout intérêt à se pencher sur la possibilité de le faire breveter.
Qui sont les titulaires de la protection ?	Le ou les auteurs du logiciel.

.../...

Quelles sont les conditions de la protection ?	Le logiciel doit : – résulter d'un travail intellectuel et personnel de leur créateur, allant au-delà de la simple mise en œuvre d'une logique automatique et contraignante; – constituer une œuvre originale dans sa conception et dans son expression; – ne pas emprunter de logiciels déjà créés notamment en les traduisant dans un autre langage ou en les adaptant à d'autres matériels ou à des utilisations spécifiques. Aucune formalité préalable n'est exigée, aucun dépôt préalable non plus.
Quels sont les effets de la protection ?	Les mêmes que pour la création d'une œuvre de l'esprit (droits moraux et patrimoniaux d'auteur).
Quelles sont les sanctions ?	En cas de non-respect, les sanctions sont celles du délit de contrefaçon institué par l'article L 335-2 du Code de la propriété intellectuelle. Une peine de deux ans d'emprisonnement et d'une amende de 150 000 € (articles L 335-2 et suivants du CPI).
Quelle est la durée de la protection ?	Pour les logiciels développés par une seule personne : pendant la vie de l'auteur et les 70 ans qui suivent la mort de celui-ci. Pour les logiciels développés par plusieurs auteurs en collaboration : jusqu'à 70 ans après la mort du dernier des co-auteurs.
Autres modes de protection du logiciel	Le logiciel est protégé au titre d'un droit d'auteur particulier, mais on peut aussi le protéger par le droit des marques, le droit des brevets. Son interface graphique peut être protégée par le droit des dessins et modèles.

Protection des bases de données par le droit sur les éléments incorporés à la base

Les éléments incorporés à la base seront éventuellement couverts par les règles qui leur sont applicables en raison de leur nature car la base de données peut réunir des éléments protégés :

- au titre du droit d'auteur : œuvres photographiques, littéraires, musicales, logicielles, audiovisuelles;
- au titre des régimes spéciaux des logiciels ou des œuvres audiovisuelles;
- au titre du droit des marques, des dessins et modèles ou des brevets.

Protection des bases de données par le droit de la concurrence

Conseils pratiques

Procéder (même si ce n'est pas obligatoire) à un dépôt dit « probatoire » auprès d'une société d'auteurs ou d'un organisme comme l'Agence pour la protection des programmes (APP)[1] ou encore auprès d'un huissier ou d'un notaire est plus prudent car en cas de contentieux il faudra prouver que vous êtes bien l'auteur de votre base de données.

Pour bénéficier de la protection *sui generis* vous devrez prouver votre investissement. Pensez à bien conserver vos factures et toutes justifications prouvant que vous avez mis en œuvre des moyens matériels, financiers et humains considérables pour constituer votre base de données et la tenir à jour en temps réel.

En tant que propriétaire du fichier, vous pouvez aussi mettre en place des dispositifs pièges tels que fausses adresses, coquilles... Par ce biais vous pourrez savoir à quel moment votre base de données a été piratée, notamment lorsque vous la confiez à un tiers.

Si la base de données ne remplit pas les conditions posées par le droit d'auteur, le droit *sui generis*, le droit des logiciels ou d'autres droits privatifs (droit des marques par exemple), il reste toujours la possibilité d'invoquer la théorie de la concurrence déloyale. On qualifie de « concurrence déloyale » des agissements fautifs dans l'exercice d'une profession industrielle, commerciale ou de service, de nature à engager la responsabilité civile (et parfois pénale) de leur auteur. En France, comme dans beaucoup de pays, il n'existe pas de loi spécifique pour réprimer la concurrence déloyale; les tribunaux fondent leurs décisions sur les notions de « faute ayant entraîné un dommage ». Ce sont les articles 1382, 1383 et 1384 du Code civil qui servent de base légale pour des actions en réparation pour concurrence déloyale devant les tribunaux civils.

Le juge a dit

L'appréciation de l'originalité de la structure de la base de données par le juge est parfois délicate, laissant place à une forme d'arbitraire. Un catalogue de tarifs douaniers a été jugé protégeable par le droit d'auteur (CA de Paris, 15 février 2006, à propos de la base de don-

1. L'Agence pour la protection des programmes (APP) est une association loi de 1901 créée en 1982 qui a pour objet de défendre les personnes physiques ou morales, auteurs de programmes informatiques, de jeux vidéos, de progiciels, d'œuvres numériques, d'études et de documents associés.

nées Selectarif), là où un recueil répertoriant des magasins d'usines dans toute la France n'a pas eu la même chance (CA de Paris, 2 mars 2005, société Digital Airways c/société Éditions du Seuil et M.-P. Dousset).

Quels sont les éléments protégés ?	Les éléments développés par l'entreprise dans l'exercice de son activité commerciale et professionnelle sur un marché concurrentiel.
Qui sont les titulaires de la protection ?	Les personnes ayant investi dans ses éléments.
Quelles sont les conditions de la protection ?	Un tiers doit avoir copié ou utilisé la base de données propriétaire sans autorisation et sans participation financière.
Quelles sont les sanctions encourues ?	Les sanctions en matière de concurrence déloyale peuvent être : – civiles : dommages et intérêts, interdiction d'exercer son activité tant qu'il n'a pas mis fin aux pratiques déloyales; – pénales : amendes et peines d'emprisonnement de l'auteur d'un acte de concurrence déloyale.

Quiz

1. **La durée de protection de la base de données (structure et contenu) par le droit d'auteur est de :**
   A : C'est trop long pour être présenté.
   B : 70 ans après le 1er janvier de l'année qui suit la date de publication.
   C : 48 heures chrono.
2. **Le droit *sui generis* des bases de données protège :**
   A : l'investissement humain, financier et matériel.
   B : uniquement l'investissement financier.
   C : C'est quoi ça au fait ?
3. **L'extraction d'éléments de la base de données sans l'autorisation du producteur de la base :**
   A : peut se faire sans risque.
   B : est puni de deux ans de prison et d'une amende de 150 000 euros.
   C : est vivement recommandé.

GÉRER UNE BASE DE DONNÉES

Conversation à bâtons rompus...

Le marketeur : Déclarer, conserver : encore et toujours de la paperasse ! On ne peut vraiment pas s'en passer ?

La juriste : En principe non, mais il y a quelques exceptions, et puis ce n'est pas si sorcier et on peut même déclarer en ligne aujourd'hui.

Déclaration de la base

Toute une série de questions se pose en ce qui concerne la déclaration de la base de données.

Doit-on obligatoirement déclarer sa base de données à la CNIL[1] ?

Principe général : la déclaration est obligatoire. Tout traitement de données nominatives doit faire l'objet d'une déclaration auprès de la CNIL en conformité avec les différentes listes des noms et adresses qui ne peuvent être utilisés en vue de prospection commerciale à savoir :

- Rouge pour le téléphone;
- Safran pour les fax (pour éviter le faxing);
- Robinson pour éviter d'être contacté commercialement par une entreprise (liste gérée par l'Union française du marketing direct [UFMD]).

Certaines bases de données sont-elles exemptées ?

Sont dispensés de déclaration :

- les fichiers constitués par un particulier agissant dans le cadre d'activités exclusivement personnelles;
- les fichiers de membres, d'adhérents ou de personnes qui sont en contact régulier avec une église, un parti politique, un syndicat, un organisme ou une association à caractère religieux, politique, philosophique ou syndical;

1. La CNIL, instituée par la loi de 1978 relative à l'informatique, aux fichiers et aux libertés est une autorité administrative indépendante de contrôle française en matière de protection des données personnelles.

- les traitements de données personnelles utilisés dans le cadre d'une activité professionnelle dans le domaine artistique (sont visés les écrivains, cinéastes, éditeurs...);
- les données ne faisant que transiter par la France et gérées par un responsable de traitement des données domicilié dans un autre État membre de l'Union européenne ou habitant en dehors de l'Union européenne;
- les données mises en œuvre dans le cadre d'un traitement de comptabilité générale;
- et tout autre traitement spécialement dispensé de déclaration par la CNIL dont notamment les fichiers constitués à des fins d'information ou de communication externe.

Qui doit déclarer la base?

Un fichier ou un traitement de données personnelles doit être déclaré par la personne qui en est responsable, c'est-à-dire celle qui décide de sa création, qui détermine à quoi il va servir et selon quelles modalités.

Quand doit-on déclarer la base et doit-on le faire lors de sa constitution?

Il faut déclarer préalablement à la mise en œuvre du traitement[1] tout fichier contenant des données personnelles.

Comment déclarer et quelle déclaration choisir?

La déclaration s'effectue à la CNIL en ligne ou par courrier.

Le choix de la déclaration à effectuer dépend de l'organisme qui met en œuvre le fichier ou le traitement, de la finalité de ce fichier ou de ce traitement et des données personnelles utilisées. En pratique, la CNIL propose deux types de formulaire (voir les deux modèles de formulaire sur le site de la CNIL)[2].

Les déclarations de conformité sont des formulaires allégés qui permettent de certifier qu'un fichier ou un traitement de données personnelles est conforme à un modèle déjà défini.

1. Un traitement de données vise la collecte, l'enregistrement, l'utilisation, la transmission ou la communication d'informations personnelles ainsi que toute exploitation de fichiers ou bases de données, notamment des interconnexions.
2. Déclarations normales et simplifiées sur http://www.cnil.fr/fileadmin/documents/declarer/teleprocedures/formulaires/Formulaire_DN.pdf

La déclaration normale est le formulaire à utiliser dans tous les autres cas, y compris pour les demandes d'autorisation applicables aux fichiers sensibles ou à risques. En cas d'hésitation, c'est le formulaire à choisir.

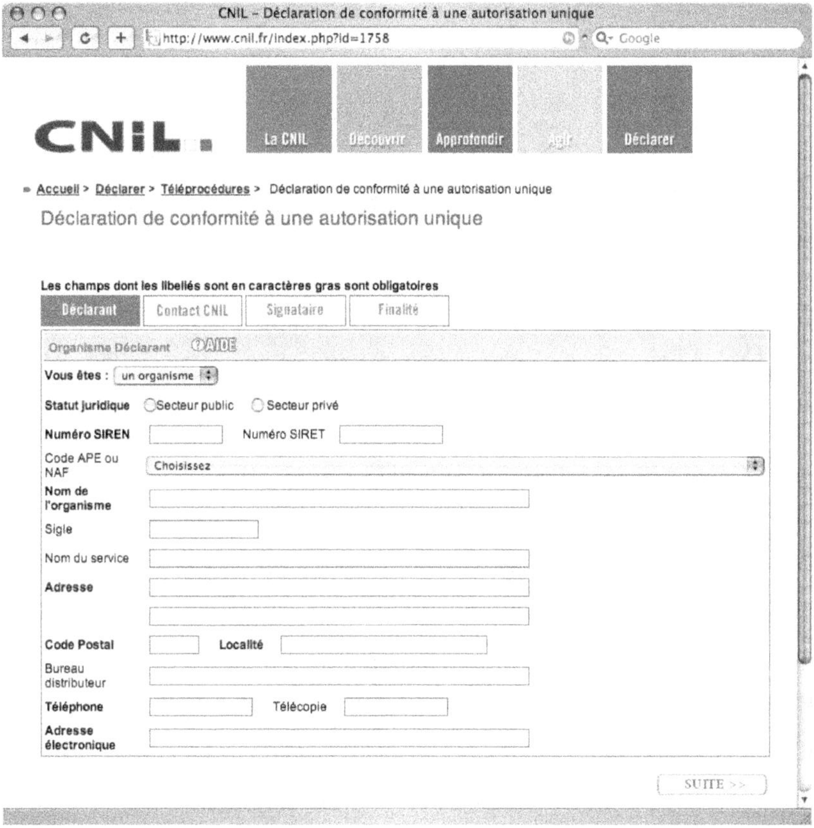

CNIL – Déclaration de conformité à une autorisation unique
http://www.cnil.fr/index.php?id=1758

CNIL. La CNIL | Découvrir | Approfondir | Agir | Déclarer

Accueil > Déclarer > Téléprocédures > Déclaration de conformité à une autorisation unique

Déclaration de conformité à une autorisation unique

Les champs dont les libellés sont en caractères gras sont obligatoires

Déclarant | Contact CNIL | Signataire | Finalité

Organisme Déclarant ⓘAIDE

Vous êtes : un organisme
Statut juridique ○ Secteur public ○ Secteur privé
Numéro SIREN Numéro SIRET
Code APE ou NAF Choisissez
Nom de l'organisme
Sigle
Nom du service
Adresse
Code Postal **Localité**
Bureau distributeur
Téléphone Télécopie
Adresse électronique

SUITE >>

Doit-on déclarer à la CNIL des données hébergées sur un serveur à l'étranger?

Et ailleurs comment ça se passe?

La Suède (1973), le Land de Hesse (1971) et la France (1978) ont été parmi les premiers à se doter d'une loi informatique et libertés et d'une autorité indépendante de contrôle. Des États aussi différents que l'Australie, le Canada, Hongkong, la Nouvelle-Zélande, l'Argentine sont également dotés d'une loi et d'une autorité indépendante de contrôle. D'autres États ont fait le choix d'adopter une législation de garanties, quelquefois limitée au seul secteur public, sans instituer une autorité indépendante de contrôle; il revient alors aux juridictions judiciaires de sanctionner la méconnaissance des droits reconnus. Tel est le cas pour la Corée du Sud, le Japon, le Paraguay, la Russie, Taïwan, la Thaïlande ainsi que les États-Unis pour les seules informations détenues par les administrations fédérales (Source : CNIL).

Ce n'est pas le lieu d'hébergement du serveur qui décide de l'application ou de la non-application des règles de droit français. Par principe, la déclaration à la CNIL reste obligatoire si vous-même ou votre société êtes soumis au droit français. Si ce n'est pas le cas ne vous estimez pas heureux pour autant car des organismes de contrôle existent aussi par-delà nos frontières.

Quiz

1. **La CNIL, c'est :**
   A : Le mot de passe de votre ordinateur portable.
   B : Les initiales de votre cousine Carlotta Natacha Ignès Lempicka.
   C : L'organisme auprès duquel vous devez déclarer vos bases de données.
2. **La déclaration de la base de données à la CNIL est :**
   A : Obligatoire dans certains cas.
   B : Une perte de temps.
   C : Obligatoire dans tous les cas.

Conservation de la base

Paroles de pros!

« Nous changeons notre politique [...] Dorénavant, nous conserverons les informations sur les utilisateurs pendant 18 à 24 mois, alors que jusque-là nous les conservions indéfiniment. »
« Nous nous sommes engagés à mettre en place un dialogue constructif avec les instances concernées par la question de la protection des données personnelles sur la façon d'améliorer les pratiques dans ce domaine dans l'intérêt des utilisateurs de Google et de l'ensemble des internautes. » Peter Fleischer, responsable européen des questions de confidentialité de Google, *EchoduNet*, mars 2007.

Durée de conservation

En ce qui concerne la conservation de la base de données, la question la plus sensible est celle de la durée. La CNIL rappelle que les données personnelles ont une date de péremption et que le responsable d'un fichier doit fixer une durée de conservation raisonnable en fonction de l'objectif du fichier. Selon l'article 226-20 du Code pénal, si le responsable du fichier conserve les données au-delà de la durée qu'il a déclarée, il peut être condamné à cinq ans d'emprisonnement et à 300000 euros d'amende.

On rappellera qu'il existe aussi des durées variables en fonction de la nature des données conservées[1].

Tous les responsables de bases de données sont concernés par la durée de conservation des données et cela dépasse largement le cadre national. Ainsi, en mars 2007, Google a annoncé le nettoyage de ses bases de données utilisateurs. Les milliards d'informations collectées et stockées par Google depuis dix ans devraient être rendus anonymes tout en conservant ce qui peut fournir des statistiques exploitables. Réponse de la CNIL et des 27 autres autorités nationales dans une lettre adressée à Google le 16 mai 2007 : le stockage de ces informations pendant une période de 24 mois « ne semble pas respecter les exigences » de la législation européenne. *« L'Europe n'est pas seule à s'interroger sur les pratiques de Google. Aux États-Unis, des associations de défense des libertés ont élevé la voix après l'acquisition, en avril, de la régie publicitaire en ligne DoubleClick pour 3,1 milliards de dollars. L'Electronic Privacy Information Center (EPIC), le Center for Digital Democracy (CDD) et l'US Public Interest Research Group ont saisi les autorités américaines de la concurrence pour leur demander de bloquer cette opération. Elles redoutent que Google ne combine les données archivées par les deux sociétés pour définir le profil et le comportement des internautes et leur délivrer des publicités ciblées »* (Source : *Le Monde*, 30 mai 2007).

Modes de conservation

La loi du 13 mars 2000 reconnaît une valeur juridique à la preuve électronique. L'article 1316-3 du Code civil énonce : « L'écrit sur support électronique a la même force probante que l'écrit sur support papier » ; c'est-à-dire que l'archivage électronique est admis au même titre qu'un archivage sur support papier. La loi ne donne toutefois aucune précision sur la forme et les modalités de conservation et d'archivage. Il est juste précisé que la conservation doit être effectuée dans des conditions de nature à garantir l'intégrité des documents conservés.

1. Ainsi la durée de conservation des documents d'assurance est de 30 ans; celle des bons de commande de 10 ans; les commandes clients, 10 ans; les contrats commerciaux, 10 ans; les factures clients, 10 ans et les bons de livraison, 10 ans.

Quiz

1. **Y a-t-il une durée de conservation de la base de données?**
   A : Non, les données se conservent éternellement.
   B : Oui, il s'agit de la durée qui a été déclarée par le responsable du fichier à la CNIL.
   C : Oui, la durée de conservation est de trois jours après la sortie du congélateur.
2. **L'archivage électronique de la base de données :**
   A : Doit s'effectuer obligatoirement sur support papier.
   B : Peut aussi s'effectuer sur support électronique.
   C : Pourquoi? Il faut archiver la base de données?

EXPLOITATION DE LA BASE DE DONNÉES

Conversation à bâtons rompus...

Le marketeur : La base de données est à la fois la richesse de l'entreprise et une source de coûts considérable. Nous en arrivons souvent à vouloir valoriser cette dernière en réalisant de l'échange, voire en la louant ou la vendant. Peut-on tout communiquer? Doit-on prévenir les personnes de notre base? Si je me montre généreux avec l'un de mes clients, à votre avis il mettra longtemps à me donner de précieuses informations sur deux ou trois de ses connaissances? Est-ce légal tout ça? Je regrette presque de poser la question, tellement j'ai peur que tout soit interdit! J'aurais mieux fait de me taire, non?

La juriste : On reste libre et détendu et surtout on ne regrette pas de poser la question car on verra qu'il suffit finalement de respecter quelques règles simples pour rendre légal un échange ou un transfert de données.

Transfert des données

Parole de pros

«Nous faisons un travail permanent sur la base avec différents plans d'action. Nous louons régulièrement des fichiers externes, généralistes comme celui de D & B ou spécialisés comme Compubase ou Harte Hanks. Mais nous assurons aussi l'alimentation de la base par des contacts clients directs ou lors d'événements. Enfin, nous faisons appel à un prestataire en business développement pour qualifier les contacts.» Isabelle Carcassonne, directrice marketing et communication Europe du Sud, Cognos.

La base de données est un outil en évolution permanente qui nécessite de constantes mises à jour, et un enrichissement progressif au fur et à mesure des actions. Chaque année, près de 30 % des informations contenues dans les fichiers deviennent obsolètes. Assurer soi-même l'ensemble des actes de constitution et d'exploitation de sa base de données peut s'avérer très long, fastidieux et coûteux. Aussi, beaucoup d'entreprises font appel à un prestataire extérieur pour le traitement[1] de leurs données. Dans d'autres cas, l'entreprise souhaite faire bénéficier ses partenaires du contenu de la base. Compte tenu du caractère stratégique et particulièrement sensible des bases de données, ces transferts de données sont strictement réglementés.

La notion de transfert n'est définie ni par la directive 95/46 ni par la loi du 6 janvier 1978, mais doit s'entendre au sens large comme *« toute communication, copie ou déplacement de données par l'intermédiaire d'un réseau, ou toute communication, copie ou déplacement de ces données d'un support à un autre vers un destinataire »*.

Rappel des différents types de transfert

Il s'agit :

- d'un transfert vers un prestataire aux fins de saisie informatique de dossiers manuels ;
- d'un recours à un centre d'appels en France ou à l'étranger et transfert du fichier correspondant pour démarchage ou qualification ;
- d'un hébergement et exploitation de plates-formes informatiques ;
- de systèmes internationaux de maintenance informatique ;
- d'une centralisation intragroupe de la base de données de gestion des commandes et de la comptabilité clients ;
- d'une centralisation intragroupe de la base de données de gestion des ressources humaines d'un groupe multinational.

Vous pouvez transmettre des informations fournies par des personnes à vos partenaires, aux autres sociétés de votre groupe ou à des prestataires, mais sous conditions.

1. Un traitement est défini par la loi comme « toute opération ou ensemble d'opérations effectuées ou non à l'aide de procédés automatisés et appliquées à des données à caractère personnel, telles que la collecte, l'enregistrement, l'organisation, la conservation, l'adaptation ou la modification, l'extraction, la consultation, l'utilisation, la communication par transmission, diffusion ou toute autre forme de mise à disposition, le rapprochement ou l'interconnexion, ainsi que le verrouillage, l'effacement ou la destruction ».

Le juge a dit

Ne constituent pas des transferts de données à caractère personnel devant être encadrés comme tels au sens de la loi l'inscription par une personne de données à caractère personnel concernant des tiers sur une page Internet, bien que cette inscription rende ces données accessibles à des personnes se trouvant dans des pays tiers (jurisprudence de la Cour européenne de justice, arrêt Lindqvist du 6 novembre 2003); les cas dans lesquels une personne communique elle-même des données la concernant à une entité établie dans un pays tiers, notamment *via* un site Web ou un Intranet (source CNIL).

Obligations liées au transfert

Vous devez être propriétaire de la base.

Vous devez offrir la possibilité aux personnes qui vous ont fourni les informations d'exprimer, par exemple grâce à une case à cocher, leur refus de voir réutilisées ces informations en particulier à des fins commerciales. Attention ! Ces personnes n'ont pas à justifier leur refus. Si elles ne se sont pas exprimées, il faudra le leur demander et confronter votre base aux différentes listes (Rouge, Robinson etc.).

Vous devez avoir déclaré votre fichier à la CNIL. Cette déclaration doit vous permettre de confier l'exploitation du fichier à un tiers. Si ce n'est pas le cas, un complément à la déclaration devra être effectué.

Un responsable de traitement ne peut transférer des données à caractère personnel vers un « pays tiers » que si cet État assure aux personnes concernées par ces données un niveau de protection adéquat de la vie privée et des libertés.

Conseils pratiques

Prenez des précautions avant de transférer votre fichier à un tiers : protéger le fichier physiquement (faites en une copie) et assurez-vous d'être en accord avec ce que vous avez déclaré à la CNIL.

Mettez en place un contrat dans lequel votre prestataire s'engage à :

- respecter totalement la législation concernant l'informatique et les libertés;
- ne pas faire une autre utilisation que celle prévue au contrat;
- assurer la plus grande confidentialité du fichier.

Pensez aussi à valider des points concernant la propriété de la base une fois celle-ci enrichie et modifiée par votre prestataire.

Pensez à rédiger une clause de cession dans l'hypothèse où votre prestataire réalise des prestations de nature à faire naître un droit d'auteur sur le fichier ou sur un logiciel dont il sera à l'origine pour traiter des opérations spécifiques sur le fichier.

Quiz

Vous pouvez transférer les données :

A : De n'importe quelle personne figurant dans votre base.

B : Des personnes ayant donné leur accord pour la réutilisation de leurs informations.

C : Concernant uniquement vos meilleurs clients.

Location et cession de la base

Paroles de pros!

«*Le partenariat entre entreprises, avec une exploitation intelligente des adresses de l'un ou de l'autre, cristallise les fondements mêmes du marketing direct : le développement pour chaque fichier d'une communication spécifique. Et les résultats s'avèrent d'autant plus probants que les frais sont partagés en amont.*» Stéphane Théocharis, responsable des partenariats chez GMF Vie.

Les motivations pour acheter ou louer une base de données sont nombreuses : lancer une campagne de marketing direct (*direct mail* ou *e-mailing*) ; lancer une campagne de *tele-marketing* ou *tele-sales* ; compléter ou actualiser une base de données existante ; soutenir sa force de vente (prospection) ; développer un outil de gestion ; diffuser un magazine, un catalogue ou une *newsletter*. Dans tous les cas, avant même de louer ou d'acquérir une base de données il vous faudra respecter certaines obligations.

Conseils pratiques

Vérifiez que les modalités d'information aient été portées à la connaissance des personnes présentées dans le fichier loué ou cédé.

Vérifiez que vous pouvez utiliser les données aux fins que vous souhaitez.

Lisez attentivement les conditions générales de vente du fichier ou le contrat de vente et de location pour maîtriser les cas d'engagement de votre responsabilité et de celle du propriétaire de la base.

Selon la CNIL, la première vente d'une copie matérielle d'une base de données épuise le droit de contrôler la revente de cette copie dans les pays de l'Union européenne. Ce qui signifie que si l'on achète une base de données sur CD-Rom ou sur disquette en Europe (et seulement dans ce cas), il est possible de la revendre. Notez toutefois qu'une simple mise en ligne d'une base de données n'est pas considérée comme une vente.

POUR ALLER PLUS LOIN

Quelques bonnes adresses

Déclaration, modification

Commission nationale informatique et libertés (CNIL) : 8, rue Vivienne – CS 30 223, 75083 Paris Cedex 02. Tél. : 01 53 73 22 22 – Fax : 01 53 73 22 00 – Site Internet : www.cnil.fr.

Dépôt

Agence de protection des programmes (APP) : 249, rue de Crimée, 75019 Paris. Tél. : 01 40 35 03 03 – Fax : 01 40 38 96 43 – E-mail : info@app.asso.fr.

Demande de radiation

Liste Robinson-Stop Publicité, gérée par l'Union française du marketing direct (UFMD) : 60, rue de la Boétie, 75008 Paris. Tél. : 01 42 56 38 86 – Fax : 01 45 63 91 95.

Les organismes fédérateurs

Association des agences conseil en communication (AACC) : 40, bd Malesherbes, 75008 Paris. Tél. : 01 47 42 13 42 – Fax : 01 42 66 59 90.

Cercle du marketing direct : lieu d'échange associatif, comportant annonceurs et prestataires (même adresse que l'UDA; voir ci-dessous).

Syndicat national de la communication directe (SNCD) : 8, rue de Berri, 75008 Paris. Tél. : 01 56 59 90 17 – Fax : 01 56 59 90 37. Regroupe des acteurs du négoce d'adresses, de la distribution non adressée, des mailings groupés, des retours et d'autres prestataires techniques de la communication directe.

Union des annonceurs (UDA) : 53, avenue Victor-Hugo. Tél. : 01 45 00 79 10 – Fax : 01 45 00 55 79 – E-mail : uda@club-internet.fr.

Petite bibliographie spécialisée

ABDELLI, M., « Quelle protection juridique pour les bases de données en ligne ? », *Journal du Net, 15 février* 2005, disponible par le lien : http://www.journaldunet.com/juridique/juridique050215.shtml.

ANDRIEU, P., « Bases de données », *Encyclopédie juridique des biens informatiques*, 6 février 2005, disponible par le lien : http://encyclo.erid.net/document.php?id=313.

CATALA, P., *Le droit à l'épreuve du numérique – Jus ex Machina*, PUF, 1998.

DERIEUX, E., « Incidence de la directive "bases de données" sur le droit à l'information », *Les Petites Affiches*, 1998, n° 21.

LINGLET, M., « Rencontre de l'APP. Bases de données – La nouvelle loi et ses conséquences », *Expertises*, avril 1999.

MALLET-POUJOL, N., « Autoroutes de l'information : les grandes manœuvres juridiques », *Les Petites Affiches*, 2 février 1996, n° 15.

VIVANT, M., « Recueils, bases, banques de données, compilations, collections : l'introuvable notion ? », *Dalloz Sirey*, 1995, 26 Cahier – Chronique.

WARUSFEL, B., « La protection des bases de données en question : un autre débat sur la propriété intellectuelle européenne », *Propriétés intellectuelles*, octobre 2004, n° 13.

2 Développer un e-mailing en toute légalité

L'e-mailing appelé également « mail marketing » ou encore « courrier électronique à caractère commercial » est un outil de promotion de produits, services ou de site Internet rapide (car immédiat), flexible et peu coûteux. Il est un outil précieux pour le marketeur car il cumule de nombreux avantages. Il permet un ciblage précis, il donne la possibilité de personnaliser à l'extrême le message, il est également le plus économique des supports de communication et surtout il permet une mesurabilité qu'aucun autre support de communication ne peut donner ; chaque action de la cible est précisément comptabilisée, ce qui permet de calculer le plus justement possible le fameux ROI (retour sur investissement), si cher aux responsables marketing. De plus, ce média permet de réaliser des opérations en temps réel, ce qu'aucun autre support ne permet. Cela est idéal dans un monde qui change vite et où la règle du *time to market* prévaut.

Néanmoins, depuis quelques années, l'e-mail est de moins en moins considéré comme un transmetteur privilégié d'information du fait de l'arrivée de nouveaux moyens de communication comme la téléphonie par Internet ou les messageries instantanées, mais aussi du fait du développement des spams (e-mails non sollicités).

On estime aujourd'hui que plus de 50 % du courrier électronique échangé au niveau mondial est en réalité du spam. L'on ne compte plus les termes inventés pour décrire cette activité déloyale et illicite : pollupostage, pourriel, harcèlement textuel, *spam-up*, *messenger spam*, *spoofing*, *phishing*, *mail bombing*...

L'enjeu pour les entreprises est donc de communiquer sans tomber sous le coup du harcèlement textuel. La création, l'envoi et le suivi des e-mailings posent ainsi un bon nombre de questions aux entreprises et aux professionnels du marketing qui se demandent : quelle est la valeur juridique d'un e-mail ? Existe-t-il des règles légales de rédaction et de création des e-mails ? Peut-on envoyer un e-mailing à n'importe qui ? La législation est-elle différente de celle du mailing papier ? Est-on limité dans l'utilisation d'images, de sons et de textes d'un point de vue juridique ? Quelle législation doit-on prendre en compte si l'envoi de l'e-mailing se fait de l'étranger ?

Cadre juridique de l'e-mail marketing

Conversation à bâtons rompus...

Le marketeur : L'e-mailing est le nouveau Graal du marketeur; simple, flexible, réactif et attractif économiquement. Les juristes vont-ils encore nous « pourrir » la vie ? J'ai l'impression que la législation est plus dure sur le mailing électronique que sur le mailing papier, je me trompe ?

La juriste : La législation du mailing électronique n'est pas plus dure que celle du mailing papier. Simplement, le législateur a dû tenir compte des spécificités de ce nouveau média qui comporte des risques inconnus du monde papier comme les virus. Les juristes ne sont pas là pour vous « pourrir la vie ». Ils doivent seulement concilier la protection des professionnels avec celle des consommateurs qui sont de plus en plus harcelés textuellement. Ce qui n'est pas toujours facile.

Définition légale et jurisprudentielle

Une définition générale

L'e-mail, du mot anglais *electronic mail* ou courrier électronique ou encore courriel, désigne « un document informatisé qu'un utilisateur saisit, envoie ou consulte en différé par l'intermédiaire d'un réseau ». Un e-mail contient le plus souvent un texte auquel peuvent être joints d'autres textes, des images ou des sons[1].

Selon Alain Gosset, président du SNCD, « *l'e-mailing s'impose comme un canal performant et pertinent de marketing relationnel [...] Véritable outil de conquête et de fidélisation, l'e-mail marketing représente un potentiel non négligeable de développement pour les entreprises, désireuses de mettre en place des stratégies d'e-mailing* » (communiqué de presse du SNCD du 6 décembre 2005). Et pour Frédéric Buron, « *en choisissant l'e-mailing, vous optez pour une solution rapidement opérationnelle, et surtout pour des coûts nettement inférieurs, aux mailings traditionnels papier ou fax* » (*Email Stratégie*).

Une définition informatique

Le courrier électronique tel que nous le connaissons aujourd'hui a été inventé en 1971 par Ray Tomlinson qui travaillait pour une entreprise chargée du déve-

1. Selon le *Vocabulaire du courrier électronique* établi par la Commission générale de terminologie et de néologie (Bulletin officiel du ministère de l'Éducation, 28 août 2003).

loppement d'Arpanet (projet de défense américain à l'origine du développement de l'Internet). Il s'agit de combiner un programme de messagerie locale avec un protocole de communication en utilisant le signe @ pour définir la machine à laquelle le message s'adresse[1].

Une définition marketing

L'e-mailing est « un outil marketing permettant d'envoyer un ou plusieurs messages personnalisés à un ou plusieurs destinataires ciblés[2]. »

La définition légale

En droit français, la définition du courrier électronique résulte de la loi pour la confiance dans l'économie numérique de 2004, adoptée en conformité avec la directive du 12 juillet 2002, dite « vie privée et communications électroniques ».

On entend par courrier électronique *« tout message sous forme de texte, de voix, de son ou d'image envoyé par un réseau public de communications qui peut être stocké dans le réseau ou dans l'équipement terminal du destinataire jusqu'à ce que ce dernier le récupère »*. Cette définition techniquement neutre du courrier électronique vise donc aussi bien : les mails à proprement parler, c'est-à-dire les messages transitant via Internet ; les SMS[3] et les MMS[4], c'est-à-dire les messages textes et multimédia transitant par le réseau téléphonique ; les messages laissés sur les répondeurs ; les chats ; la diffusion de bannières publicitaires ; sur le Web ou sur tout autre appareil de communication électronique présent ou à venir.

En France, l'appellation « courriel », d'origine québécoise, a été rendue obligatoire pour les textes officiels depuis le 20 juin 2003 par la Délégation générale à la langue française et aux langues de France pour toutes les administrations et services publics français qui ont désormais l'obligation d'utiliser ce terme de préférence à tout autre (*Journal officiel*, 20 juin 2003).

1. Source DicoduNet : www.dicofr.com/cgi-bin/n.pl/dicofr/definition/20010101001741.
2. Source Marketing-étudiant.fr : www.marketing-etudiant.fr/definitions/e/e-mail-marketing.php.
3. SMS ou *Short Message Service*, service proposé conjointement à la téléphonie mobile, voire à d'autres appareils mobiles comme les PDA, Pocket PC, etc., permet de transmettre des messages textuels de petite taille.
4. MMS ou *Multimedia Messaging Services*. Nouveau type de services de messagerie qui va au-delà de l'actuelle transmission de messages écrits courts sur mobiles (SMS) pour intégrer et échanger des applications voix, texte image ou vidéo dans les liaisons mobiles et fixes.

Quiz

1. **Le courriel est :**
   A : Une enveloppe qui a des ailes.
   B : L'appellation officielle du courrier électronique en France.
   C : Un courrier avec une faute de frappe.
2. **Peuvent être considérés comme des courriers électroniques :**
   A : Uniquement les messages transitant *via* le réseau Internet.
   B : Les messages transitant par Internet et par le réseau de téléphonie mobile
   C : Tous messages électroniques : e-mail, sms, mms, chat, etc., quel que soit le réseau emprunté.

Textes juridiques applicables

Les principaux textes applicables à l'e-mailing en France relèvent du droit international, européen et national[1].

Statut juridique : correspondance privée ou communication au public ?

Internet est un espace qui permet les communications électroniques, définies comme « les émissions, transmissions ou réceptions de signes, de signaux, d'écrits, d'images ou de sons, par voie électromagnétique[2] ». Les communications électroniques dont les communications par mail relèveront donc soit du régime des correspondances privées soit de celui des communications publiques.

Correspondance privée

L'e-mail peut d'abord constituer une correspondance privée au même titre qu'un courrier papier « lorsque le message est exclusivement destiné à une ou plusieurs personnes, physiques ou morales, déterminées et individualisée[3] ». La conséquence directe de ce statut est que la divulgation non autorisée du mail par l'expéditeur et le destinataire relève de la violation du secret des correspondances et engage la responsabilité pénale de l'auteur de l'infraction sur le fondement 226-15 du Code pénal français : « Le fait, commis de mauvaise foi, d'ouvrir, de

1. Voir le tableau récapitulatif des textes juridiques en annexe.
2. Art. 1, II de la loi n° 2004-575 du 21 juin 2004 modifiant l'art. 2 de la loi n° 86-1067 du 30 septembre 1986.
3. Conformément à la circulaire du 17 février 1988 prise dans le cadre de l'article 43 de la loi du 30 septembre 1986.

supprimer, de retarder ou de détourner des correspondances arrivées ou non à destination et adressées à des tiers, ou d'en prendre frauduleusement connaissance, est puni d'un an d'emprisonnement et de 45000 € d'amende. »

Par ailleurs, selon l'arrêt de la Cour de cassation Nikon/F. Onol du 2 octobre 2001, « les messages portés par courrier électronique sont présumés relever de la correspondance privée, à moins que leurs caractéristiques soient telles que cette assimilation soit impossible ».

Communication au public

L'e-mail ne relève pas systématiquement du régime des correspondances privées car le message n'est pas toujours exclusivement destiné à une ou plusieurs personnes déterminées ou individualisées.

Le juge a dit

Lorsqu'un service a pour objet de « diffuser à des personnes indifférenciées des messages dont le contenu ne peut par définition être personnel, les annonces émises ne peuvent avoir le caractère d'une correspondance privée ».
Arrêt de la Cour de cassation, 25 octobre 2000.

Dans ce cas, l'e-mail relèvera de la catégorie des communications au public par voie électronique qui comprend deux sous-catégories réglementées de manière différente.

Ainsi, les communications au public en ligne sont définies par la loi comme « toutes transmissions, sur demande individuelle, de données numériques n'ayant pas un caractère de correspondance privée, par un procédé de communication électronique permettant un échange réciproque d'informations entre l'émetteur et le récepteur[1] ».

De plus, les communications audiovisuelles sont définies comme « toutes communications au public de services de radio ou de télévision, quelles que soient les modalités de mise à disposition auprès du public, ainsi que toute communication au public par voie électronique de services autres que de radio et de télévision et ne relevant pas de la communication au public en ligne telle que définie à l'article 1er de la loi n° 2004-575 du 21 juin 2004 pour la confiance dans l'économie numérique »[2].

1. Art. 1, IV, alinéa 3 de la loi du 21 juin 2004.
2. Art. 1, II, droit sur les éléments incorporés au mail; alinea 3 de la loi précitée et nouvel article 2 de la loi n° 86-1067 du 30 septembre 1986.

L'e-mail : une preuve recevable devant les tribunaux

La question est de savoir si l'on peut se prévaloir d'un mail comme d'une preuve et si celle-ci sera recevable devant les tribunaux. En 1996, la CNUDCI[1] avait adopté la loi type sur le commerce électronique qui se fonde sur trois principes :

- non-discrimination juridique à l'égard des messages électroniques : *« L'effet juridique, la validité ou la force exécutoire d'une information ne sont pas déniés au seul motif que cette information est sous la forme d'un message électronique »* ;
- neutralité technique et médiatique : peu importent les *« modalités de son transfert en cas de communications à distance »* ;
- approche dite de l'équivalent fonctionnel : l'admission d'un écrit sous forme électronique en tant que preuve, au même titre que l'écrit papier est consacrée sous réserve que *« puisse être dûment identifiée la personne dont il émane et qu'il soit établi et conservé dans des conditions de nature à en garantir l'intégrité »*.

Ces principes ont été ensuite repris dans de nombreuses législations; en Europe dans le cadre de la directive n° 1999-93 (13 décembre 1999) puis en droit français dans le cadre de la loi Guigou du 13 mars 2000.

Recevabilité de la preuve électronique en France en matière commerciale	Recevabilité de la preuve électronique en France en matière civile	Recevabilité de la preuve électronique en France en matière administrative
La preuve est libre, les actes de commerce pouvant se prouver par tous moyens à moins qu'il n'en soit autrement disposé par la loi (article 109 du Code de commerce).	La loi du 13 mars 2000 portant adaptation du droit de la preuve aux technologies de l'information et relative à la signature électronique a reconnu à l'écrit électronique la même force probante que l'écrit support papier à la condition que « la personne dont il émane puisse être dûment identifiée, et qu'il soit établi et conservé dans des conditions de nature à en garantir l'intégrité » (article 1316-1 du Code civil).	Le juge administratif peut recevoir tous les moyens de preuve qui lui sont présentés par les parties au litige (écrit, témoignage, etc.). Une seule condition : cette preuve doit être fiable (Conseil d'État, 28 décembre 2001, élections municipales d'Entre-Deux-Monts).

1. Commission des Nations Unies pour le droit commercial international.

Et ailleurs comment ça se passe ?

La preuve électronique est recevable dans la plupart des pays notamment suite à la loi type CNUDCI de 1996. Ainsi, ont reconnu dès la fin des années 1990 une valeur probante à l'e-mail : l'Italie (loi n° 59-97 du 15 mars 1997, *Gazzetta ufficiale della Republica Italiana*) ; le Portugal (décret-loi n° 290-D/99 du 2 août 1999, *Diario da Republica*) ; l'Autriche (loi « Signaturestz » promulguée au *J.O.* du 19 août 1999) ; Singapour (Electronic Transaction Bill 1998, n° 23/98, adopté le 29 juin 1998) ainsi que l'Allemagne, le Danemark, le Royaume-Uni, l'Irlande, la Suède, le Luxembourg, les États de Californie, de l'Illinois, du Missouri, l'Argentine, le Maroc, la République de Corée.

Toujours selon cette loi Guigou, l'art. 1316 du Code civil dispose que la preuve littérale, ou preuve par écrit, résulte d'une suite de lettres, de caractères, de chiffres ou de tous autres signes ou symboles dotés d'une signification intelligible, quels que soient leur support et leurs modalités de transmission.

L'art. 1316-1, lui, précise que l'écrit sous forme électronique est admis en preuve au même titre que l'écrit sur support papier, sous réserve que puisse être dûment identifiée la personne dont il émane et qu'il soit établi et conservé dans des conditions de nature à en garantir l'intégrité.

Enfin, d'après l'art. 1316-4-alinéa 2, lorsque la signature est électronique, elle consiste en l'usage d'un procédé fiable d'identification garantissant son lien avec l'acte auquel elle s'attache. La fiabilité de ce procédé est présumée jusqu'à preuve du contraire, lorsque la signature électronique est créée, l'identité du signataire est assurée et l'intégrité de l'acte garantie dans les conditions fixées par décret en Conseil d'État.

Le juge a dit

« Si l'enregistrement d'une conversation téléphonique privée, effectué à l'insu de l'auteur des propos invoqués est un procédé déloyal rendant irrecevable en justice la preuve ainsi obtenue, il n'en est pas de même de l'utilisation par le destinataire de messages écrits téléphoniquement adressés, dits SMS, dont l'auteur ne peut ignorer qu'ils sont enregistrés par l'appareil récepteur » (Arrêt de la Cour de cassation de Paris, 23 mai 2007).

Pour être reconnu comme valable un e-mail doit donc remplir trois conditions :

- l'information qu'il contient ne doit pas être altérée ;
- le mail doit être maintenu et conservé dans son intégralité ;
- le support électronique doit assurer à l'information stabilité et pérennité.

N'oublions pas que la preuve électronique vise aussi bien l'e-mail que toute autre preuve développée sur n'importe quel support électronique, de type SMS par exemple.

Conseils pratiques

Ne considérez plus vos mails comme de simples coups de fil.
Pensez à archiver vos mails importants car vous pourrez vous en prévaloir en cas de contentieux.
N'hésitez pas à faire appel à un tiers certificateur pour que vos mails puissent être dûment authentifiés; ce peut être un huissier, un notaire ou tout organisme habilité.
N'hésitez pas à recourir au bon vieux document papier traditionnel pour les relations commerciales importantes.
N'oubliez pas que certains documents pour être valables juridiquement doivent être réalisés sous format papier traditionnel voire authentifiés par notaire. Pensez par exemple au contrat de vente de bien immobilier ou au contrat de mariage. Le «oui, je t'épouse» sous forme de SMS ne fait pas de vous un homme ou une femme marié(e) !

Quiz

1. **La valeur juridique du mail en France est :**
   A : Nulle.
   B : Équivalente à celle du courrier papier.
   C : Inférieure à celle du courrier papier.
2. **La valeur juridique du mail par rapport à la preuve écrite diffère en fonction de :**
   A : L'exposition du soleil.
   B : Le droit national applicable.
   C : Le sens du vent.

CRÉER UN E-MAIL MARKETING EN TOUTE LÉGALITÉ

Conversation à bâtons rompus...

Le marketeur : On a le sentiment qu'il faut toujours demander la permission avant d'écrire quoi que ce soit. C'est très frustrant. Les juristes nous donnent parfois l'impression d'être des briseurs de rêves; des freins à la créativité.
La juriste : Les juristes ne sont pas des briseurs de rêves; encore une fois ils ont à concilier les droits et les intérêts de multiples personnes : le marketeur n'est pas seul au monde. Il ne peut pas écrire tout ce qu'il veut sans tenir compte des consommateurs, des auteurs des images, des textes et des sons qu'il utilise, des droits des salariés, des prestataires et même de ses concurrents.

D'après Guillaume Josselin, directeur marketing France de Renault, «*en ce qui concerne le marketing relationnel, nous opérons une bascule progressive sur l'e-mailing. Il représentera 50 % de l'ensemble du marketing direct en 2007, contre 30 % en 2006. L'e-mailing nous permet de communiquer plus souvent et à moindre coût. Mais au-delà des économies, l'e-mailing nous offre plus de réactivité en termes de création, ce qui nous permet de coller au marché, et également d'être plus fins et plus qualitatifs*» (interview du 10 mai 2007, *Journal du Net*).

Et selon Clint Symons, éditeur d'Opt-in News (www.optinnews.com) : «*L'utilisation de l'e-mail opt-in n'est pas confinée aux seules campagnes publicitaires d'acquisition, mais apporte aussi une variété de solutions on line aux problématiques d'édition de contenus, de gestion, de la relation client (CRM), de recrutement, de notoriété de la marque. En ce moment, la plupart des 500 plus puissantes sociétés du monde utilisent l'e-mail afin de se donner une vision plus fine de leur marché et de leur position.*»

Le professionnel du marketing peut être amené à utiliser l'e-mail pour informer; pour prospecter et/ou pour fidéliser.

IMT Stratégie nous rappelle qu'il existe huit modèles d'e-mail marketing. Ainsi, les cinq modèles d'acquisition sont :

- liste d'e-mail opt-in;
- sponsoring de newsletter;
- sponsoring de liste de discussion;
- e-mail pyramidal (*friend referral*);
- partenariat co-brand.

Et les trois e-mails de fidélisation sont les suivants :

- e-mail de relation client;
- newsletter de l'entreprise;
- service d'alerte.

Sélection explosive à 8,99 euros ! — Corbeille
Ce mail est au format HTML, il contient des images. Si vous ne parvenez pas à le lire, cliquez ici.
Commandez et téléchargez toute la Fnac 24h/24
www.fnac.com
Accueil
Livres
Disques
DVD
Logiciels & jeux
Micro & télécom
Image & son
Tirages photo
Voyages
Spectacles
Télécharger
Rechercher :
ok
Christophe Bruscand,
17 juillet 2007
Actuellement sur Fnac.com
SOLDES CD jusqu'à - 80%
SOLDES DVD jusqu'à - 90 %
SOLDES Micro & Tel jusqu'à - 60%
SOLDES Image & Son jusqu'à - 60%
Sélection explosive à 8,99 €
Petits prix
Plus de 1000 CD à 6,99 €
Adhérents : 1 CD offert pour 2 CD achetés !
Les dernières nouveautés en CD
The Smashing Pumpkins
16,99 €
CLIQUEZ ICI !
Amy Winehouse
13,50 €
Edition limitée
CLIQUEZ ICI !
Un max de bruit
17,99 €
CLIQUEZ ICI !
Laurent Garnier
13,99 €
CLIQUEZ ICI !
Harry Potter
LES RELIQUES DE LA MORT
Soyez le premier à le recevoir
Engagement Fnac.com n° 1
Nous protégeons vos données pour une sécurité du paiement optimale.
En savoir plus
Sélection GPS
Partez en vacances en toute sérénité
Si vous souhaitez modifier votre adresse e-mail, cliquez ici ou allez directement dans « Mon compte » afin d'y enregistrer votre nouvelle adresse e-mail.
Si vous avez oublié votre mot de passe, cliquez ici.
Si vous ne souhaitez plus recevoir aucun message de Fnac.com, cliquez ici.
A tout de suite
www.fnac.com
Votre magasin Fnac en ligne 24h/24, 7j/7

Toute une série de questions se pose en ce qui concerne la rédaction des contenus d'un e-mailing marketing. La personnalisation du message étant infinie, peut-on tout écrire? Peut-on utiliser tous les éléments en possession dans sa base de données? Il existe des règles juridiques applicables à la rédaction des e-mailing.

Protection juridique de l'e-mail

Il ressort des textes que l'e-mail est protégé par cinq droits différents : droit d'auteur; droit de la correspondance privée; droit de la communication au public en ligne; droit de la communication audiovisuelle; droit de la concurrence.

L'e-mail est protégé par…	À condition que…
Le droit d'auteur	Le contenu et ou la forme de l'e-mail soit originale. Dans ce cas : – le droit d'auteur appartient à l'expéditeur s'il en a rédigé le contenu; – le destinataire devient propriétaire du message.
Le droit de la correspondance privée	L'e-mail soit adressé à des personnes déterminées et individualisées.
Le droit de la communication au public en ligne	L'e-mail permette un échange réciproque d'informations entre l'émetteur et le récepteur.
Le droit de la communication audiovisuelle	L'e-mail vise des services de radio et/ou de télévision.
Le droit sur les éléments incorporés au mail	Les éléments incorporés dans le mail aient dépassé l'état brut et fassent l'objet de droit privatif, tels que : – droit d'auteur (œuvres photographiques, littéraires, musicales, logicielles, audiovisuelles); – droit des logiciels ou des œuvres audiovisuelles; – droit des marques, des dessins et modèles ou des brevets.
Le droit de la concurrence	Les éléments figurant dans le mail aient été copiés ou utilisés de manière déloyale par un tiers.

Quiz

1. **Un e-mail est :**
   A : Une œuvre au titre du droit d'auteur.
   B : Un objet volant non identifié.
   C : Une avenue plantée d'arbres virtuels.

2. **Le contenu de l'e-mail appartient :**
   A : À tout le monde.
   B : Au fournisseur d'accès à Internet.
   C : À l'expéditeur qui l'a rédigé.

Les règles de rédaction de l'e-mail marketing

L'édition d'informations en ligne obéit aux mêmes règles légales que l'édition traditionnelle, qu'il s'agisse d'informations diffusées dans le cadre de sites Internet, d'e-mail purement commerciaux ou de newsletter[1].

Ainsi, vous devez :

- respecter le droit d'auteur, le droit des marques lorsque vous rédigez le contenu de votre e-mail (images, sons, textes etc.) ;
- fournir des coordonnées valables afin de permettre au destinataire de demander la fin des sollicitations ;
- fournir l'identité de la personne physique ou morale pour le compte de laquelle le message est émis afin d'éviter qu'un donneur d'ordre ne dissimule son identité derrière celle d'un spammeur agissant pour son compte ;
- mentionner un objet en rapport avec le produit ou le service proposé ;
- insérer dans tout envoi un mécanisme simple et évident permettant de se désabonner en un seul clic ;
- mentionner comment contacter l'organisation émettrice de façon non électronique : nom de l'émetteur, numéro de téléphone et adresse physique.

Mais vous ne devez pas :

- envoyer des messages dont les en-têtes sont falsifiés ou invalides ou dont les champs *from* ou *reply to* contiennent un nom de domaine invalide ;
- tenter de falsifier la véritable origine ou le cheminement du message expédié ;
- maquiller les URL insérées dans vos messages, notamment en remplaçant la partie *host* par une IP, et de les encoder conformément aux RFC en vigueur ;
- insulter, diffamer, injurier votre destinataire ;
- envoyer des messages dont le contenu n'est pas conforme à la finalité indiquée lors de la collecte.

1. Voir pour plus de détails la partie consacrée à l'édition en ligne dans le chapitre 3 portant sur le site Web.

GÉRER LES ENVOIS D'E-MAILING EN TOUTE LÉGALITÉ

Conversation à bâtons rompus...

Le marketeur : Les marketeurs ont souvent mauvaise presse, mais cela est dû principalement aux marketeurs non professionnels qui «surcommuniquent» et ainsi créent de la lassitude chez les clients. Sans compter les «spammeurs» professionnels qui tuent cet outil de communication. C'est bien de penser au consommateur, mais nous là-dedans, qui nous protège?

La juriste : Les consommateurs et les prospects ne sont en effet pas les seuls à pâtir des envois de mails non sollicités. Les entreprises et les marketeurs sont aussi «professionnellement victimes» de ce nouveau type de pollution. De nouveaux outils ont d'ailleurs été mis en place pour tenir compte de cette problématique : les white lists, des codes de conduite professionnelle, une plate-forme Signal Spam. Nous devons en effet tous collaborer afin d'«assainir» l'environnement de l'e-mailing. Nous avons tout à y gagner.

L'envoi d'e-mail est strictement encadré par le droit

Paroles de pros !

«*E-mail marketing, when done right, may be the "killer app" of direct marketing. Done wrong, it can be ruinous*[1&2]». Selon Rick Bruner, d'IMT Strategies.

«*Votre enjeu en 2005 : que vos campagnes d'e-mail marketing ne soient pas assimilées à du spam et qu'elles soient correctement délivrées.*».Bruno Florence, de Florence Consultants.

«*Il y a un consensus dans notre industrie sur le fait que le spam doit être éradiqué, pas seulement pour protéger les consommateurs, mais aussi les marques et les entreprises.*» Robert Wientzen, président de la DMA (Direct Marketing Association).

L'Europe adopte le principe de l'*opt-in*

L'Europe a adopté en matière d'envoi d'e-mails, par la directive n° 2002/58/du 12 juillet 2002, une approche favorable à la protection des données personnelles.

---

1. «L'e-mail marketing, quand il est bien utilisé, peut se révéler une *killer application* du marketing direct. Mal exploité, il peut s'avérer désastreux» (traduit par Michelle Jean-Baptiste).
2. *Killer application* : littéralement «application qui tue». Se dit à l'origine d'un logiciel novateur susceptible d'apporter une forte valeur ajoutée dans son domaine d'exploitation et donc de remporter un franc succès, mettant du même coup ses promoteurs hors de portée de la concurrence pour un bon moment. L'e-mail est l'exemple type de la *killer application* (définition du *Journal du Net*).

Cette approche dénommée *opt-in* (littéralement « opter pour ») pose le principe du consentement préalable de l'internaute à tout envoi électronique.

Cette réglementation vise aussi à lutter contre le spam qualifié comme tel en vertu de deux critères : le caractère non sollicité du message envoyé (dont l'objet publicitaire le transforme en message promotionnel non sollicité) ; les charges que ces courriers génèrent au détriment du destinataire et du fournisseur d'accès (*cost-shifting*). La transposition de la directive en droit français s'est effectuée avec la loi pour la confiance dans l'économie numérique du 21 juin 2004. « L'utilisation de (...) courrier électronique à des fins de prospection directe ne peut être autorisée que si elle vise des abonnés ayant donné leur consentement préalable » (article 13 de la directive européenne du 12 juillet 2002 « vie privée et communications électroniques » ; article 22 de la loi du 21 juin 2004 pour la confiance dans l'économie numérique ; article L 34-5 du Code des postes et des communications électroniques ; article L 121-20-5 du Code de la consommation.)

De plus, d'après la CNIL (mars 2005), « Des personnes physiques peuvent être prospectées par courrier électronique à leur adresse électronique professionnelle sans leur consentement préalable, si le message leur est envoyé au titre de la fonction qu'elles exercent dans l'organisme privé ou public qui leur a attribué cette adresse ». Et selon Stéphane Olaïzola, fondateur de Nextomail.com, « *il y a de moins en moins de formulaires opt-out. Les cases précochées ont été remplacées par des cases non cochées, mais aussi par des boutons oui/non, ou encore par des menus déroulants qui sont autant de bons moyens pour recueillir le consentement des internautes* » (interview du 20 septembre 2004, *Journal du Net*).

Comment distinguer les e-mails ?

Il conviendra de distinguer les envois de mails en fonction de leur finalité :

- fins de prospection commerciale directe, c'est-à-dire des mails destinés à promouvoir directement ou indirectement des biens, des services ou l'image d'une personne vendant des biens ou fournissant des services ;
- fins d'information ;
- dans le cadre des relations personnelles ou professionnelles à la demande du destinataire.

En effet, en fonction du type d'envoi, les règles applicables ne seront pas les mêmes. Car même si le principe est celui de l'autorisation préalable (*opt-in*) dans certains cas, le droit d'opposition (*opt-out*) (littéralement « opter contre ») qui permet l'envoi de messages à toutes les personnes qui ne s'y opposent pas peut être autorisé.

Dans ce cadre, vous devez :

- respecter les dispositions de la loi du 6 janvier 1978, des directives des 24 octobre 1995, 15 décembre 1997 et 8 juin 2000, et de la directive du 12 juillet 2002 lors de la collecte des adresses électroniques[1] ;
- informer l'internaute de l'éventuelle utilisation de son adresse électronique à des fins de prospection ;
- informer l'internaute de sa possibilité de s'opposer à recevoir ce type de message de manière simple et gratuite ;
- vous assurer s'agissant de fichiers achetés ou loués, que le fournisseur de fichiers a bien garanti ses clients du respect de ce cadre juridique ;
- permettre au destinataire du message d'identifier son caractère commercial, publicitaire de manière claire et non équivoque dès réception ;
- offrir systématiquement dans chaque message une possibilité de désinscription

Mais vous ne devez pas :

- faire de la prospection à partir d'adresses de courriers électroniques collectées dans les espaces publics de l'Internet (site Web, annuaire, forum de discussion…) ;
- envoyer un message sans consentement préalable ou relation commerciale existante ;
- précocher des cases (*opt-out*) qui permettent de présumer du consentement de la personne.

Vos obligations en fonction des personnes destinataires de vos e-mails		
Si votre destinataire est…	**Le principe applicable est…**	**À condition que…**
Particuliers prospects	*Opt-in* Envois soumis aux principes du consentement préalable et du droit d'opposition.	Les personnes aient explicitement donné leur accord pour être démarchées, au moment de la collecte de leur adresse électronique.
	Opt-out Envois non soumis aux principes du consentement et du droit d'opposition.	La prospection ne soit pas de nature commerciale. Exemple : une opération de type caritatif ou humanitaire.

1. Voir le chapitre consacré à la base de données.

Vos obligations en fonction des personnes destinataires de vos e-mails		
Si votre destinataire est…	**Le principe applicable est…**	**À condition que…**
Particuliers clients	*Opt-out*	La personne prospectée soit déjà cliente de l'entreprise dans le cadre d'une vente de produits et services analogues.
Professionnels Personnes morales	*Opt-out*	L'objet de la sollicitation soit en rapport avec la profession de la personne démarchée. Exemple : message présentant les mérites d'un séminaire dédié au droit pratique de la publicité en ligne envoyé à philippe.jean-baptiste@nomdelasociété, directeur marketing.). Les adresses professionnelles visées soient génériques de type : info@nomsociete.fr, contact@nomsociete.fr, *commande@nomsociete.fr* (ces adresses sont des coordonnées de personnes morales).

Il est recommandé (source CNIL) que « le consentement préalable ou le droit d'opposition soit recueilli par le biais d'une case à cocher. L'utilisation d'une case précochée est à proscrire car contraire à la loi ».

Sachez qu'en cas de non-respect du principe *opt-in* du consentement préalable, vous risquez une amende de 750 € pour chaque message irrégulièrement expédié (article R 10-1 du Code des postes et des communications électroniques).

Pour le non-respect des règles de collecte (collecte déloyale, méconnaissance du droit d'opposition), vous encourez cinq ans de prison et 300000 euros d'amende (articles 226-18 et 226-18-1 du Code pénal).

En cas d'utilisation à l'insu des personnes de leur système d'information, vous risquez deux ans de prison et 30 000 euros d'amende. Lorsqu'il en résulte la suppression ou la modification de données contenues dans le système, ou une altération du fonctionnement de ce système, la peine est de trois ans de prison et de 45000 euros d'amende (article 323-1 du Code pénal, dispositions relatives aux atteintes aux systèmes de traitement automatisé de données).

Pour un *mailbombing* (opération de *spamming* qui, par l'ampleur du nombre de mails envoyés, provoque un blocage des serveurs ou de la bande passante), vous encourez cinq ans de prison et 75000 euros d'amende (au titre du délit d'entrave au fonctionnement d'un système de traitement automatisé de données prévu à l'article 323-2 du Code pénal).

Enfin en cas de non-respect des clauses contractuelles liant le spammeur à son FAI (fournisseur d'accès à Internet), vous risquez de verser des dommages et intérêts au titre de la responsabilité civile contractuelle.

Le juge a dit

Est considéré comme constitutif d'une collecte déloyale et donc qualifié de pratique de *spamming*, le fait de procéder à la collecte d'adresses de courrier électronique dans les espaces publics de l'Internet (espaces de discussion, listes de diffusion, annuaires, sites Web) sans que les personnes concernées ou le responsable du site diffusant les données n'en aient connaissance (tribunal de grande instance de Paris, 19 février 2002).

Constitue un délit d'entrave, suite à l'envoi d'un très grand nombre de courriers électroniques via un système de traitement automatisé de données. L'auteur des faits a été condamné à 20000 euros de dommages et intérêts et quatre mois d'emprisonnement avec sursis (tribunal de grande instance de Paris, 24 mai 2002).

Au sujet des *white lists*

Certains fournisseurs d'accès à Internet comme AOL ou Yahoo ont mis en place des *white lists* (littéralement « listes blanches ») qui référencent tous les expéditeurs autorisés à envoyer des messages en grand nombre (soit au minimum, cent mails par mois). Ces *white lists* ont pour objet d'éviter que trop de courriers électroniques légitimes ne soient taxés « par erreur » du fait des traitements automatisés anti-spams et ne se retrouvent bloqués, n'arrivant du coup jamais à atteindre leur destinataire. Ces *white lists* peuvent être constituées aussi bien du côté de l'abonné, si le logiciel de messagerie le permet, que du côté du serveur de messagerie pour autoriser l'émission et/ou la réception de messages provenant de cette liste d'expéditeurs autorisés.

Beaucoup de professionnels se demandent si l'utilisation de ces *white lists* est légale. En l'état actuel de la législation et de la jurisprudence, rien ne s'oppose au développement de ces listes si celles-ci sont conformes aux dispositions en vigueur.

Paroles de pros !

« Pour apparaître sur cette liste, nous avons déclaré l'adresse IP de tous nos serveurs SMTP qui routent les e-mails sortants de notre domaine vers AOL. Nous avons également décrit à AOL qui nous étions et avons créé une page Web dont l'adresse figure dans l'en-tête des e-mails avec tous les renseignements sur Edatis afin que les internautes sachent qui nous sommes. » Lionel Avot, directeur commercial et marketing d'Edatis.

La *white list « c'est exactement l'inverse d'un système de blocage »*. Tom Gillis, vice-président marketing d'IronPort.

Pour pouvoir être inscrit sur les *white lists* il faut répondre à certains critères techniques (comme la conformité aux normes [RFC] en vigueur sur Internet par exemple) mais aussi à des critères de rédaction des e-mails. Voici pour exemple ceux d'AOL (http://postmaster.info.aol.fr/professionnels/whitelist/guidelines.html). Ainsi, toute personne transmettant des e-mails depuis les adresses IP mises sur « liste blanche » ne doit pas tenter de masquer, falsifier ou usurper l'identité de l'émetteur ou la source des e-mails en question, de quelque façon que ce soit.

Tout envoi d'e-mail en quantité (liste de diffusion, newsletters, etc.) doit impérativement mentionner comment et où l'adresse e-mail de chaque abonné AOL destinataire a été collectée, s'il s'agit d'un envoi unique ou récurrent, et la fréquence éventuelle des envois. Les détails tels que la date, heure (et fuseau horaire) de collecte de l'adresse e-mail, l'adresse IP d'où la demande d'abonnement a été effectuée et l'URL complète (site Web) visitée pour effectuer la demande d'abonnement doivent être disponibles sur demande d'AOL.

Tout envoi doit contenir un mécanisme simple et évident permettant de se désabonner en un seul clic. Un désabonnement par réponse e-mail (champ *Reply-to*) peut également être proposé, auquel cas l'adresse spécifiée doit être valide.

Tout envoi d'e-mail en quantité doit mentionner comment contacter l'organisation émettrice de façon non électronique : nom de l'émetteur, numéro de téléphone et adresse physique. En cas d'impossibilité, un lien valide doit être fourni vers une page Web comportant ces informations.

Enfin, tout e-mail émis vers AOL doit se conformer à la législation en vigueur.

Et ailleurs comment ça se passe?

La politique de l'opt-in a été adoptée par l'Autriche, l'Italie, l'Allemagne, la Finlande, le Danemark, l'Espagne, la Suisse, la Lituanie : dans ces pays tout envoi de spam par e-mail, SMS ou tout autre moyen est désormais passible d'une peine de prison ou d'une amende et toute campagne d'e-mailing marketing massive doit avoir reçu l'autorisation express des destinataires. Au Canada, dès le 9 juillet 1999, la Cour supérieure de l'Ontario condamnait la pratique du spam sur la base de la Netiquette[1]. Aux États-Unis, c'est la politique de l'opt-out qui a été adoptée avec le Unsolicited commercial Electronic Mail Act of 2000 (17 juin 2000) puis la loi fédérale dénommée « Can-spam Act » (Controlling the Assault of Non-Solicited Pornography

1. Pour plus de détails sur cette décision voir le bulletin *E law* n° 11 (http://www.juriscom.net/elaw/e-law11.htm).

and Marketing Act) du 16 décembre 2003 entrée en vigueur le 1er janvier 2004 et qui interdit l'envoi de courriers électroniques non sollicités aux personnes s'étant inscrites sur une liste publique d'opposition (liste « Do not spam »). Le 25 mars 2003, au Japon, une société a été condamnée pour avoir envoyé plusieurs millions de courriers électroniques non sollicités à des utilisateurs de l'Internet mobile[1].

Sachez que la liste E-Robinson (service bien connu des professionnels du marketing) qui permettait aux destinataires de s'inscrire sur une liste d'opposition à la prospection par mail et conçu avant la loi du 21 juin 2004 et le régime de consentement préalable (*opt-in*), a été suspendue car elle est devenue caduque. Depuis le 10 mai 2007, une nouvelle plate-forme de lutte contre le spam a été mise en place, Signal Spam[2], créée par l'association loi 1901 du même nom.

Conseils pratiques

Pour router efficacement les e-mails :
Soyez proactif à l'égard des FAI afin de conformer vos serveurs et vos e-mails à leurs règles de filtrage.
Respectez certaines règles de rédaction : évitez les mots connotés et soyez attentifs au format (taille et couleur des polices, photos).
Testez systématiquement vos envois sur des filtres anti-spams.
Traitez rapidement les plaintes et constituez-vous une liste de personnes ne voulant plus recevoir d'e-mails. Cette liste devra être déclarée à la Cnil.
Si vous figurez sur une *black list* officielle, essayez de contacter les sociétés qui les éditent. Attention, cette démarche n'est pas toujours couronnée de succès.
Pour éviter les plaintes et les désabonnements, apportez un contenu utile à vos abonnés. »

(Extrait de l'enquête d'Anne-Laure Béranger, « Attention, vos mailing-lists peuvent être prises pour du spam », *Journal du Net*, 12 octobre 2004)

Attention ! La loi applicable est celle du lieu où le spam est reçu. Ainsi, en droit interne, la loi Can-Spam américaine est applicable à tout message électronique envoyé depuis l'étranger à un internaute domicilié aux États-Unis. Dans l'État de Californie, une société Internet a été condamnée à verser près de 4 millions de dollars de dommages et intérêts à Microsoft par une décision du 16 juillet 2003. Ses spams, envoyés aux utilisateurs de messageries MSN et Hotmail,

1. Voir pour plus de détails le site du Forum des droits de l'Internet précité.
2. Signal Spam est une association de loi 1901 créée en novembre 2005 qui regroupe l'ensemble des acteurs de la lutte contre le *spam*, qu'il s'agisse d'autorités publiques, d'organisations professionnelles ou d'entreprises privées.

détournaient les marques déposées par l'éditeur américain. Dans l'État de Virginie, un spammeur a été condamné le 4 novembre 2004 à neuf ans de prison pour avoir expédié des centaines de milliers de spams.

Quiz

1. L'*opt-in* est :

A : Un nouveau système d'ouverture de porte automatique.

B : La règle du consentement préalable de l'internaute à tout envoi électronique.

C : Un mouvement de *break dance.*

2. Le spam est :

A : Un e-mail envoyé par erreur au mauvais destinataire.

B : Un e-mail non sollicité.

C : Un Super-Pouvoir Accélérateur de Magnétisme.

Le cas particulier des envois de mails aux mineurs

Selon l'alinéa 1 de l'art. 32 de la loi du 5 mars 2007 relative à la prévention de la délinquance sur Internet en particulier, « lorsqu'un document fixé par un procédé déchiffrable par voie électronique en mode analogique ou en mode numérique présente un danger pour la jeunesse en raison de son caractère pornographique, le support et chaque unité de son conditionnement doivent comporter de façon visible, lisible et inaltérable la mention "mise à disposition des mineurs interdite". Cette mention emporte interdiction de proposer, donner, louer ou vendre le produit en cause aux mineurs ». La SNCD recommande (Code de déontologie de la communication électronique directe) « d'intégrer, sur le formulaire de collecte de données en ligne ou dans la charte sur la protection des données personnelles et de la vie privée, les mesures d'avertissement, d'information et de protection des mineurs prises ».

Et ailleurs comment ça se passe ?

Aux États-Unis, une législation concernant Internet et les mineurs, le Children's Online Privacy Protection Act, a été approuvée le 19 octobre 1999 et est officiellement entrée en vigueur le 21 avril 2000. Cette loi fédérale très contraignante sur la protection de la vie privée des enfants de moins de 13 ans, dont l'application est contrôlée par la Federal Trade Commission est l'une des toutes premières législations au monde dans ce domaine. Elle interdit à tout détenteur de site de collecter des données personnelles auprès d'enfants de moins de 13 ans sans autorisation parentale vérifiable.

Pour aller plus loin

Quelques bonnes adresses

SNCD : 44, rue d'Alésia, 75682 Paris Cedex 14. Tél. : 01 53 91 44 44. E-mail : info@sncd.org.

Signal Spam (données personnelles) : 28, rue de Châteaudun 75009 Paris. Association regroupant des organisations françaises concernées par la lutte contre le spam (pouvoirs publics ou professionnels de l'Internet).

GESTE (Groupement des éditeurs de services en ligne) :
12, rue Paul-Chatrousse, 92200 Neuilly-sur-Seine. Tél. : 01 55 62 00 70.
Fax : 01 47 45 48 55. Site Internet : www.geste.fr

Petite bibliographie spécialisée

CLAEYSSEN, Y., *L'e-mail marketing : construire et lancer une campagne de marketing direct réussie* via *le mail*. Dunod, 2003.

Rapport de la CNIL du 14 octobre 1999 : « Le publipostage électronique et la protection des données personnelles » (http://www.cnil.fr/thematic/docs/publpost.pdf).

ERCEVILLE (D'), H., « L'e-mail n'est plus un souci informatique », *01 Informatique*, 29 avril 2004.

Étude de la Commission européenne sur les communications commerciales non sollicitées et la protection des données (http://europa.eu.int/comm/internal_market/fr/dataprot/studies/spam.html).

DROUARD, E., GAUTHRONET S., « Communications commerciales non sollicitées et protection des données », Commission des Communautés européennes, janvier 2001.

ESNAULT, C., GUINARD M., PALANQUE C., *Les clés de l'e-mail marketing*, Commission des Communautés européennes Maxima, 2003.

FROCHOT, D., « La preuve des documents électroniques », *Archimag* n° 178, octobre 2004.

GARFINKEL, S., SCHWARTZ, A., *Stopping spam – Stamping out unwanted e-mail and news posting*, O'reilly, octobre 1998.

HITT, J., « Le spam, mode d'emploi ». *Courrier international*, n° 698, 18 mars 2004.

McWilliams B., « Ce virus publicitaire qui empoisonne le Net », *Courrier international*, n° 604, 30 mai 2002.

Le Guide Europe du marketing direct, édition 2007/2008. Conçu et édité par le Syndicat national de la communication directe (SNCD).

Teissonnière, G., « La lutte contre le *spamming* : de la confiance en l'économie numérique à la méfiance envers ses acteurs », Juriscom.net http://www.juriscom.net/documents/spam20040402.pdf

Thorel, J., « États-Unis : les lois anti-spams menacées par la riposte du télémarketing », *ZDNet* (http://www.zdnet.fr/actualites/Internet/0,39020774,39125065,00.htm).

3 Créer et exploiter un site Internet en toute légalité

Le site Internet représente pour le marketeur un véritable magasin, avec sa vitrine (*home page* ou page d'accueil), son caddie, ses rayons, ses produits et ses services.

Comme pour un grand magasin, le marketeur doit réaliser du *merchandising* pour améliorer le nombre de visites, optimiser le chemin parcouru par le visiteur et optimiser les achats en réalisant notamment du *cross selling* (« ventes croisés » : vous achetez des chaussures, on vous propose des chaussettes, du cirage...) et du *up selling* (vous achetez une imprimante noir et blanc, on vous propose une imprimante couleur...).

L'intérêt de ce magasin ou boutique virtuelle est, bien entendu, de disposer d'une adresse unique (comme pour une boutique physique) mais avec l'intérêt d'être ouverte 24h/24, 7J/7 et de permettre la visite de clients potentiels de toute la planète et non uniquement de la zone de chalandise.

L'autre intérêt, et non des moindres, est que cette boutique présente un coût beaucoup moins élevé que celle qui est « physique » en structure (bâtiment, stock, électricité...) et en personnel.

Mais faire du commerce sur Internet, comme sur n'importe quel autre marché nécessite de se trouver en milieu de confiance où l'internaute peut réaliser en toute sécurité des transactions commerciales et financières. À tous les stades du développement du site (conception, identification, promotion, exploitation commerciale, mesure d'audience du site), les questions juridiques abondent : quel droit s'applique à un site ? Celui du lieu de résidence du consommateur ; celui du siège de l'entreprise qui en est le propriétaire ou le lieu d'hébergement du site ? Le « look » du site Internet, ses textes, ses images sont-elles protégeables ? Comment réagir lorsque l'on constate qu'un autre site a copié l'un des éléments de son site Internet ? Quelles sont les règles applicables aux noms de domaine ? Peut-on tout vendre sur Internet ? Quid des règles liées au référencement, des sites de comparateurs ; de la vente *on line ?* Le délai de rétractation de sept jours du consommateur est-il applicable sur le Net ? Le Web marchand relève-t-il de la VPC (nouveau nom : VAD pour vente à distance) ? Est-ce que cela est seulement le fait des sites Internet domiciliés en France ? Quelle juridiction est compétente en cas de litiges? Lorsqu'une commande a été oubliée, a-t-elle une durée de validité au cours de laquelle le cybermarchand peut la traiter? En matière de mesure d'audience du site, existe-t-il une législation concernant les *cookies*? Car ces petits fichiers installés sur l'ordinateur de l'internaute sont régulièrement consultés, modifiés par le site Internet pour y adjoindre des informations (permettant la segmentation par exemple).

CADRE JURIDIQUE DU SITE INTERNET

Le marketeur : Un site Internet étant virtuel et international on peut se demander quel droit s'y applique (le lieu de résidence du consommateur? Celui du siège de l'entreprise qui en est le propriétaire? Le lieu où est hébergé le site?). Par exemple, Apple[1] a basé l'entreprise aux Pays-Bas pour profiter d'une TVA moins élevée qu'en France, en Angleterre ou en Espagne... Ainsi, il peut vendre ses morceaux de musique beaucoup moins cher et profiter en même temps d'un taux d'imposition moins élevé. De plus, cela lui évite (pour les vidéos cette fois) d'avoir la contrainte d'attendre six mois après l'exploitation d'un film en salle pour vendre la version vidéo dudit film... Le marketeur et le chef d'entreprise se demandent quelles sont les astuces qui leur permettront de domicilier l'entreprise au meilleur endroit pour exploiter leur site Web et profiter de la législation la plus «douce» (moins de contraintes, moins de taxes...).»

La juriste : Il ne suffit pas de choisir un siège social dans un pays déterminé pour se dire totalement à l'abri des législations «plus dures». Par ailleurs, je rappelle au marketeur que choisir un pays uniquement pour la douceur de sa législation fiscale s'appelle de «l'évasion fiscale» et que c'est un délit.

Paroles de pros!

«*Nous constatons que les médias traditionnels de communication utilisés par Pizza Hut commencent à s'essouffler, les rendements stagnent. Il était donc urgent de diversifier et surtout de renouveler notre communication. Or la cible des 18-25 ans, surreprésentée dans la population internaute, l'est également au sein de la clientèle de Pizza Hut. D'où notre légitimité sur le Web. Internet est un nouveau canal pour entrer en contact avec le client. Aujourd'hui, nous voulons faire d'Internet un outil de conquête et de fidélisation*» (interview d'Émilie Lévêque, *Journal du Net*, 25 juin 2006).

Thierry Spencer, directeur marketing Pizza Hut France

---

1. Apple et son iTunes.

Définition légale et jurisprudentielle

Une définition générale

Le site Internet est « accessible à partir de son "adresse électronique", son objet est divers : vitrine d'une entreprise ou autre, véritable service commercial ou ludique, mise à disposition d'une documentation ou mégalomanie d'un particulier, etc. Techniquement composé principalement en "html" il se présente comme une sorte de catalogue plus ou moins détaillé dont on ne découvre qu'une partie à la fois à l'écran. Il comporte généralement une sorte de page de couverture (page d'accueil et sommaire) et d'autres pages ou fiches à feuilleter grâce à des liens "hypertexte" qui permettent de passer de l'une à l'autre ou d'accéder à une information supplémentaire ou de réaliser une action (jeux, "téléchargement", remplissage d'un questionnaire, etc.)[1] ».

Une définition informatique

Le site Internet est « un ensemble de fichiers (pages HTML, Web, images, PDF, postscript, son, vidéo, programme, bureautique, etc.) et de répertoires placés dans le même espace du disque dur (arborescence) d'un poste de travail (phase d'élaboration) ou d'un serveur (phase de production-consultation) et liés entre eux par des liens hypertextes. L'accès à un site Web peut être mondial (l'Internet) ou restreint au réseau d'un organisme (intranet) ou à un ensemble d'organismes (extranet). Pour que le site soit accessible depuis un réseau, un serveur http-Web (logiciel) doit fonctionner sur le serveur (machine) qui héberge le site[2] ».

Une définition marketing

Le site Internet est la version *on line* d'une plaquette, d'un catalogue, d'un magasin, d'un centre commercial.

La définition légale

En droit, il n'est pas aisé de définir ce qu'est un site Web. C'est d'ailleurs ce que nous a rappelé récemment[3] le juge anglais, Peter Openshaw, lorsqu'il siégeait

1. Définition : *Mini-Glossaire Informatique de l'Université de Lille 2;* accessible par le lien http://www2.univ-lille2.fr/droit/enseignants/darles/glossaire.html.
2. Définition de David Chopard-Lallier : cours de maîtrise des nouvelles technologies de l'information et de la communication Université Paris 1, in http://mist.univ paris1.fr/enseignements/module3/methodoweb/definformatiqueweb.html#haut
3. Le 16 mai 2007 à la Woolwich Crown Court, East London.

au procès de trois hommes accusés d'incitation au terrorisme sur Internet. Il a en effet reconnu à cette occasion que : « *The trouble is I don't understand the language. I don't really understand what a Web Site is*[1]. »

En droit français, il n'existe pas non plus une définition précise du site Web. En effet, la notion juridique de site Internet varie selon que l'on se place sous l'angle du droit commercial, du droit de la presse, du droit de la distribution ou encore du droit de la concurrence.

Un site Internet se voit donc attribuer diverses définitions car il est considéré à la fois comme : un service de communication audiovisuelle donc soumis aux dispositions de la loi du 30 septembre 1986; une œuvre littéraire et artistique ou multimédia s'il présente un caractère original; un logiciel; une base de données soumise aux dispositions de la loi informatique et liberté s'il permet la collecte de données nominatives[2]; un espace marchand.

Le juge a dit

Un site Web est une œuvre collective car « la création originale d'une présentation d'offres de services sur un site Internet donne droit à la protection envisagée par les textes susvisés : articles L. 122-1, L. 113-5 et L. 122-4 du Code de la propriété intellectuelle » (affaire Cybion contre Qualisteam, tribunal de commerce, Paris, 9 février 1998; affaire F., Zamarreno contre société Log-Acces, cour d'appel de Versailles, 25 mars 2004).

Textes juridiques applicables

Les principaux textes applicables aux sites Web en France relèvent du droit international, européen et national[3].

La protection juridique du site Internet

Il ressort des textes juridiques nationaux, européens et internationaux que le site Internet est protégé par huit droits différents : droit d'auteur; droit des bases de données; droit des noms de domaine; droit des marques; droit de la communication au public en ligne; droit de la communication audiovisuelle; droit sur les éléments incorporés au site; droit de la concurrence.

1. « Le problème est que je ne comprends pas ce langage. À vrai dire, je ne comprends pas exactement ce qu'est un site Internet » (traduction : Michelle Jean-Baptiste).
2. Voir le chapitre 1 consacré aux bases de données.
3. Reportez-vous au tableau récapitulatif des textes juridiques en annexe.

Le site Internet est protégé par…	À condition que…
Le droit d'auteur.	Le contenu et ou la forme du site Internet soit originale.
Le droit des bases de données.	Le site réponde à la définition de la base de données de l'article L 112-3 : « recueil d'œuvres, de données ou d'autres éléments indépendants disposés de manière systématique ou méthodique et individuellement accessibles par des moyens électroniques ou par tout autre moyen. »
Le droit des noms de domaine.	Le nom de domaine ait été dûment enregistré et sans porter atteinte aux droits des tiers.
Le droit des marques.	La marque ait fait l'objet d'un dépôt et sans porter atteinte aux droits des tiers.
Le droit de la communication au public en ligne.	Le site Internet permette un échange réciproque d'informations entre l'émetteur et le récepteur.
Le droit de la communication audiovisuelle.	Le site Internet vise des services de radio et/ou de télévision.
Le droit sur les éléments incorporés au site.	Les éléments incorporés dans le site aient dépassé l'état brut et fassent l'objet de droit privatif, tels que : – droit d'auteur : œuvres photographiques, littéraires, musicales, logicielles, audiovisuelles; – droit des logiciels ou des œuvres audiovisuelles; – droit des marques, des dessins et modèles ou des brevets.
Le droit de la concurrence.	Les éléments figurant dans le site aient été copiés ou utilisés de manière déloyale par un tiers.

Quiz

1. **Un site Internet est :**
   A : Une œuvre collective.
   B : Un lieu de pèlerinage.
   C : Un restaurant à la mode.
2. **La législation sur la presse peut s'appliquer à Internet :**
   A : Vrai.
   B : Faux.

Créer un site Internet en toute légalité

Conversation à bâtons rompus...

Le marketeur : La création d'un site Internet pose de nombreuses questions à l'homme de marketing; quelles sont les limites dans ce monde sans limite qu'est l'Internet? Comment protéger son travail de la copie (un simple clic droit et voilà la concurrence en possession de nos images, textes et autres éléments faisant la valeur ajoutée de l'entreprise)? Y a-t-il des réponses concrètes?

La juriste : S'il est un domaine où les règles sont claires et concrètes, c'est bien en matière de protection des contenus développés sur Internet. Ici comme ailleurs le travail de création est protégé par le droit et notamment par le droit d'auteur, le droit des marques et le droit de la concurrence. Tiens! Il semblerait que pour changer le marketeur se décide à apprécier les règles de droit et à en redemander!

Créer et publier les contenus de son site

«La propriété de toutes les propriétés la moins susceptible de contestation, celle dont l'accroissement ne peut ni blesser l'égalité républicaine, ni donner ombrage à la liberté, c'est, sans contredit, celle des productions du génie et si quelque chose doit étonner, c'est qu'il ait fallu reconnaître cette propriété, assurer son libre exercice par une loi.» Joseph Lakanal, homme politique français (1762-1845).

«*Le monde numérique est artistique, créatif, mais aussi un monde d'entreprises.*» Philip Rosedale, P-DG de la société californienne Linden Lab et créateur de Second Life, Mip TV 2007, Cannes.

La conception et la réalisation d'un site Web peuvent s'effectuer en faisant appel à un prestataire externe ou en ayant recours aux ressources internes de l'entreprise. Dans tous les cas, l'entreprise doit s'assurer qu'elle est bien titulaire des droits d'auteur attachés aux contributions de ses salariés. Par ailleurs certaines mentions doivent figurer sur le site alors que d'autres sont illicites.

Doivent figurer sur votre site professionnel :

- l'identification de l'éditeur du site;
- le nom du directeur ou du codirecteur de la publication et, le cas échéant, celui du responsable de la rédaction;
- le nom, la dénomination ou la raison sociale et l'adresse et le numéro de téléphone de l'hébergeur;
- pour les personnes physiques : leurs noms, prénoms, domicile et numéro de téléphone et, si elles sont assujetties aux formalités d'inscription au RCS ou au répertoire des métiers, le numéro de leur inscription;

- pour les personnes morales : leur dénomination ou leur raison sociale et leur siège social, leur numéro de téléphone et, s'il s'agit d'entreprises assujetties aux formalités d'inscription au RCS ou au répertoire des métiers, le numéro de leur inscription, leur capital social, l'adresse de leur siège social;
- les informations relatives à la collecte d'informations personnelles.

Les règles liées aux contenus

L'édition d'informations en ligne obéit aux mêmes règles légales que l'édition traditionnelle, qu'il s'agisse d'informations diffusées dans le cadre de sites Internet, d'e-mail purement commerciaux ou de newsletter.

Selon la charte de l'édition électronique des membres du Groupement des éditeurs de services en ligne (GESTE), l'éditeur du site s'engage à respecter scrupuleusement les règles éditoriales en vigueur :

- disposer du droit de diffuser sur son site le contenu proposé;
- faire tout son possible pour vérifier la validité des informations portées à la connaissance du public;
- respecter les règles de déontologie journalistique en vigueur;
- ne porter atteinte ni à la liberté, ni aux droits et à la dignité de la personne;
- informer le lecteur de la nature éditoriale ou publicitaire des contenus proposés;
- autoriser le lecteur à imprimer tout ou partie du contenu proposé sur le site pour son usage strictement personnel.

L'utilisateur du site, lui, s'engage à respecter les règles de propriété intellectuelle des divers contenus proposés sur le site c'est-à-dire :

- à ne pas reproduire, résumer, modifier, altérer ou rediffuser, sans autorisation préalable de l'éditeur, quelque article, titre, applications, logiciels, logo, marque, information ou illustration, pour un usage autre que strictement privé, ce qui exclut toute reproduction à des fins professionnelles ou de diffusion en nombre;
- à ne pas recopier tout ou partie du site sur un autre site ou un réseau interne d'entreprise;
- à ne pas créer de lien hypertexte entre un autre site et le présent site sans accord préalable de l'éditeur.

La violation de ces dispositions impératives soumet le contrevenant, et toutes personnes responsables, aux peines pénales et civiles prévues par la loi.

Le principe de l'interdiction de la reproduction électronique sans autorisation

Les articles, textes, photographies et illustrations disponibles sur support papier, sur cédérom ou sur l'Internet sont des œuvres protégées par le droit d'auteur du seul fait de leur originalité, c'est-à-dire lorsqu'elles témoignent d'une certaine créativité intellectuelle. Vous vous devez dans tous les cas de faire une demande d'autorisation écrite aux titulaires des droits.

Pour faciliter vos démarches d'acquisition des droits d'auteur, le Forum des droits de l'Internet[1] met à votre disposition un modèle d'autorisation écrite qu'il vous suffit de remplir, d'enregistrer sur votre disque dur et d'envoyer en document attaché par courrier électronique aux titulaires des droits.

Veillez à remplir correctement tous les champs afin de faciliter la tâche des titulaires. Sachez que ces derniers demeurent libres de soumettre leur acceptation à une contrepartie financière ou d'autre nature. Attention : n'omettez pas de demander aux titulaires des droits de vous renvoyer par la poste un exemplaire de l'autorisation daté et signé (Source : Forum des droits de l'Internet).

La charte de l'édition électronique des membres du GESTE prévoit que « l'abonné, l'acheteur et l'utilisateur d'une publication ou d'un article sur support papier ou numérique, n'acquièrent qu'un droit d'usage de cette publication ou de cet article (lecture par une ou plusieurs personnes, archivage à usage personnel et privé). Aucun droit de reproduction, sous quelle que forme que ce soit (photocopie, scanner, copie numérique), n'est inclus dans l'acquisition de la publication ou de l'article, si ce n'est celui d'une copie unique destinée à un usage strictement personnel. [...] Est donc interdite, sans autorisation préalable de l'éditeur, toute utilisation des contenus, quels qu'ils soient, de ce site notamment pour reproduction sur un autre site, mise à disposition sur un intranet ou tout réseau d'entreprise, diffusion des titres via alerte e-mail, insertion dans un panorama de presse quel qu'en soit le support, dans une plaquette promotionnelle, brochure ».

Notez bien qu'en cas d'utilisation d'une œuvre protégée sans autorisation considérée comme un acte de contrefaçon, vous risquez l'engagement de votre responsabilité civile pour faute (paiement de dommages intérêts), une peine de prison de deux ans, un million de francs d'amende (article L 343-1 du Code de la propriété intellectuelle). Que votre site soit gratuit ou payant, que vous soyez éditeur ou prestataire technique sur Internet, la règle est la même.

1. Forum des droits de l'Internet : http://www.foruminternet.org

Le juge a dit

Le créateur d'un site a été condamné à payer 15 000 euros de dommages et intérêts à l'Agence France Presse (AFP) et à ses journalistes pour la reproduction de leurs photographies sur un site Web car « les photographies en cause ont été largement diffusées dans le cadre de reportages relatifs à des faits marquants de l'actualité [...]; que leur reproduction pure et simple, que la légère altération de leur contour ne vient pas atténuer, ne permet pas d'éviter le risque de confusion avec l'œuvre première alors que celle-ci, intacte, demeure chargée de son sens premier nonobstant les légendes qui peuvent y être associées. » (tribunal de grande instance de Paris, AFP contre *Francefun.com,* 13 février 2002).

Dailymotion a été condamné à payer 13 000 euros au producteur et 10 000 euros à titre d'indemnisation en tant que prestataire technique, pour la diffusion en *streaming* d'un film sans les autorisations nécessaires. *« La société Dailymotion n'a mis en œuvre aucun moyen propre à rendre impossible l'accès au film « Joyeux Noël », sinon après avoir été mise en demeure, soit à un moment où le dommage était déjà réalisé, alors qu'il lui incombe de procéder à un contrôle* a priori. » (Tribunal de Grande Instance de Paris, Affaire Dailymotion, 13 juillet 2007).

Le respect du droit à l'image

Les règles de base

Le juge a dit

« Selon l'article 9 du Code civil, chacun a le droit de s'opposer à la reproduction de son image. L'utilisation de l'image d'une personne, dans un sens volontairement dévalorisant, justifie que soient prises par le juge toutes mesures propres à faire cesser l'atteinte ainsi portée aux droits de la personne. » (Cour de cassation, 16 juillet 1998).

En cas de violation du droit à l'image, le juge peut prescrire toute mesure de nature à faire cesser l'atteinte à la vie privée qui résulte de la publication non autorisée de l'image d'une personne; par exemple, imposer le retrait immédiat de la photographie ou de la vidéo.

Néanmoins, le droit à l'image connaît des exceptions qui sont liées à l'illustration d'un sujet d'actualité ou historique et qui répondent, dans ces deux cas, à des conditions précises et strictes définies par la jurisprudence. Ainsi, la reproduction de l'image d'une personne physique photographiée dans un groupe ou une scène de rue, est considérée comme implicitement autorisée, à condition que la personne ne soit pas individualisée pour en faire le sujet principal de la photographie.

Le juge a dit

«La reproduction par un journal à grand tirage d'une photographie prise à l'occasion de la gaypride, sans autorisation des protagonistes cadrés en gros plan et parfaitement identifiables, dans le but d'illustrer, plus de dix mois plus tard, un article sur le Pacte civil de solidarité (PACS), est illicite comme portant atteinte à la vie privée des intéressés, s'agissant de la révélation de leur homosexualité, dès lors qu'intervenant en dehors du contexte de l'événement à l'occasion duquel elle a été prise.» (Société Socpresse contre M. X. et A., cour d'appel de Versailles, 1re chambre. 1re section, 31 janvier 2002.)

Le cas des mineurs

Dans le cas d'une publication de l'image de mineurs, il sera nécessaire d'obtenir des représentants légaux une autorisation de publier l'image de l'enfant. Par ailleurs, les contenus de nature à présenter un danger pour les mineurs sont très strictement réglementés. Ainsi (article 227-24 du Code pénal), *«lorsqu'un document fixé par un procédé déchiffrable par voie électronique en mode analogique ou en mode numérique présente un danger pour la jeunesse en raison de son caractère pornographique, le support et chaque unité de son conditionnement doivent comporter de façon visible, lisible et inaltérable la mention "mise à disposition des mineurs interdite"»*. *«Cette mention emporte interdiction de proposer, donner, louer ou vendre le produit en cause aux mineurs.»* (Article 32 de la loi n° 98-468 du 17 juin 1998 relative à la prévention et à la répression des infractions sexuelles ainsi qu'à la protection des mineurs).

Pour le Forum des droits de l'Internet, *«la plupart des dispositifs censés prévenir ou dissuader l'accès des mineurs n'obéissent pas aux strictes exigences de l'article 227-24.»*. Force est de constater que nombre d'éditeurs de contenus pornographiques ou violents, s'ils comprennent la nécessité d'une telle mesure, ne savent pas comment s'assurer efficacement du respect des dispositions de l'article 227-24. Ainsi, faute de disposer d'une jurisprudence fournie sur la question, il semble légitime de s'interroger sur les «bonnes» pratiques en matière de restriction d'accès aux mineurs. L'une des voies permettant de travailler sur ces restrictions d'accès est la présence d'un logiciel de contrôle parental.

Le Forum des droits sur l'Internet avait dans ses recommandations «Les Enfants du Net, I et II» (groupe de travail «Protection de l'enfance», 6 mars 2007) largement traité du sujet en convenant que l'apport de ces logiciels ne pouvait en aucun cas être efficace sans une information des adultes et une sensibilisation des enfants. Néanmoins, l'obligation faite, par la LCEN, aux fournisseurs d'accès de proposer un logiciel de filtrage à leurs abonnés pose désormais la question de l'uniformisation de ces logiciels. Ces logiciels, fondés pour la plupart sur un système de listes blanches (sites autorisés aux enfants) et de listes noires (sites interdits aux mineurs), se développent donc considérablement et nous imposent de réfléchir à la délimitation d'un socle commun pour l'élaboration de ces différentes listes. Ainsi, au Royaume-Uni, l'ensemble des opérateurs mobiles intègrent d'ores et déjà une liste noire éditée par l'*Internet Watch Foundation* et regroupant l'ensemble des sites pédo-pornographiques identifiés.

Le cas de la création d'un lien

La charte de l'édition électronique des membres du GESTE rend possible de créer un lien vers un site sans autorisation expresse de l'éditeur, à la seule condition que ce lien ouvre une nouvelle fenêtre du navigateur. Dans les autres cas et notamment :

- si vous souhaitez afficher le logo de l'éditeur ;
- si le contenu du site de l'éditeur doit s'intégrer dans la navigation de votre site, en particulier par voie de cadres (frames) ;
- si l'accès aux pages contenant le lien vers le site de l'éditeur n'est pas gratuit,

vous devez demander l'autorisation expresse de l'éditeur aux adresses figurant à la fin de cette charte. Il est précisé que la libre autorisation de faire un lien vers un site n'inclut pas la reproduction d'une partie du contenu, notamment un titre ou un sous-titre, pour fabriquer ce lien.

Le juge a dit

« Si E. ne proposait pas aux internautes le téléchargement direct de logiciels de jeux contrefaits, il faisait néanmoins apparaître sur son site des liens renvoyant à d'autres sites proposant le téléchargement illégal de tels jeux. Cette mise à disposition de liens hypertextes devait s'analyser en une complicité de contrefaçon par fourniture de moyens... » (Cour d'appel d'Aix-en-Provence, 5e Corr., 10 mars 2004).

Le cas de la citation et de la revue de presse

La citation est une reproduction d'un extrait de la publication. Ainsi, la revue de presse définie par la Cour de cassation comme la « présentation conjointe et par voie comparative de divers commentaires émanant de journalistes différents et concernant un même thème ou un même événement » est soumise aux mêmes obligations que la citation. La citation est autorisée par la loi sous réserve de respecter le droit moral de l'auteur par l'indication de son nom et de la source.

D'après la charte de l'édition électronique des membres du GESTE, «*la citation est nécessairement courte pour éviter le plagiat. Le qualificatif «courte» s'apprécie tant par rapport à la publication dont elle est extraite que par rapport à celle dans laquelle elle est introduite. La citation illustre un propos et ne doit pas concurrencer la publication à laquelle elle est empruntée. La multiplication des citations aboutit à la création d'une anthologie, considérée comme œuvre dérivée, et donc soumise à l'accord préalable de l'auteur ou de l'ayant droit*».

Attention ! La reprise de plus de trois titres et/ou sous-titres d'une même édition, qu'il s'agisse de la reprise du journal papier ou de l'édition en ligne, ne saurait être considérée comme une citation et fera l'objet d'un accord spécifique et préalable de l'auteur.

Dans ce cas, vous devez :

- bien identifier les titulaires des droits sur les œuvres que vous voulez mettre en ligne ;
- leur demander une autorisation préalable écrite portant sur la mise en ligne des œuvres sur votre site ;
- développer des contrats d'auteur et/ou des contrats de prestations lorsque vous faites appel à des tiers pour créer vos contenus.

Mais vous ne devez pas :

- reproduire sur votre site des œuvres protégées par le droit d'auteur sans autorisation préalable de leur auteur ;
- proposer aux internautes le téléchargement de logiciels contrefaits ;
- publier des images de personnes sans leur accord préalable ;
- publier des images de mineur sans l'autorisation préalable de leurs représentants légaux.

Quiz

1. **Vous voulez insérer une page avec les logos de vos clients les plus prestigieux :**
   A : C'est interdit.
   B : Vous en avez parfaitement le droit car ce sont vos clients.
   C : C'est possible à condition de demander une autorisation à vos clients avant d'insérer leurs logos sur votre site.
2. **Pour votre page d'accueil, vous décidez en toute légalité d'incorporer une musique**
   A : Dont vous êtes l'auteur.
   B : Que vous avez «récupérée» sur Internet.
   C : Que vous avez enregistrée en *catimini* lors du dernier concert de Madonna.

Protéger les contenus de son site

Paroles de pros!

D. Danet écrit dans *Valeurs incorporelles et compétition économique* (De Boeck, 1998) : «*La protection du génie artistique s'accommode difficilement des exigences de la compétition marchande et les tribunaux se montrent souvent bien embarrassés pour établir un équilibre acceptable entre les deux.*»

Les contenus de votre site peuvent faire l'objet de plusieurs types de protection, au titre notamment du droit d'auteur et du droit des marques.

Protection par le droit d'auteur

Les œuvres que vous créez (images, textes, sons, etc.) y compris sur Internet sont protégées par le droit d'auteur du simple fait de leur création et de leur originalité : «*Un cadre juridique harmonisé du droit d'auteur et des droits voisins [...] encouragera des investissements importants dans des activités créatrices et novatrices, notamment dans les infrastructures de réseaux, et favorisera ainsi la croissance et une compétitivité accrue de l'industrie européenne.*» (Considérant 4 de la directive communautaire du 22 mai 2001 sur l'harmonisation de certains aspects du droit d'auteur et des droits voisins dans la société de l'information).

Le statut d'œuvre confère au créateur de site Internet un certain nombre de droits traditionnellement divisés en droits moraux et patrimoniaux d'auteur.

Droits moraux d'auteur

Ils sont définis par les articles L 121 et suivants du Code de la propriété intellectuelle.

- Le droit de divulgation : seul l'auteur peut décider du moment où il estime que son œuvre est achevée et qu'il peut la porter à la connaissance du public.
- Le droit de paternité : l'auteur a le droit d'être identifié comme le «père» de son œuvre. On associe à ce droit le droit «au nom». L'auteur, dès lors que son nom est associé à son œuvre, doit être cité lors de chaque utilisation de cette œuvre.
- Le droit au respect de l'intégrité de l'œuvre : l'auteur peut s'opposer à l'utilisation ou à toute modification, déformation de son œuvre.
- Le droit de repentir ou de retrait : l'auteur peut (même après la publication de son œuvre) jouir d'un droit de repentir ou de retrait vis-à-vis de la personne à qui il a cédé son droit d'exploitation. Néanmoins, s'il veut exercer ce droit il devra indemniser préalablement le cessionnaire du fait du préjudice que ce repentir ou ce retrait aura pu lui causer.»

Le juge a dit

« Les dessins ne présentent plus, ni la même netteté de traits qui apparaissent brouillés, ni la même qualité de coloris, alors que le dessinateur Hergé était réputé, dans le monde de la bande dessinée, pour la précision extrême de son trait. » (Cour d'appel de Paris, 14 mars 2007). La numérisation de vignettes de Tintin dans un but promotionnel de dessins d'Hergé sur la page d'accueil du site Internet de la société de ventes aux enchères Neret-Minet dénature l'original et porte atteinte au droit à l'intégrité de l'œuvre dont jouit son auteur. La société Neret-Minet est condamnée à verser 30 000 euros de dommages-intérêts aux ayant droits pour atteinte au droit moral consistant en la représentation et la reproduction sur les catalogues et sur l'Internet de l'œuvre d'Hergé.

Le propre des droits moraux d'auteur est qu'ils sont perpétuels et incessibles (article L 121-1 du Code de la propriété intellectuelle) : « *L'auteur jouit du droit au respect de son nom, de sa qualité et de son œuvre. Ce droit est attaché à sa personne. Il est perpétuel, inaliénable et imprescriptible. Il est transmissible à cause de mort aux héritiers de l'auteur. L'exercice peut être conféré à un tiers en vertu de dispositions testamentaires.* »

Droits patrimoniaux d'auteur

Ils sont définis par les articles L. 122 et suivants du Code de la propriété intellectuelle.

Le droit de reproduction (ou d'édition) : l'auteur est le seul à pouvoir autoriser la fixation matérielle de son œuvre par tout procédé permettant la communication de tout ou partie de sa création au public.

Le droit de représentation (ou de communication) : l'auteur est le seul à pouvoir autoriser les représentations publiques de son œuvre, que ce soit dans le cadre d'expositions, de télédiffusion ou de transmission sur Internet.

Le juge a dit

« Constatons que François-Xavier B. et Guillaume V. ont, sans autorisation, reproduit et favorisé une utilisation collective d'œuvres de Jacques Brel, protégées par le droit d'auteur [...] En tant que de besoin, et jusqu'à ce qu'une décision intervienne sur le fond de l'affaire, faisons interdiction à François-Xavier B. et Guillaume V. de mettre leurs pages privées contenant des œuvres interprétées par Jacques Brel à la disposition des utilisateurs du réseau Internet ce, sous astreinte de 10000 francs par infraction constatée. » (Affaire Brel, TGI de Paris, ordonnance de référé du 14 août 1996).

Les droits patrimoniaux d'auteur, à la différence des droits moraux, sont limités dans le temps (article L. 123-1 du Code de la propriété intellectuelle) : *« L'auteur jouit, sa vie durant, du droit exclusif d'exploiter son œuvre sous quelque forme que ce soit et d'en tirer un profit pécuniaire. Au décès de l'auteur, ce droit persiste au bénéfice de ses ayants droit pendant l'année civile en cours et les soixante-dix années qui suivent. »*

Il existe des exceptions aux droits patrimoniaux d'auteur : les représentations privées et gratuites effectuées exclusivement dans un cercle de famille; les copies ou reproductions strictement réservées à l'usage privé du copiste et non destinées à une utilisation collective; le droit de citation et la satire.

Attention! Ces exceptions ne s'appliquent ni aux logiciels pour lesquels l'article L 122-6-II du Code de la propriété intellectuelle prévoit comme exceptions la copie réalisée à des fins de sauvegarde à condition que celle-ci «soit nécessaire pour préserver l'utilisation du logiciel» et la copie indispensable à l'utilisation du logiciel «conformément à sa destination, y compris pour corriger des erreurs»; ni aux bases de données, lesquelles sont régies par la loi du 1er juillet 1998 transposant la directive 96/9/CE du Parlement européen et du Conseil du 11 mars

1996 concernant la protection juridique des bases de données[1]. Ainsi, *« l'auteur est libre de mettre ses œuvres gratuitement à la disposition du public, sous réserve des droits des éventuels coauteurs et de ceux des tiers ainsi que dans le respect des conventions qu'il a conclues »* (article L 122-7-1 du Code de la propriété intellectuelle, modification issue du projet de loi relatif au droit d'auteur et aux droits voisins dans la société de l'information voté par le parlement le 30 juin 2006).

Et ailleurs comment ça se passe ?

Tous les pays ne partagent pas l'approche dualiste de la France (droits moraux d'un côté, droits patrimoniaux de l'autre). Ainsi, en Allemagne, le droit moral et les droits patrimoniaux s'éteignent soixante-dix ans après la mort de l'auteur (§ 64 de la *Urheberrechtsgesetz*) et seuls les « éléments-noyaux du droit moral » (*Kernbereichs des Urheberpersönlichkeitsrechts*), mis en cause lorsque le lien spirituel entre l'auteur et sa création est compromis sont réellement inaliénables. Au Canada, la durée des droits patrimoniaux est de cinquante ans suivant l'année de décès de l'auteur.

Le respect des droits d'auteur sur Internet s'intensifie. Deux nouveaux médias du Web viennent de signer avec la Sacem, la SDRM, Sesam, la SACD et la Scam, pour s'acquitter de leur obligations envers ces sociétés d'auteur : Radio13.net, bouquet thématique de 20 webradios, exploité par la société XIII bis Organisation, diffuse ses programmes depuis le 1er mai 2001. Squaly FM, Webradio associative, accessible à partir du site lemonsharkmusic.com et exploitée par l'association Lemon Shark Music Company, diffuse ses programmes depuis le 1er novembre 2001 (Sacem, 28 novembre 2001).

Formalités de protection

Les œuvres créées étant protégées par le droit d'auteur du simple fait de leur création et de leur originalité; vous n'avez donc besoin en principe de ne procéder à aucune formalité ou à un quelconque dépôt pour faire valoir vos droits. Néanmoins, en cas de conflits, ce dépôt auprès d'une tierce personne vous sera très utile notamment pour pré-constituer la preuve de votre création ou de votre invention et de leur donner une date certaine (correspondant à la date du dépôt).

Vous pouvez ainsi vous envoyer à vous-même une lettre simple (cachet de la poste faisant foi pour dater le document) ou en recommandé avec accusé de réception ou, enfin, un recommandé électronique. Vous êtes dans ce cas seul responsable de la bonne conservation de l'enveloppe et ne devez l'ouvrir à

1. Voir le chapitre 2 consacré aux bases de données.

aucun prix. Seul le juge en cas de litige doit être amené à le faire. Coût : prix d'un timbre (0,54 € à 5,84 € en fonction du poids de la lettre) ou d'un recommandé (de 3,04 € à 9,84 € en fonction du poids de la lettre).

L'enveloppe Soleau[1], elle, vise tout document n'excédant pas sept pages et comporte deux parties. Le titulaire doit introduire dans chacune d'elles un exemplaire de la description ou une reproduction en deux dimensions de sa création. L'enveloppe pliée et cachetée est ensuite envoyée ou déposée à l'INPI[2], en indiquant aux emplacements prévus les noms et adresses du déposant. L'INPI retourne l'une des deux parties à son titulaire et conserve l'autre partie pendant cinq ans dans ses archives après l'avoir enregistré et perforé au laser. La conservation à l'INPI peut être prorogée une fois pour une nouvelle période de cinq ans moyennant un nouveau paiement. Attention ! L'enveloppe Soleau n'est pas un titre de propriété industrielle. Elle ne confère pas à son titulaire le droit de s'opposer à l'exploitation de sa création effectuée sans son consentement. Coût : 15 € pour cinq ans renouvelables.

Vous avez aussi la possibilité d'effectuer un dépôt dans une enveloppe cachetée auprès de sociétés d'auteurs. La durée de conservation de l'enveloppe varie d'une société à l'autre :

- SGDL (Société des gens de lettre) : 4 ans ;
- SACD (Société des auteurs et compositeurs dramatiques) : 5 ans;
- Scam (Société civile des auteurs multimédia) : 2 ou 5 ans;
- Snac (Syndicat national des auteurs compositeurs) : 5 ans;

Coût : 45 € pour 4 ans à la SGDL; 46 € pour 5 ans à la SACD.

Vous pouvez en outre effectuer un dépôt dans une enveloppe cachetée auprès de l'APP, spécialisée dans le dépôt des programmes informatiques (version source ou exécutable), leur documentation d'utilisation, ainsi que les documentations préparatoires. Plus généralement, le dépôt APP permet de déposer toute œuvre numérique. Il peut s'agir de texte, de musique, de vidéo ou encore de bases de données. Coût : 227, 24 € le dépôt initial.

1. Soleau et non Solo, du nom de son créateur. Système fondé sur le décret du 10 mars 1914 ayant pour but à l'origine d'établir la date de création de dessins et modèles, selon la loi du 14 juillet 1909 et l'arrêté du 9 mai 1986.
2. Institut national de la propriété industrielle auprès duquel s'effectuent les dépôts de brevet d'invention, de marques et de dessins et modèles.

Enfin, avec le dépôt auprès d'un notaire ou d'un huissier, l'auteur s'adresse lui-même un pli scellé par l'intermédiaire d'un huissier. On l'appelle « dépôt chez soi ». Coût : 80 à 250 € environ pour une durée illimitée.

Et ailleurs comment ça se passe ?

Dans les pays anglo-saxons, on trouve un concept juridique cousin de notre droit d'auteur, le copyright. Cette protection s'applique aux œuvres originales que celles-ci soient publiées ou non. Dans ces pays, la protection d'une œuvre est, comme en France et en Europe, automatique à compter de la création de l'œuvre. Mais tout comme dans la plupart des autres pays, le dépôt est une formalité légale fortement recommandée. Ainsi aux États-Unis, la loi américaine confère certains avantages pour inciter les détenteurs de droits à procéder à un enregistrement auprès du Copyright Office à Washington.

Protection par le droit des marques

Les marques ont un statut juridique bien défini en France et à l'international. Les marques ne doivent pas être confondues avec les noms commerciaux et les dénominations sociales de société qui relèvent de statuts juridiques différents. Ainsi, les conditions à l'enregistrement d'une marque ne sont pas les mêmes que celles à l'inscription d'une dénomination sociale au registre du commerce.

Les marques sont régies par le droit de la propriété industrielle

« Le droit de la propriété industrielle est régi par le Code de la propriété intellectuelle promulgué le 1er juillet 1992. Il a pour objet de protéger, et par là même de valoriser :

- les créations techniques et ornementales (brevets, dessins et modèles) ;
- les signes distinctifs (marques, dénominations sociales, noms commerciaux, enseignes, appellations d'origine et indications de provenance protégées).

La protection contre la concurrence déloyale en fait aussi partie. » (Source : www.inpi.fr[1])

Il existe différents types de marques en fonction de l'étendue géographique de la protection désirée. Selon l'article L 711-1 du Code de la propriété intellectuelle, « c'est un signe susceptible de représentation graphique servant à distinguer les produits ou services d'une personne physique ou morale ».

1. www.inpi.fr/front/show_rub.php?rub_id=180.

Lorsque vous créez une marque, pour que celle-ci soit considérée comme valable elle doit :

- être autorisée par la loi;
- être distinctive;
- être disponible;
- faire l'objet d'un dépôt;
- faire l'objet d'un usage sérieux.

La marque doit donc être autorisée par la loi.

Sont admis :

- les dénominations sous toutes les formes;
- les signes sonores;
- les signes figuratifs (dessins, étiquettes, logos, images de synthèse, formes du produit et de son conditionnement);
- les odeurs.

Ne sont pas admis :

- les signes désignant les produits du tabac;
- tout signe officiel;
- les emblèmes des nations;
- les signes contraires aux bonnes mœurs;
- les signes trompeurs.

Le juge a dit

Une odeur peut être protégée «à condition qu'elle puisse faire l'objet d'une représentation graphique, en particulier au moyen de figures, de lignes ou de caractères, qui soit claire, précise, complète par elle-même, facilement accessible, intelligible, durable et objective», tout en précisant que «s'agissant d'un signe olfactif, les exigences de la représentation graphique ne sont pas remplies par une formule chimique, par une description au moyen de mots écrits, par le dépôt d'un échantillon d'une odeur ou par la combinaison de ces éléments.» (CJCE, 12 décembre 2002, affaire Ralf Sieckmann et Deutsches Patent und Markenamt).

La marque doit aussi être distinctive. Sont admises les marques arbitraires par rapport aux produits et aux services qu'elles désignent. (exemple : Orange pour un opérateur de télécommunications), mais pas les marques descriptives des produits et des services qu'elles désignent (exemple : Orange pour un vendeur d'oranges).

La marque doit en outre être disponible. Pour vérifier sa disponibilité, il faut entreprendre une recherche d'antériorités, portant sur l'existence de droits antérieurs qui pourraient s'opposer à l'enregistrement de la marque. Il est nécessaire de prendre en considération les différents types de droits antérieurs possibles. Selon l'article L 711-4 du Code de la propriété intellectuelle, « peuvent constituer des droits antérieurs :

- la dénomination ou raison sociale, s'il existe un risque de confusion dans l'esprit du public ;
- le nom commercial ou une enseigne connus dans l'ensemble du territoire national, s'il existe un risque de confusion dans l'esprit du public ;
- l'appellation d'origine protégée ;
- les droits d'auteur ;
- les droits résultants d'un dessin ou modèle protégé ;
- les droits de la personnalité d'un tiers, notamment à son nom patronymique, à son pseudonyme ou à son image ;
- les droits au nom, à l'image ou à la renommée d'une collectivité territoriale. »

La marque distinctive et disponible doit ensuite faire l'objet d'un dépôt. La propriété de la marque s'acquiert par l'enregistrement. La marque peut être acquise en copropriété. L'enregistrement produit ses effets à compter de la date de dépôt de la demande pour une période de dix ans indéfiniment renouvelable (article L 712-1/art. 5, loi n° 91-7 du 4 janv. 1991).

La demande d'enregistrement est présentée et publiée dans les formes et conditions fixées par le présent titre et précisées par décret en Conseil d'État.

Elle doit comporter notamment le modèle de la marque et l'énumération des produits ou services auxquels elle s'applique. Le déposant domicilié à l'étranger doit faire élection de domicile en France (article L 712-2/art. 6, loi n° 91-7 du 4 janvier 1991).

Pendant le délai de deux mois suivant la publication de la demande d'enregistrement, toute personne intéressée peut formuler des observations auprès du directeur de l'INPI (article L 712-3/art. 7, loi n° 91-7 du 4 janvier 1991).

La marque doit faire l'objet d'un dépôt

Ainsi, en France, les marques feront l'objet de dépôt à l'INPI ; en Europe à l'OHMI (Office de l'harmonisation dans le marché intérieur) et au niveau international à l'OMPI (Organisation mondiale de la propriété industrielle).

Le principe applicable en France est « le principe de spécialité ». Les différents produits et services susceptibles d'être visés dans un dépôt de marque ont été rangés, par classes, dans une classification internationale : la classification de

Nice. Cette classification contient 45 classes. Les classes numérotées de 1 à 34 désignent les produits, tandis que les classes 35 à 45 visent les services.

En vertu du principe de spécialité, une marque déjà déposée dans une classe peut quand même faire l'objet d'un autre dépôt de marque mais uniquement dans une ou des classes différentes de celles ayant déjà fait l'objet du dépôt.

Le dépôt ne produit ses effets que pour une période de dix ans. La marque est indéfiniment renouvelable.

Le dépôt est renouvelé à la condition qu'il ne comporte ni modification du signe ni extension de la liste des produits ou services.

Le coût du dépôt :

- 225 € minimum pour une protection de dix ans sur l'ensemble du territoire national;
- 225 € si vous désignez des produits-services appartenant à une, deux ou trois classes;
- 225 € + 40 € par classe supplémentaire au-delà de trois.

« Cas particulier du dépôt par télécopie : tout dépôt effectué par télécopie est considéré comme irrégulier. Vous devrez régulariser votre demande dans les cinq jours de la réception de la télécopie en envoyant spontanément les pièces originales à l'INPI et en acquittant une redevance de régularisation de 100 €. » (source : www.inpi.fr).

La marque doit faire l'objet d'un usage sérieux

Le juge a dit

« Le seuil à partir duquel un usage peut être qualifié de sérieux est directement lié à la nature du produit ou du service. On ne peut exiger pour une marque protégeant des produits de luxe, qui font l'objet d'une commercialisation réduite, la même intensité d'usage que pour une marque servant à distinguer des produits ou services de consommation courante. » (Affaire Ritz, 3 décembre 2002, 1re chambre de recours, recours R 952/2001 1)[1].

Il faut veiller à conserver à la marque sa force par un usage sérieux et suffisant à titre de marque pour éviter la déchéance. La déchéance de la marque est en effet encourue au bout de cinq ans d'inexploitation.

1. « Obligation d'usage et marques de luxe : un traitement privilégié ? » par Jacques Beaumont, avocat à la Cour, cabinet Deprez-Dian-Guignot (www.abcluxe.com/entreprise_articles/article.php?id_article=82&id_presta=11).

L'usage de la marque ne doit pas toujours être quantitativement important pour être qualifié de sérieux, tout dépend des caractéristiques du produit concerné.

Et ailleurs comment ça se passe?

Dans les pays anglo-saxons, en l'absence de dépôt, l'usage peut conférer un droit de propriété sur une marque, ce qui n'est pas le cas en France. C'est le cas par exemple aux États-Unis, où une marque est considérée comme incontestable après cinq ans d'usage.

Contrefaçon de marque, critère déterminant du risque de confusion dans l'esprit du public

L'utilisation d'une marque, si vous n'en êtes ni le propriétaire ni l'utilisateur attitré au titre d'un contrat de licence d'utilisation de la marque par exemple, vous expose au délit de contrefaçon : «l'imitation d'une marque et l'usage imité, pour des produits ou services identiques ou similaires à ceux désignés dans l'enregistrement est interdit.» (Article L 713-3 du Code de la propriété intellectuelle).

La contrefaçon n'est pas constituée uniquement par la reproduction exacte, à l'identique de la marque mais aussi par son adaptation ou par son imitation créant un risque de confusion dans l'esprit du public.

Le juge a dit

L'association Greenpeace doit cesser l'utilisation de marques détournées de la compagnie pétrolière Esso (sous la forme d' E $ $O) à l'appui de sa campagne «Stop Esso» car l'usage des dénominations imitées d'Esso est de nature à créer un «risque de confusion dans l'esprit du public» et ne se justifie pas au regard des finalités informatives du site. (Affaire Esso contre Greenpeace, TGI de Paris, ordonnance de référé le 8 juillet 2002).

Le juge Carre Pierrat observe dans sa décision que le site Jeboycotte Danone «*ne vise manifestement pas à promouvoir la commercialisation de produits ou de services, concurrents de ceux des sociétés intimées*» et qu'«*aucun risque de confusion n'était susceptible de naître dans l'esprit des usagers*».

«*Le principe à valeur constitutionnelle de la liberté d'expression, par ailleurs reconnu tant par les traités et conventions internationales, rappelé par l'association Réseau Voltaire, implique que cette association et Olivier Malnuit puissent, sur les sites Internet litigieux, dénoncer sous la forme qu'ils estiment appropriées les conséquences sociales des plans de restructuration.*» (affaire «Jeboycotte Danone», cour d'appel, 30 avril 2003).

En cas de contrefaçon de marque, vous risquez une amende pouvant aller jusqu'à environ 155000 euros et une peine de prison de deux ans. En cas de récidive, les peines encourues sont portées au double. En outre, si l'infraction a lieu sur le territoire, vous encourez la fermeture, totale ou partielle, définitive ou provisoire, pour une durée de cinq ans de l'établissement ayant servi à commettre l'infraction. Le Code des douanes prévoit :

- la confiscation des marchandises litigieuses;
- celle des moyens de transport et objets ayant servi à masquer la fraude;
- ainsi qu'une amende comprise entre une à deux fois la valeur de la marchandise de contrefaçon;
- un emprisonnement maximum de trois ans.

Respecter les formalités liées à la publication des contenus de son site

La déclaration à la CNIL

Dans la plupart des cas, si votre site procède à un traitement de données à caractère personnel (comme la collecte d'adresses électroniques), vous devrez le déclarer auprès de la CNIL.

Les sites Internet n'ont plus à être déclarés en tant que tels. En contrepartie, la CNIL rappelle fortement, dans une recommandation adoptée à la même séance, les règles de fond qui résultent de la loi du 6 janvier 1978, modifiée en août 2004. Ainsi, la diffusion sur un site Web d'informations sur les personnes nécessite le consentement préalable de celles-ci. Les personnes peuvent, ultérieurement, s'opposer à tout moment à cette diffusion (source : CNIL[1]).

Les sites vitrines des organismes publics ou privés collectant ou diffusant des données personnelles dans un but de communication ou d'information sont dispensés de déclaration. Les sites Web collectant des données auprès de clients ou de prospects n'ont plus à faire l'objet d'une déclaration de site Internet mais d'une simple déclaration simplifiée en référence à la norme simplifiée n° 48.

Les données sensibles (par exemple, sur la santé ou les orientations sexuelles ou politiques) n'ont pas vocation à être diffusées à partir d'un site Internet. Les internautes qui créent des sites personnels dans le cadre du cercle familial ou amical doivent mettre en place un accès restreint. Lorsqu'un particulier ouvre un site destiné à ses proches pour mettre en ligne des photographies d'un évé-

1. www.cnil.fr/index.php ?id=1939&news[uid]=305&cHash=ec7c147c2f.

nement (mariage, anniversaire, etc.), il devrait, compte tenu de la nature du réseau Internet, limiter cette diffusion aux seules personnes concernées. En raison des risques de captation d'images (photographies, vidéo) des mineurs, un accès restreint doit être mis en place pour ceux des sites qui souhaiteraient diffuser ce type de données. En tout état de cause, la diffusion d'images de mineurs ne peut s'effectuer qu'avec leur accord et l'autorisation expresse des parents ou du responsable légal (Source : CNIL).

Depuis la loi du 1er août 2000, l'exigence de l'ancien article 43-1 de la loi de 1986 faisant obligation au propriétaire d'un site Internet d'effectuer une déclaration préalable auprès du procureur de la République a été supprimée.

La déclaration auprès du CSA[1]

Si votre site Web présente un caractère de service de communication audiovisuelle, vous devez procéder à une déclaration au CSA. Selon cet organisme[2] : *« Les services de télévision et de radio qui souhaitent être diffusés ou distribués par un réseau n'utilisant pas les fréquences assignées par le CSA (câble, satellite, ADSL, Internet, téléphonie, etc.) sont soumis au régime du conventionnement par le Conseil ou de la déclaration auprès de lui. […] Les services de radio et de télévision dont le budget annuel est respectivement inférieur à 75 000 € et à 150 000 € sont dispensés de convention et sont soumis au régime déclaratif. »*

Quiz

1. **Vous voulez développer un site satirique intitulé « Motoçaroulepasfort.com » sur « Motoçaroule » l'un de vos concurrents :**
   A : C'est possible grâce au droit à la libre expression.
   B : C'est dangereux car vous risquez un contentieux en droit des marques et en droit de la concurrence.
   C : La satire, ça a toujours été votre point fort.
2. **Pour toute création de site vitrine vous devez :**
   A : Effectuer une déclaration à la CNIL.
   B : Effectuer une déclaration auprès du procureur de la République.
   C : Ne rien faire car vous êtes dispensé de déclaration.

1. Conseil supérieur de l'audiovisuel : instance de régulation du secteur audiovisuel français.
2. http://www.csa.fr/infos/autorisations/autorisations_cable.php.

Identifier et promouvoir un site Internet en toute légalité

Conversation à bâtons rompus...

Le marketeur : Pour être bien identifié, il faut comme pour une boutique « physique » disposer d'une adresse reconnaissable. Mais aujourd'hui il est souvent difficile de pouvoir disposer du nom de domaine de sa propre entreprise ou de sa propre marque. D'autres (un nouveau métier s'est créé) s'en sont chargés avant. N'y a-t-il pas des droits pour éviter cela ?

La juriste : C'est ce que l'on appelle du cybersquatting et « ce n'est pas joli, joli ». Après une période de flottement juridique, les règles en la matière sont aujourd'hui plus claires. Il est interdit de déposer un nom de domaine si le but de la démarche est de le revendre à prix d'or au propriétaire de la marque ou de la dénomination sociale correspondante.

Le nom de domaine est important car il constitue l'adresse de la boutique. En plus des règles de marketing auquel il faut qu'ils répondent (nom mémorisable, euphonique...), les créateurs de sites se demandent s'ils peuvent déposer cette adresse comme une marque. Quelles sont les démarches à suivre ? Cela peut-il se faire à l'international ? Et lorsque l'entreprise désire utiliser sa dénomination sociale ou sa marque en guise de nom de domaine, est-elle prioritaire ? Quels recours a-t-elle si quelqu'un a procédé au dépôt de nom de domaine avant elle ?

Paroles de pros !

« *Pour protéger les noms de nos produits sur le Web, et éviter qu'ils ne soient détournés, nous déposons systématiquement en ".fr" tous les noms des médicaments commercialisés par Pfizer, y compris les plus récents. En revanche, la législation française interdisant de communiquer vers le grand public sur le nom d'un médicament, nous n'utilisons pas ces noms de domaine et aucun d'entre eux ne pointe vers nos sites.* » Jean-Louis Petit, responsable e-communication Pfizer France (*Journal du Net*, décembre 2004)

« *Nous nous efforçons de perdre le moins de trafic possible sur nos deux marques : Go Voyages et Frantour. Pour les protéger, et faire en sorte que l'internaute arrive chez nous quelle que soit la manière dont il écrit notre URL, nous avons déposé nos deux marques sous toutes les extensions génériques possibles, c'est-à-dire, en ".info", en ".biz" ou en ".net", avec plusieurs formes de ponctuation et plusieurs orthographes possibles, et avec quelques suffixes naturels, comme Go-vacances.fr ou encore Go-weekend.fr.* » Frédéric Pilloud, responsable développement Internet Go Voyages, (*Journal du Net*, décembre 2004)

Le nom de domaine en toute légalité

Définition du nom de domaine

Comme tout entrepreneur désireux de faire du commerce, que ce soit sur Internet ou dans le « monde réel » d'ailleurs, l'utilisateur doit s'identifier auprès de sa clientèle car sans identification il n'y a pas de commerce possible. Dans le « monde réel » cette identification passe par la création d'une dénomination sociale, d'une adresse, d'un numéro de téléphone, d'un numéro de fax. Sur Internet, l'utilisateur commerçant est identifié par ce que l'on appelle un nom de domaine.

Le nom de domaine sur Internet est une clé d'accès et d'identification d'un serveur sur le Web. Plus concrètement, tout ordinateur relié à Internet est localisé et identifié par un numéro ou « adresse Internet » ou encore « adresse IP ». Cette adresse unique est représentée par une suite de quatre nombres séparés par des points. Pour des raisons pratiques et de convivialité, on a fait correspondre à cette suite de chiffres une adresse symbolique ou « host name » constituée de lettres séparées elles aussi par des points. C'est ce que l'on appelle le DNS ou *Domain Name System* ou encore Système des noms de domaines.

Le système de nommage mondial actuel est un système hiérarchisé organisé en zones décentralisées. Ainsi il existe une zone ou TLD (*Top Level Domain*) par pays, celle-ci est identifiée par un code à deux lettres. Ce sont par exemple <.fr> pour la France, <.es> pour l'Espagne ou encore <.nl> pour les Pays Bas.

Il existe aussi sept domaines internationaux ou GTLD (des noms de domaines génériques) : <.com> : commercial; <.edu> : éducatif; <.gov> : gouvernemental, administrations; <.int.> : organisations internationales; <.mil> : militaire; <.net> : réseau, fournisseurs de service; <.org> : organisations à but non lucratif.

Les procédures de création d'un nom de domaine

Les deux zones qui retiendront plus spécifiquement notre attention seront la zone <.com> et la zone <.fr> car ce sont dans ces deux zones que le commerçant français désireux de faire du commerce sur l'Internet ira s'installer.

Les étapes de la procédure d'enregistrement dans la zone <.com>

Le domaine <.com> est une zone commerciale, gérée depuis le 13 septembre 1995 par la société américaine Network Solutions Inc. La gestion internationale de ce domaine est assurée par l'Internic à travers Network Solutions Inc. et pour chaque zone nationale la gestion est assurée par une antenne du NIC (Network Information Center). En France c'est un établissement public sous tutelle du ministère de l'Industrie, l'Inria (Institut national de recherche en information et automatique), qui gère depuis 1987 le domaine en France.

Pour choisir un nom de domaine dans la zone <.com> il faut s'adresser à l'Internic[1].

On applique, selon la Charte de règlements des conflits relatifs au nommage[2] la règle du « premier arrivé, premier servi » autrement dit le premier qui a choisi un nom de domaine déterminé sera le seul à pouvoir l'utiliser par la suite. Le NSI ne fait aucun contrôle quant à l'atteinte éventuelle aux droits de la propriété intellectuelle des tiers, il se contente uniquement de vérifier que le nom demandé n'a pas déjà été attribué.

La procédure d'enregistrement d'un nom de domaine s'effectue *on line*, c'est-à-dire sans avoir recours aux moyens de communication traditionnels (téléphone, courrier).

Ainsi, la société désireuse de procéder au dépôt de son nom de domaine contactera via l'e-mail la société Internic afin de lui décliner son identité, celle-ci répondra automatiquement à sa demande en confirmant l'enregistrement du nom de domaine de la société dans sa base de données.

Lors de l'envoi par l'Internic de la confirmation de l'enregistrement du nom de domaine, il est précisé que cet enregistrement ne confère aucun droit légal sur le nom déposé et que tout conflit relatif au droit d'utiliser un nom particulier devra être réglé entre les parties par les voies de droit.

Les étapes de la procédure d'enregistrement dans la zone <.fr>

Au 21 mai 2007, on comptait 880 123 domaines dans la zone <.fr>[3]. Si vous voulez enregistrer votre nom de domaine dans la zone <.fr> vous devrez vous adresser au NIC France et vous connecter sur le site http://www.afnic.asso.fr (site de l'Association française pour le nommage internet en coopération-AFNIC).

L'AFNIC est une entité d'intérêt général, indépendante des prestataires, qui est l'autorité de nommage Internet pour le domaine national <.fr> et qui, en vue d'assurer la cohérence du plan d'attribution des noms, est à l'origine de la « Charte de nommage Internet en France ».

1. Internic Registration services, 505 Huntmar Park Drive, Herndon, Virginia 22 070; tél. : 1 703 742 4777; fax : 1 703 742 8449; e-mail : hostmaster@internic.net, site Internet : http :// rs.internic.net>).
2. Charte du NSI modifiée (http ://rs.internic.net/domain-info/internic-domain-6.html>).
3. Source AFNIC.

L'enregistrement du nom de domaine dans la zone <.fr> est gouverné par le principe de l'antériorité. L'AFNIC refusera donc d'enregistrer des noms de domaines qui auront déjà été enregistrés. En revanche, le principe de «spécialité» qui s'applique en droit des marques est inopérant en ce qui concerne les noms de domaine. Ainsi, l'enregistrement d'un nom de domaine par une entreprise qui exercerait son activité dans le domaine de l'informatique entraînera l'indisponibilité de ce nom de domaine dans tous les autres secteurs d'activité (le secteur alimentaire par exemple).

Le 5 janvier 2004, le conseil d'administration de l'AFNIC a décidé d'assouplir les règles de nommage concernant l'enregistrement des noms de domaine sous.fr et sous.tm.fr, à partir d'une marque enregistrée, ou en cours d'enregistrement, auprès de l'INPI.

Selon Jean-Claude Gorichon, président de l'AFNIC, cet «*organisme neutre et indépendant, souhaite donner la possibilité à tous les Français de créer leur propre nom de domaine en.fr. Les noms en.fr véhiculent des valeurs fortes telles que la proximité, l'appartenance et la francophonie*» (www.afnic.fr).

Depuis la réunion du conseil d'administration, le 21 octobre 2005, l'AFNIC a pris la décision d'ouvrir les noms de domaine.fr et .re aux particuliers à la fin du premier semestre 2006. «*Les personnes physiques peuvent actuellement s'enregistrer sous les domaines de second niveau.nom.fr ou.nom.re, avec les syntaxes patronyme. nom.fr ou patronyme-champlibre. nom.fr. L'assouplissement prévu permettra aux personnes physiques majeures ayant une adresse en France d'enregistrer les noms de domaine de leur choix directement sous.fr ou.re (par exemple : "cequejeveux. fr")*» (Source : AFNIC).

Sont éligibles au sein du domaine <.fr> les personnes morales dont le siège social ou l'adresse d'un établissement est situé en France et qui sont identifiables au travers des bases de données électroniques suivantes :

- greffes des tribunaux de commerce;
- le registre national du commerce et des sociétés (INPI);
- l'Institut national de la statistique et des études économiques (INSEE);
- Refasso pour les associations.

Le sont également les personnes physiques ou morales qui sont titulaires d'une marque déposée auprès de l'INPI ou titulaire d'une marque communautaire ou internationale enregistrée visant expressément le territoire français, identifiables au travers de la base de données électroniques Icimarques (INPI); les institutions et services de l'État, les collectivités territoriales ainsi que leurs établissements; les personnes physiques majeures ayant une adresse en France (article 10 de la charte de nommage).

Selon l'article 12 de la charte de nommage, le demandeur choisit librement le ou les terme(s) qu'il souhaite utiliser à titre de nom de domaine et est seul responsable de son choix sous réserve du respect des droits des tiers.

Le nom de domaine en <.fr> :

- ne doit pas figurer dans la liste des « termes interdits[1] » ;
- doit être conforme aux contraintes syntaxiques ;
- ne doit pas porter atteinte aux droits des tiers, en particulier :
  - à la propriété intellectuelle (propriété littéraire et artistique et/ou propriété industrielle) ;
  - aux règles de la concurrence et du comportement loyal en matière commerciale ;
  - au droit au nom, au prénom ou au pseudonyme d'une personne.
- ne doit pas être contraire aux bonnes mœurs et à l'ordre public et notamment ne doit comporter aucun terme :
  - incriminé au titre de la loi du 29 juillet 1881 sur la liberté de la presse ;
  - susceptible de nuire à l'épanouissement physique, mental ou moral des mineurs.
- ne doit pas correspondre au nom d'une collectivité territoriale, tel que publié par l'INSEE, à l'exception des détenteurs d'une marque correspondant à ce même nom et enregistrée avant 1985.

Les conflits entre noms de domaine et marques

Jean-Yves Babonneau, directeur général AFNIC, explique (*Journal du Net*, janvier 2004) : « *Auparavant, le dépôt devait respecter trois critères : territorialité, l'identification et le droit au nom. Les deux premiers éléments sont conservés, le dernier est supprimé. Nous pensons limiter fortement les abus tout en automatisant la procédure.* » Joël Ghebaly, responsable marketing et commercial France SEDO, estime « exagéré de dire que beaucoup de patronymes sont mis aux enchères par des "individus ou des groupes quasi-mafieux". Si l'on ne peut nier que le cybersquatting existe, ce n'est de loin pas le cas de la majorité des noms de domaine enregistrés, et particulièrement pas des patronymes » (*Journal du Net*, juin 2006).

1. Au titre des termes « interdits » figurent, par exemple, les termes injurieux, racistes, grossiers, liés à des crimes ou des délits.

Dans un contexte juridique international non stabilisé la pratique du *cybersquatting* et les conflits entre noms de domaine et dénomination sociale étaient très fréquents. Des pirates s'appropriaient les signes distinctifs des entreprises sur l'Internet en les enregistrant en tant que nom de domaine pour les monnayer ensuite aux titulaires de ces droits.

Voici un petit glossaire (source : Forum des droits de l'Internet) du *cybersquatting* et de ses dérivés. Celui-ci désigne la pratique consistant à enregistrer des noms ou des marques sur Internet afin de les revendre à l'ayant droit ou d'altérer leur visibilité.

Le *typosquatting*, lui, est une forme de *cybersquatting* consistant à enregistrer des noms ou des marques en commettant des fautes d'orthographe sur Internet afin de les revendre à l'ayant droit ou d'altérer leur visibilité.

Enfin le *dotsquatting* est également une forme de *cybersquatting* dérivée consistant à enregistrer des noms ou des marques précédés de « www » sur Internet afin de capter le trafic provenant d'internautes ayant oublié le point entre « www » et le nom de domaine. Ainsi, la société Princeton Review avait déposé comme nom de domaine <kaplan.com>, c'est-à-dire la dénomination sociale de son principal concurrent, la société Kaplan Education Center. Le litige a été jusqu'en arbitrage et la société Princeton a dû abandonner ce nom de domaine.

La jurisprudence a toujours (heureusement!) tranché pour un abandon du nom de domaine par le déposant mais elle ne l'a fait que parce qu'il y avait une manœuvre de concurrence manifestement déloyale et parce que ces pratiques aboutissaient à créer une « confusion ».

Nous avons déjà pu nous rendre compte que le régime juridique des marques et celui des noms de domaine sont différents, en ce qui concerne le principe de spécialité par exemple, mais ce n'est pas là l'unique différence.

Ainsi, la marque n'est protégée que dans le ou les pays où elle est enregistrée alors que le réseau Internet est un réseau sans frontières. Le caractère mondial du réseau aura aussi d'autres incidences, par exemple, en France l'article L 712-1 du Code de la propriété intellectuelle prévoit que le droit à la marque naît de l'enregistrement alors que dans les pays anglo-saxons qui représentent la majeure partie des utilisateurs du réseau, le droit à la marque peut naître de l'usage.

Dans ces conditions, comment l'entreprise qui possède déjà une marque va-t-elle arriver à la protéger? Peut-on sanctionner l'usage illicite d'une marque sur le réseau?

Les entreprises qui souhaitent développer leur politique commerciale sur l'Internet devront donc mettre en œuvre une véritable stratégie de protection de leur marque si elles ne veulent pas qu'un tiers porte atteinte à leurs droits.

Ainsi, en juin 1996, la société GAN s'est vue refuser la dénomination « gan.fr » par l'Inria car ce nom de domaine était déjà utilisé par quelqu'un d'autre, en l'occurrence, le « Groupement des adorateurs de la nuit ».

La règle du « premier arrivé, premier servi » qui s'applique dans la zone <.com> aboutit en effet à ce qu'un droit de domaine peut enfreindre les droits antérieurs des tiers sur une marque (Code de la propriété intellectuelle, art. L. 711-4). De nombreuses affaires illustrent ce type de conflits.

Ainsi, une société IEG avait monté un site Web pornographique sous le nom de domaine <.candyland> qui se trouve être une marque déposée par Hasbro, une société de jouets pour enfants. Heureusement, dans une décision du 9 février 1995[1], le juge a obligé la société IEG à cesser d'utiliser le nom de domaine <.candyland> et le nom Candyland.

Dans cette affaire, le principe qui a été invoqué avec succès est celui du Federal Trademark Dilution Act de 1995[2], qui permet au titulaire d'une marque connue d'invoquer que l'utilisation d'un signe par un tiers « dilue », porte atteinte au caractère distinctif de sa propre marque, et ce même si l'utilisation de ce signe par le tiers n'est pas susceptible de créer une confusion dans l'esprit du public[3]. On voit donc bien que cette affaire ne pose absolument pas la règle qui consisterait à faire prévaloir la marque sur le nom de domaine.

Le juge a dit

« La société Icare a été condamnée à retirer du réseau Internet le nom de domaine <atlantel.com> à la suite de la plainte déposée par la société Atlantel pour utilisation de sa marque déposée et de sa dénomination sociale. » (affaire Sapeso et Atlantel contre Icare et Reve, TGI de Bordeaux en référé le 22 juillet 1997).

1. Hasbro Inc. v/ Internet Entertainment Group Ltd, n. C96-130WD.

2. The Federal Trademark Dilution Act of 1995 (Public Law 104-98) is aimed at protecting famous marks and allows injunctive action against a party that causes dilution of the distinctive quality of the mark. Dilution is defined as « the lessening of the capacity of the mark to identify and distinguish goods or services, regardless of the presence or absence of competition between the owner of the famous mark and other parties, or likelihood of confusion, mistake, or deception » : *Computing & Communications Law & Protection Report*, August 1996.

3. Rappelons que le critère utilisé en droit des marques américain est le critère de l'absence de confusion.

Cette décision présente l'intérêt de poser quelques principes comme :

- une entreprise ne peut réserver dans la zone <fr.> un nom de domaine qui serait identique ou similaire à une marque française ou à une dénomination sociale ;
- le fait de procéder à la réservation d'un nom de domaine Internet dans la zone <.com>, zone internationale, ne permet pas de contourner le droit français des marques lorsque le déposant du nom de domaine « ne pouvait pas ignorer l'existence de (la société) et de la marque du même nom ».

Ainsi, faut-il vérifier si le sigle ou le nom choisi a déjà fait l'objet d'un dépôt de marque en France mais aussi à l'étranger et voir s'il ne s'agit pas d'une raison sociale. Rappelons, à toutes fins utiles (comme le souligne l'article « Mission pour le commerce électronique. La nouvelle donne du commerce électronique » du 10 février 1999, figurant sur le site Nameshield. net) que « le dépôt de marque auprès de l'INPI ou de tout autre office national ou européen (OHMI pour la marque communautaire) permet de s'opposer à toute utilisation du signe distinctif pour des produits et des services similaires. Y compris, selon la jurisprudence française, à faire retirer le nom de domaine contrefaisant la marque sur le réseau Internet. Avec cependant une réserve : un tiers disposant également à titre légal sur une appellation identique ou un homonyme à la possibilité de la faire enregistrer comme nom de domaine que ce soit sous le <.fr> (s'il est le premier arrivé et correspond aux critères de la charte de nommage) sur un autre nom de domaine générique national (ccTLD) ou générique (<.com >).

Et ailleurs comment ça se passe?

Aux États-Unis, la *Anti-Cybersquatting Consumer Protection Act*[1] (ACPA) a été adoptée à l'unanimité par le Sénat et signée par le président Bill Clinton le 29 novembre 1999. Ce texte intégré au *Lanham Act* de 1946 (loi régissant le droit des marques aux États-Unis) interdit les enregistrements abusifs de marques sous forme de noms de domaine. Une autre loi, la *Truth In Domain Names Act* (TDNA)», adoptée le 30 avril 2003, s'attache à ce qu'un nom de domaine évoquant un contenu donne accès à un contenu correspondant à l'attente du visiteur (source : « Cybersquatting Noms de domaines et contrefaçon de marques», Pierre Pinard, *Encyclopédie de la sécurité informatique*, www.assiste.com).

Ainsi, Tom Cruise a récupéré le nom de domaine basé sur son nom et enregistré dès 1996 par Jeff Burgar, un homme d'affaire et cybersquatteur canadien (et sa

1. Accessible sur http://assiste.com.free.fr/p/abc/a/noms_de_domaines_et_contrefacon_de_marques.html.

société Alberta Hot Rods) et qui utilisait des noms de personnalités comme Tom Cruise, Céline Dion, Kevin Spacey ou Pamela Anderson pour enregistrer des noms de domaines et créer des domaines (tomcruise.com) de e-commerce vendant des produits dérivés liés à ces personnalités ou prétendument liés à ces personnalités (affaire Tom Cruise contre Network Operations Center, Alberta Hot Rods, centre d'arbitrage et de médiation de l'OMPI, case n° D2006-0560, 25 juillet 2006.)

Conseils pratiques

Vérifiez que le nom de domaine que vous convoitez n'entre en conflit avec aucune marque ou dénomination commerciale préexistante.
Vérifiez que les marques sont aussi en adéquation avec les noms de domaine.
Enregistrez une marque identique au radical de votre nom de domaine auprès de l'INPI.
Déposez les noms de domaine dans l'extension générique la plus courue dans le domaine des affaires (c'est-à-dire en .com) et dans celles des pays de la zone (géographique et/ou linguistique) de chalandise qui est la vôtre aujourd'hui et que vous envisager pour le futur.

En cas de *cybersquatting*, vous risquez une action en responsabilité civile (article 1382 du Code civil) avec versement de dommages-intérêts. En cas d'atteinte aux droits au nom, vous encourez une action en contrefaçon (articles L 335-1 et suivants du Code de la propriété intellectuelle); enfin pour une atteinte aux droits au nom à la marque, ou à la dénomination sociale, vous risquez une action en concurrence déloyale et parasitisme (article 1382 du Code civil).

Quiz

1. **Vous êtes propriétaire de la marque « Touvabien » et vous voulez ouvrir un site marchand :**
   A : Vous vous dites que le nom de domaine vous appartient automatiquement.
   B : Vous vous dites que même si quelqu'un d'autre a acheté le nom de domaine correspondant vous êtes prioritaire.
   C : Vous êtes inquiet car la règle applicable est celle du « premier arrivé, premier servi » et si le nom de domaine est déjà pris en toute légalité c'est « tant pis pour vous ! »
2. **Vous venez d'apprendre que votre concurrent a déposé le nom de domaine correspondant à votre nom de société :**
   A : Vous ne pouvez rien faire car les droits des noms de domaine et des dénominations sociales sont indépendants l'un de l'autre.
   B : Vous pouvez intenter une action dans tous les cas.
   C : Vous ne pourrez obtenir gain de cause que si vous prouvez qu'il y a *cybersquatting* et concurrence déloyale.

Le référencement en toute légalité

Conversation à bâtons rompus...

Le marketeur : Qu'est-il interdit de faire concernant le référencement ? Je sais que google interdit – mais se base-t-il sur une loi ou est-ce son « règlement intérieur » ? – d'acheter les mots du nom de domaine dont on n'est pas propriétaire. Cela s'appliquant uniquement aux entreprises, l'UMP a pu acheter le nom « Ségolène Royal », ainsi l'internaute qui saisissait sur Google le nom de la candidate était donc renvoyé sur le site de l'UMP ! Qu'en est-il des sites de comparateurs ? Fonctionnent-ils comme le référencement payant ? Y a-t-il des règles ? La Direction générale de la concurrence, de la consommation et de la répression des fraudes (DGCCRF) a fait une enquête sur les comparateurs français. Résultat : un seul site sur les 12 comparateurs étudiés a été considéré comme « honnête » (www.acheter-moins-cher.com). »

La juriste : En fait, les règles liées au référencement relèvent des règles générales de la netiquette et du bon comportement; ainsi que du droit général de la consommation. Quant aux comparateurs de prix, ils relèvent eux aussi du droit de la consommation ainsi que de la réglementation pour la publicité comparative[1].

Définition du référencement

Pour promouvoir son site, la première démarche consiste à le faire référencer.

Il existe deux types de référencements, le naturel et le payant. Ainsi, lorsqu'un internaute saisit une phrase du type « vendeur de chaussures », il faut que les moteurs de recherche puissent donner en réponse l'adresse du site Internet. Ce mode de référencement est gratuit mais demande un énorme travail d'enrichissement textuel du site Internet. Y a-t-il une législation dans ce domaine ?

Le payant, lui, consiste à acheter des mots-clé et/ou des groupes de mots-clés assurant ainsi la certitude d'être visible en première page, voire en première position lorsque l'internaute saisie « vendeur de chaussures ». C'est ce que l'on nomme les liens sponsorisés. Là aussi, existe-t-il des règles ?

Règles liées au référencement

« *Des concepteurs[2] cachaient des mots-clés non pertinents dans les pages Web. Ils les soustrayaient à la vue des internautes en affichant ces textes de la même couleur que le fond de la page. Les visiteurs n'y voyaient rien, mais les moteurs de recherche classaient le site en tenant compte de ceux-ci. En principe, cette façon de faire ne fonctionne plus. [...] D'autres contournaient la vigilance des moteurs de recherche*

1. Pour les sites comparateurs, référez-vous au chapitre dédié à la publicité on line.
2. http://awreferencement.com/conception_referencement/ethique.html.

en créant des pages d'entrées spécifiques pour chaque moteur. Ces pages étaient farcies de mots-clés au point d'être illisibles pour le visiteur. Ces pages d'entrée n'étaient jamais vues par l'internaute. Elles comportaient un dispositif de redirection vers une page plus attrayante à voir. Les moteurs ne voyaient que ces pages truquées et classaient les sites en fonction d'elles. »[1]

Le juge a dit

«Toute création d'hyperliens entre les sites du réseau Internet, quelle que soit la méthode utilisée et qui aurait pour conséquence de : détourner ou dénaturer le contenu ou l'image du site cible; faire apparaître ledit site cible comme étant le sien, sans mentionner la source, notamment en ne laissant pas apparaître l'adresse URL du site à l'initiative d'établir ce lien; ne pas signaler à l'internaute de façon claire et sans équivoque qu'il est dirigé vers un site ou une page Web extérieure au premier site connecté, la référence du site cible devant obligatoirement, clairement et lisiblement indiquée, notamment son adresse URL, sera considérée comme une action déloyale et parasitaire et une appropriation du travail d'autrui même si dans le cas d'espèce Keljob, simple moteur de recherche, déclare ne pas exercer la même activité que Cadres Online et ainsi ne pas être en concurrence avec elle» (Tribunal de commerce de Paris, 26 décembre 2000, Havas numérique et Cadres Online contre Keljob).

Certains propriétaires de sites sont prêts à tout pour donner de la visibilité à leurs sites. Les règles de la netiquette prévoient l'interdiction de ce type de pratique. Ainsi, de nombreux codes éthiques se sont développés pour contrecarrer ces agissements. Causer un quelconque préjudice à un client.

D'après le code d'éthique SEO (Search Engine Optimisation code of Ethics)[2], **vous ne devez pas** :

- violer intentionnellement les règles spécifiquement éditées et imposées par les moteurs ou les répertoires de recherche;
- tromper, nuire, ou offenser intentionnellement un consommateur;
- mettre en place des publicités frauduleuses *bait and switch*, attirant les visiteurs avec une offre que ne peut remplir le commerçant et dont le but est de forcer les visiteurs à l'achat de biens plus avantageux pour ce commerçant.

1. Code d'éthique du référencement d'Appalaches Web.
2. *op. cit.*

Quiz

Le référencement pour vous :

A : C'est un jeu d'enfant; vous truquez les pages pour que les moteurs de recherche vous fasse apparaître le plus souvent possible.

B : C'est un travail honnête qui nécessite de n'induire personne en erreur.

C : C'est un bon moyen de mettre en place des *bait and switch*.

EXPLOITER UN SITE WEB MARCHAND EN TOUTE LEGALITÉ

Conversation à bâtons rompus...

Le marketeur : Après des débuts difficiles, l'achat en ligne se porte de mieux en mieux en France. Il reste néanmoins quelques zones d'ombre sur ce que l'on a le droit de faire ou non sur le Web marchand. Quelles sont les mentions légales à mettre en place pour être couvert? Sachant que l'on peut vendre à des consommateurs non-domiciliés en France et que c'est bien là le but.

La juriste : Depuis quelques années le droit commercial a su s'adapter à la spécificité de l'environnement Internet. Des lois nouvelles ont vu le jour : directive sur le commerce électronique, loi pour la confiance en l'économie numérique... Nous avons aussi une jurisprudence abondante et une pratique des contrats de vente en ligne qui nous permet d'avoir largement plus de recul qu'il y a dix ans, durant la période de frémissement du Web marchand en France, nous apportant des éléments de réponse que ce soit en matière de sécurité des échanges ou de sécurité des paiements.

D'après une étude du Credoc pour la Fevad, 75 % des Français réalisent désormais, plus ou moins régulièrement, des achats à distance contre seulement 25 % il y a cinq ans. La démocratisation des outils informatiques et d'Internet est à l'origine de l'envolée de la VAD électronique, mais le développement de nouvelles règles plus sécurisantes pour le consommateur n'y sont pas non plus étrangères.

Paroles de pros!

« *Le Web présente une très forte valeur ajoutée pour la vente de produits de voyages. C'est Le marché roi pour Internet. D'ici dix ans, ce sera devenu évident.* » Sébastien Bouillet, responsable e-commerce de Voyages Loisirs (filiale tourisme de France Loisirs), *Marketing Direct*, octobre 2001).

«Le e-commerce s'inscrit dans une modification d'ensemble des comportements des individus, Les nouvelles technologies n'impactent pas seulement notre façon de consommer, mais aussi de nous informer, de nouer des relations, de payer nos impôts... Il se crée en ce moment un site marchand toutes les heures.» Marc Lolivier, délégué général de la Fevad (rapport d'activité de la Fevad 2006-2007).

Définition légale

«La notion de commerce électronique ou de Web marchand s'applique à tout échange de données par l'intermédiaire d'un réseau de télécommunication à des fins commerciales», écrit Lionel Costes dans «Transactions en ligne, paiement électronique, galerie marchandes virtuelles...» (Bulletin d'actualité du Lamy droit de l'informatique, novembre 1997).

Notion de commerce électronique

Commerce en ligne, galerie marchande et boutique virtuelle, vitrines attractives derrière l'écran de verre de l'ordinateur, discussions via e-mail et conclusion de contrats entre entreprises et entre professionnels et consommateurs; on n'entend plus parler que de ce nouveau commerce on line. Ce nouveau type d'achat à distance est rentré dans les mœurs. Nouveaux marchés, internationalisation des échanges, possibilité d'acheter en temps réel des produits du bout du monde, création de nouvelles entreprises entièrement virtuelles, le commerce électronique n'a, dit-on, «rien à voir», avec le commerce traditionnel.

Comme le concept d'autoroute de l'information, le concept de commerce électronique est issu d'outre-Atlantique. C'est l'ancien vice-président américain Al Gore qui a rendu publique cette notion. On trouve sa définition dans le projet du Federal Electronic Commerce Acquisition Team du 29 avril 1994 intitulé «Streamlining Procurement Through Electronic Commerce» : *«Le commerce électronique est «l'utilisation combinée et optimale de toutes les technologies de la communication disponibles pour développer le commerce de l'entreprise.»* Par ailleurs, Le commerce électronique est *«l'activité économique par laquelle une personne propose ou assure à distance et par voie électronique la fourniture de biens ou de services»* (article 14 de la loi LCEN n° 2004-575 du 21 juin 2004 pour la confiance dans l'économie numérique).

«Le commerce électronique : la révolution de l'Internet» : la Commission européenne, dans l'une de ses communications[1], n'hésite pas à employer le

1. COM (97) 157. *Une initiative européenne dans le domaine du commerce électronique*. Communication au Parlement européen, au Conseil, au Comité économique et social et au Comité des régions, 15 avril 1997.

terme car le commerce est mis en œuvre rapidement, touche le marché mondial et le paiement prend un autre visage. Il est lui aussi électronique et virtuel.

Régime juridique

Pourtant tout « électronique » qu'il soit ce commerce n'en est pas moins un commerce répondant à la définition traditionnelle du Code de commerce, dans son article 1er : *« Sont commerçants ceux qui exercent des actes de commerce et en font leur profession habituelle. »*

Les actes de commerce énumérés à l'article 632 du même Code sont effectués de façon courante sur Internet, qu'il s'agisse d'opérations commerciales comme l'achat de biens en vue de la revente, d'opérations industrielles, comme la revente de biens meubles après les avoir travaillés et mis en œuvre ou encore qu'il s'agisse d'opérations financières (de banque et de change) ou d'opérations d'intermédiaires, de prestations de services ou encore de toute opération effectuée dans le cadre de l'activité des sociétés commerciales.

Le commerce électronique a donc déjà un régime juridique. Le fait qu'il soit international ne pose pas de problème en soi car le commerce a toujours eu vocation à être international. Déjà sous l'Antiquité, les Phéniciens et les Athéniens connaissaient des règles et usages spécifiques pour les besoins du commerce maritime et au Moyen Âge la vie des affaires était déjà dominée par le *jus mercatorum* (ou usages) à caractère international. Aujourd'hui des conventions existent, nombreuses, qui réglementent le commerce international et le cybercommerce n'y échappe pas.

Le droit international de la concurrence applicable

Internet est l'application extrême du principe de la libre concurrence en matière commerciale.

Paroles de pros!

« Même avec un site caché, l'entreprise n'est pas certaine de toucher les publics à qui elle souhaite parler. Afin de faciliter l'accès aux cibles et augmenter la part de voix des entreprises, nous proposons à nos clients un vrai plan média activable en cas de crise. » Caroline Marchetti, directrice du département crise et communication sensible de l'agence Edelman (*Journal du Net*, mai 2005).

« Internet demeure incertain; il est la partie visible d'un monde en mutation, que l'on appelle déjà la société en réseau. » Didier Heiderich, consultant en communication online et auteur d'un ouvrage consacré à la rumeur sur Internet et aux cybercrises, *Journal du Net*, mai 2005.

« Une manœuvre, source de confusion pour les personnes qui souhaitent obtenir de vrais renseignements auprès de l'OMC, en perturbant un dialogue démocratique qui est bien nécessaire. » Mike Moore, directeur général de l'OMC, conférence de presse sur la prolifération des sites Web imitant celui de l'OMC.

Les *dark sites* ne font pas particulièrement la fierté des hommes de marketing, d'où une information relativement confidentielle. Encore appelé « site influencé », « site caché », « site shadow » ou « contrôlé » de façon non-officielle, ce type de site diffuse des éléments en disant le plus grand bien des produits de l'entreprise, mais aussi en dénigrant un concurrent en diffusant des rumeurs, des témoignages négatifs sur des forums. Cela pose bien entendu des problèmes de droit. Les usages, en matière de concurrence, veulent que les commerçants n'emploient pas des procédés déloyaux. Ces pratiques sont donc interdites même si la liberté qui règne sur le réseau peut laisser penser que tout y est permis. Sont ainsi interdits sur le Web marchand :

- le dénigrement qui consiste à jeter le discrédit sur un concurrent en le critiquant ;
- le fait de tenter de profiter de la renommée d'un commerçant en créant la confusion dans l'esprit du client qui croit avoir affaire à la même entreprise ;
- le fait de désorganiser une entreprise rivale en lui détournant des commandes par exemple.

La jurisprudence française et étrangère a sanctionné à de nombreuses reprises de tels agissements. Le développement des *dark sites* entre dans cette catégorie de pratiques interdites. Ainsi, dans une affaire de développement d'un site Web ayant lancé une campagne de désinformation et de diffamation dans le cadre d'une rumeur qui fut relayée dans les journaux (*Les Échos*, *La Tribune*, *Le Monde*, etc.). La victime (la société française Belvédère, spécialisée dans la fabrication de bouteilles de vodka) a fait les frais de fausses informations (démission du président, mauvais chiffres, etc.). Cotée en Bourse en 1997, l'action avait perdu jusqu'à 60 % de sa valeur (dont 38 % en une seule séance). Malgré une décision judiciaire favorable, l'avantage resta dans les faits à l'initiateur du *dark site* et non à la victime qui perdit près des 4/5e de sa valeur entre le début de l'affaire et la décision du tribunal. Il faut dire que la loi du marché est impitoyable : plus d'un tiers des ventes faites par le principal client de Belvédère en Pologne se trouvant aux mains de Millenium/Philips (société qui était précisément à l'origine du *dark site*) notre victime se trouva dans l'obligation de vendre l'ensemble de ses droits mondiaux à la société Millenium/Philips pour lui permettre de se désendetter et pouvoir se sortir du dépôt de bilan. Ce qui fit dire à plus d'un entrepreneur : « *Mais que fait la justice ?* »

Les règles de la vente à distance sont applicables

Le contrat de vente sur Internet est un contrat de vente à distance soumis en France à l'article L 121-16 du Code de la consommation qui vise toutes les opérations de vente négociées à distance (la plus courante est la VPC). Le contrat de vente sur Internet n'est qu'une des formes de la vente à distance, c'est-à-dire un contrat de vente réalisée « entre absents »[1] ; à ce titre il doit répondre à plusieurs obligations.

La directive 97/7/CE du Parlement européen et du Conseil du 20 mai 1997 concernant la protection des consommateurs en matière de contrats à distance prévoit :

- la communication d'informations détaillées avant l'achat ;
- la confirmation de la plupart de ces informations sur un support durable (confirmation écrite, par exemple) et la fourniture de certaines informations supplémentaires qui deviennent utiles après la vente ;
- le droit du consommateur d'annuler le contrat dans un délai d'au moins sept jours ouvrables sans indication du motif et sans pénalités, à l'exception des frais de renvoi des marchandises (droit de rétractation) ;
- en cas d'annulation du contrat par le consommateur, le droit à un remboursement dans les trente jours suivant l'annulation ;
- la fourniture du bien ou la prestation du service dans un délai de trente jours à compter du jour suivant celui où le consommateur a passé commande ;
- la non-validité de toute renonciation aux droits et obligations prévus par la directive, quelle que soit la partie (consommateur ou fournisseur) à l'initiative de cette renonciation

Vos obligations dans le cadre de la vente à distance

Vous devez notamment :

- maîtriser les règles applicables à la formation et à l'exécution du contrat à distance ;
- informer au préalable le consommateur dans l'offre de contrat ;
- exiger une confirmation écrite pour le consommateur ;
- rembourser ou échanger le bien d'un consommateur qui comporterait un vice caché conformément à l'article 1641 du Code civil permet au consom-

1. C'est-à-dire un contrat conclu sans la présence physique simultanée du vendeur et du consommateur.

mateur d'obtenir du vendeur le remboursement ou l'échange du bien où un défaut caché serait apparu rendant impossible l'usage auquel on le destine ou qui diminue tellement cet usage que vous ne l'auriez pas acheté ;

- localiser le contrat dans le temps, et dans l'espace, ce qui permettra, en l'absence de tout autre critère de rattachement, de déterminer la loi applicable ;
- respecter, pour les sites français, la loi Toubon ;
- respecter les dispositions légales en matière de publicité de nature à induire en erreur ;
- respecter les règles de collecte des données et les droits des consommateurs fichés.

Vous devez joindre à votre offre :

- vos coordonnées ;
- le nom du vendeur du produit ;
- ou le nom du prestataire de service ;
- les informations concernant les frais de livraison ;
- les modalités de paiement ;
- les modalités de livraison ou d'exécution ;
- l'existence d'un droit de rétractation « sans avoir à justifier de motifs ni à payer de pénalités, à l'exception, le cas échéant des frais de retour » pour le consommateur ;
- la durée de la validité de l'offre ;
- le prix de l'offre exprimé en euros et incluant tous les droits et taxes à la charge du consommateur.

De plus, « les informations dont le caractère commercial doit apparaître sans équivoque devront être communiquées au consommateur de manière claire et compréhensible, par tout moyen adapté à la technique de communication à distance utilisée » (article L 121-18 du Code de la consommation) ; la personne exerçant une activité de commerce électronique « doit indiquer (le prix) de manière claire et non ambiguë et notamment préciser si les taxes applicables et les frais de livraison sont inclus » (article 19 de la LCEN).

La jurisprudence a rappelé à de nombreuses reprises que le Code de la consommation tel que modifié par la Directive européenne Vente à Distance du 20 mai 1997 et de la directive européenne du 8 juin 2000 sur les aspects juridiques du commerce électronique s'appliquait également aux ventes en ligne.

Le juge a dit

Le processus d'achat en ligne ne garantissait pas que le consommateur ait vraiment pris connaissance de ces dispositions, contrairement à l'obligation faite par l'article L 133-2 du Code de la consommation selon lequel «*les clauses des contrats proposés par les professionnels aux consommateurs ou aux non-professionnels doivent être présentées et rédigées de façon claire et compréhensible* ». Les juges ont souligné «*l'intérêt de voir discutée la totalité des clauses critiquées y compris celles modifiées voire supprimées dans la mesure où ces clauses pourraient être ultérieurement reprises*». La société Voyages sur mesures VSM a également été condamnée à payer 30 000 € à titre de dommages-intérêts à l'association UFC-Que Choisir? en raison du nombre important de clauses concernées (TGI de Bobigny, 10 mai 2006).

Engagement des parties

Le contrat de vente en ligne n'engage les parties que s'il y a rencontre de l'offre (ferme et sans équivoque) et de l'acceptation (expresse et éclairée) entre le fournisseur et le consommateur. Dans une relation de B to B, l'acceptation doit être éclairée. Le consommateur doit avoir bien pris connaissance des obligations auxquelles il a souscrit. Le cybervendeur doit offrir la possibilité au consommateur de vérifier le détail de sa commande, le type de produit ou de service visé, le prix total de sa commande et de corriger d'éventuelles erreurs. **Les conditions générales du cybervendeur doivent dès lors mentionner** (article 1369-1 du Code civil) :

- les langues proposées pour la conclusion du contrat;
- les moyens de consulter par voie électronique les règles professionnelles et commerciales auxquelles l'auteur de l'offre entend, le cas échéant, se soumettre;
- les différentes étapes à suivre pour conclure le contrat;
- les moyens permettant de corriger les erreurs de manipulation;
- l'archivage ou non du contrat, une fois conclu et son accessibilité.

Le processus de contractualisation est en deux étapes (double clic). Le contrat est formé après que l'internaute a effectué les deux étapes suivantes. D'abord, le client/acheteur passe sa commande et doit avoir été en mesure d'en vérifier le détail, le cas échéant, son prix total et de corriger d'éventuelles erreurs. Puis il confirme sa commande pour exprimer son acceptation. L'article 25-II de la LCEN, codifié aux articles 1369-1 à 1 369-3 du Code civil, fixe certaines obligations pour la conclusion des contrats en ligne.

Le processus contractuel de la vente électronique, prévu au nouvel article 1369-2 du Code civil, s'effectue ainsi en deux étapes permettant ainsi d'éviter les conséquences de mauvaises manipulations des internautes. Il est possible d'y déroger dans les relations de B to B entre professionnels.

Ce que vous risquez

En cas de contrats conclus en violation des articles L. 121-16 et suivants du Code de la consommation, vous risquez la nullité du contrat de plein droit.

Pour des infractions aux dispositions relatives à l'information préalable du consommateur et des infractions à l'exigence d'une confirmation écrite pour le consommateur, vous encourez une amende de 1 500 euros (3 000 euros en cas de récidive).

Enfin tout refus du vendeur de rembourser un produit à l'acheteur dans les conditions mentionnées rend les personnes morales passibles d'une amende de 7 500 euros (15 000 euros en cas de récidive).

MESURER LES PERFORMANCES D'UN SITE WEB EN TOUTE LEGALITÉ

Conversation à bâtons rompus...

Le marketeur : Nous pouvons mettre des compteurs pour connaître le nombre d'ouvreurs, de cliqueurs, le nombre de clics... De plus, nous pouvons savoir à quelle heure l'internaute a ouvert nos e-mailings, sur quels liens il a cliqué. Vous n'allez quand même pas me dire qu'on n'a pas le droit d'utiliser et de conserver ces données car cette analyse fait tout simplement partie de notre métier !

La juriste : Analyser les performances d'un site Web ou d'une campagne d'e-mailing fait effectivement partie de votre métier mais n'oubliez pas la maxime : « La liberté des uns commence là où s'arrête celle des autres ».

L'audience des sites

Après l'envoi des mails ou durant la visite du site par les internautes, les professionnels du marketing ont pour habitude de mesurer les retombées de leur communication. Les principaux indicateurs pour mesurer les résultats sont, selon marketing-internet.com :

- le nombre d'e-mails ouverts (l'objet de votre message à un rôle important à jouer, car il détermine le niveau d'ouverture) ;
- le nombre de clics sur les liens de votre communiqué (c'est ce qui intéresse les destinataires de votre message) ;
- la part de marché des rubriques (quelles sont les plus lues ?).

Dans tous les cas, ces mesures d'audience doivent respecter le droit à la vie privée et le droit des données personnelles nominatives des internautes. Ils doivent ainsi pouvoir être informés de l'existence de ces mesures.

Paroles de pros!

« Nous observons leur manière de visiter les sites et analysons leurs parcours dans les pages. Nous enregistrons aussi leurs commentaires lors de ce surf. Visites et avis des testeurs sont compilés sur un même fichier. » Louis Rougier, directeur général d'Ipsos Médiangles.

« L'analyse d'audience fait partie du contrat de base. Mais nous faisons aussi de petits sondages en ligne de quatre ou cinq questions afin de comprendre les chemins empruntés par les internautes pour venir sur le site. » Xavière Tallent, directrice générale de Wunderman Interactive (« Des études pour dynamiser les sites web », *Marketing Direct* n° 70, 1er décembre 2002).

Cookies, mode d'emploi

Pour Étienne Drouard, président de la commission juridique du GESTE, « toute l'économie de la publicité repose sur les cookies. C'est grâce à eux que nous pouvons distinguer le nombre de visiteurs uniques du nombre total des pages vues ». « Accepter les cookies de session est indispensable à la commande sur PriceMinister, mais ce n'est pour nous qu'un outil technique de gestion du panier. Nous avons choisi de ne pas jouer la personnalisation pour ne pas êtres trop intrusifs », estime Olivier Mathiot, directeur marketing et communication du site PriceMinister (*Journal du Net*, mai 2003).

En matière de suivi de campagne d'e-mailings ou de fréquentation de site Internet, il faut mettre des compteurs pour connaître le nombre de visiteurs, le nombre de pages vues, etc., mais plus important encore, le chemin parcouru par les internautes pour permettre d'optimiser le site Internet (améliorer l'ergonomie, la visite, le nombre de clics, voir les rayons les plus visités, etc.) et ainsi augmenter les ventes. Pour réaliser cela l'internaute qui visite un site Internet doit être « marqué » (un peu comme les oiseaux qui sont badgés : oui la métaphore est violente, mais c'est un peu ça quand même) : c'est ce que l'on appelle un cookie.

Il est installé sur l'ordinateur du visiteur (il faut bien être honnête, à son insu) afin de l'identifier et savoir ainsi ce qu'il fait sur le site. Lorsqu'il revisitera le site Internet, on peut ainsi le reconnaître et donc savoir qu'il est déjà venu, ce qu'il a vu... (comme pour les oiseaux!) et ainsi adapter (de nombreux sites Internet ne sont pas figés et changent selon le visiteur) les pages au profil du visiteur (quelqu'un aimant les couleurs vives et qui a cliqué sur des produits plutôt féminin, lorsqu'il revisitera le site sera sur un site aux couleurs vives et les produits mis en avant seront à destination des femmes).

Pour les opérations d'e-mailings un cookie peut aussi être déposé lors de l'ouverture du mail (si le navigateur le permet) ou lors du clic sur un lien (si l'internaute est connecté bien sûr).

Un cookie : qu'est-ce que c'est?

Créé en 1994 par des ingénieurs de Netscape, le cookie est aussi appelé « mouchard électronique » ou « témoin ». Il s'agit de petits fichiers textes stockés par le navigateur Web sur le disque dur du visiteur d'un site Web et qui servent (entre autres) à enregistrer des informations sur le visiteur ou encore sur son parcours dans le site. La plupart des cookies jouent le rôle de « *simples "témoins de connexion" destinés à faciliter la navigation sur un site Web ou à sécuriser l'accès*[1] ». Leur utilisation présente des avantages (on peut accéder à sa *messagerie électronique sans avoir à ressaisir des informations identifiantes* ou bien l'on n'a pas besoin de choisir sa langue avant d'entrer sur un site) mais aussi des risques (profilage des internautes).

Quelles informations contiennent les cookies?

La date et heure de visite sur le site, une réponse à un questionnaire rempli sur le site visité, une information personnelle recueillie par le serveur, etc.

Quelle utilité du cookie pour le marketeur?

Le cookie lui permet de savoir précisément quelle campagne mail a poussé l'internaute à se connecter sur le site par exemple ou encore à remplir un bon de commande ou un bulletin d'inscription. Il lui permet aussi d'adapter ses annonces commerciales ou publicitaires aux habitudes de navigations de l'internaute recueillies par le cookie, d'élaborer le profil de l'internaute (goût, profession, pôle d'intérêt, activités, etc.).

La question est de savoir si l'utilisation des cookies dans le cadre de l'analyse de la fréquentation d'un site ou d'une campagne d'e-mailings est légale ou non. Dans ce domaine le droit applicable est celui de la protection des données personnelles nominatives. La directive européenne du 30 mai 2002 sur la protection de la vie privée dans le secteur des télécommunications autorise l'utilisation des cookies « à la condition que :

- les internautes soient mis au courant des informations placées sur leur ordinateur;

1. Déclaration de la CNIL dans un communiqué du 7 décembre 2001.

- les utilisateurs disposent de renseignements clairs et précis sur la finalité du dispositif;
- les internautes aient la possibilité de refuser les cookies;
- les sites conservent les données collectées à titre préventif.»

Pour la CNIL, «*les cookies font l'objet d'un traitement automatisé. Les cookies contiennent pour la plupart des informations personnelles devant faire l'objet d'une déclaration préalable. La personne doit être informée que des informations sont collectées, elle peut ainsi s'opposer à cette collecte, ou encore avoir la possibilité d'accéder et/ou de rectifier les données la concernant*».

Conseils pratiques

Informez l'internaute sur la nature des données collectées par le cookie; le dossier où sont stockés les cookies; la méthode qu'il pourra employer pour se «débarrasser» des cookies.

Justifiez techniquement les restrictions d'accès à certaines pages, dans l'hypothèse d'un refus du cookie.

Mettez en place une charte dans laquelle figureront toutes ces informations[1].

Et ailleurs comment ça se passe?

Dans une décision du 16 avril 2003[2], le Commissaire à la protection de la vie privée du Canada a été amené à statuer sur le régime applicable aux sites internet en matière de témoins de connexion (cookies). Outre une obligation d'afficher la politique de collecte des données personnelles, il précise dans sa décision que l'internaute dont le navigateur est configuré pour refuser les cookies, devra pouvoir continuer à accéder aux pages du site visité.

Aux États-Unis, la loi du 15 novembre : 2001 sur la sécurité quotidienne, prise en réaction des événements du 11 septembre 2001 contient des dispositions autorisant la collecte et la conservation de données de connexion.

Ainsi l'article 29 de la loi prévoit que «*pour les besoins de la recherche, de la constatation et de la* poursuite des infractions pénales, et dans le seul but de permettre, en tant que de besoin, la mise à disposition de l'autorité judiciaire d'informations, il peut être différé pour une durée maximale d'un an aux opérations tendant à effacer ou à rendre anonymes certaines catégories de données techniques». (Source : Forum des droits de l'Internet)

1. Des modèles de mentions concernant les cookies vous sont fournis en annexe. Mentions spéciales pour les mentions rédigées par les sites du Relais & Chateaux, du magazine *Management* et de PayPal pour leur clarté!
2. Voir le site www.privcom.gc.ca.

Ce que vous risquez

« Le fait, y compris par négligence, de procéder ou de faire procéder à des traitements de données à caractère personnel sans qu'aient été respectées les formalités préalables à leur mise en œuvre prévues par la loi est puni de cinq ans d'emprisonnement et de 300000 € d'amende. Est puni des mêmes peines le fait, y compris par négligence, de procéder ou de faire procéder à un traitement qui a fait l'objet de l'une des mesures prévues au 2° du I de l'article 45 de la loi n° 78-17 du 6 janvier 1978 relative à l'informatique, aux fichiers et aux libertés. » (article L 226-16 du Code pénal. De plus, « en cas de non-respect du principe des formalités préalables, vous risquez cinq ans d'emprisonnement et une amende de 300000 € » (article 226-16 du Code Pénal).

Quiz

Un cookie en Web marketing, c'est :

A : Un petit biscuit d'origine américaine contenant des pépites de chocolat.

B : Le nom d'un magazine de manga japonais.

C : Un petit fichier-texte stocké par le navigateur Web sur le disque dur du visiteur d'un site Web et qui sert notamment à enregistrer des informations sur le visiteur ou encore sur son parcours dans le site.

POUR ALLER PLUS LOIN

Quelques bonnes adresses

Agence pour la Protection des Programmes (APP) :
249, rue de Crimée, 75019 Paris. Tél. : 01 40 35 03 03. Fax : 01 40 38 96 43.
E-mail : info@app.asso.fr.

Association des Fournisseurs d'Accès et de services Internet (AFA) :
37, rue de Turenne, 75003 Paris. Tél. : 01 44 54 86 60. Fax : 01 44 54 86 50.
Site : www.afa-france.com.

Commission européenne

Direction générale de la santé et de la protection des consommateurs :
rue de la Loi, 200 1049 Bruxelles, Belgique. E-mail : SANCO-B2@ec.europa.eu.

Direction générale de la concurrence, de la consommation et de la répression des fraudes (DGCCRF) : 59, boulevard Vincent-Auriol, 75703 Paris cedex 13. Site : www.finances.gouv.fr/DGCC

Direction générale des douanes et droits indirects : 23 bis, rue de l'Université, 75007 Paris. Tél. : 01 40 04 04 04. Fax : 01 44 74 49 37. Site : www.douane.gouv.fr.

INPI : 26 bis, rue de Saint-Pétersbourg, 75800 Paris cedex 08.
Tél. : **0 820 210 211.**
Pour **joindre les services de l'INPI** (siège et délégations régionales) :
0 820 213 213. Site : www.inpi.fr.

Le Forum des droits sur l'Internet : 6, rue Déodat-de-Severac, 75017 Paris. Tél. : 01 44 01 38 00. Fax : 01 44 01 38 19. E-mail : contact@foruminternet.org. Site : www.foruminternet.org.

SACD - Pôle Relations Auteurs Utilisateurs : 9, rue Ballu, 75442 Paris cedex 09. Tél. : 01 40 23 44 55. Horaires : du lundi au jeudi 9 h/18 h et le vendredi 9 h/17 h. E-mail : depot@sacd.fr.

Association « Scam Vélasquez » (SCAM) : 5, avenue Vélasquez, 75008 Paris. France service des dépôts, du lundi au vendredi de 9 h 30 à 16 h 30. Tél. : 01 56 69 58 21. E-mail : depot@scam.fr.

SNAC - Service des dépôts : 80, rue Taitbout, 75009 Paris. Réception des dépôts : du lundi au vendredi, de 15 h à 19 h (sauf en juillet et en août, horaires spéciaux). Ligne spéciale du service dépôts : 01 42 80 52 82 (répondeur le matin, renseignement l'après-midi).

Société des Gens de Lettres (SGDL), service des dépôts : 38, rue du Faubourg-Saint-Jacques, 75014 Paris. Du lundi au vendredi inclus de 9 h 30 à 17 h 30. L'enregistrement des dépôts s'effectue de 10 h à 12 h et de 14 h 30 à 16 h 30. Tél. : 01 53 10 12 00. E-mail : depot@sgdl.org.

Petite bibliographie spécialisée

BREESE, P., Beaure AUGÈRES (d'), G., THUILLIER, S., « Paiement numérique sur Internet : état de l'art, impact sur les métiers et aspects Juridiques », International Thomson Publishing, 1997.

CAPRANI, L., « Paiement sur Internet » (http://www.er.uqam.ca/nobel/m237636/paiement), 1996.

CSDEM, le SNAC et l'UNAC, « Le droit d'auteur face à Internet », le livre blanc, juin 2005.

DONNEDIEU DE VABRE, R., discours devant l'Assemblée nationale suite à l'adoption du projet de loi relatif au droit d'auteur et aux droits voisins dans la société de l'information, 21 mars 2006.

GAUTIER, P.-Y., *Propriété littéraire et artistique,* 5e éd., coll. « Droit fondamental », PUF, 2004.

JEAN-BAPTISTE, M., *Créer et exploiter un commerce électronique,* Litec, 1998.

LUCAS, A., « La loi applicable à la violation du droit d'auteur dans l'environnement numérique », rapport réalisé pour la 13e session du Comité intergouvernemental du droit d'auteur, Paris, 5 avril 2005.

LUCAS, A., « La passion du droit d'auteur au coeur de l'environnement numérique », interview réalisée par Monique Linglet (www.celog.fr/expertises/interview_lucas.htm).

NGUYEN DUC LONG, C., « La numérisation des œuvres : aspects de droits d'auteur et de droits voisins », Litec, 2001.

MALLET-POUJOL, N., *La création multimédia et le droit,* 2e éd., Litec-JurisClasseur, 2003.

MATHIAS, G., « France : Le paiement, enjeu du commerce électronique », *Cahiers juridiques et fiscaux de l'exportation,* 1er novembre 1999.

METZGER, A., « Rechtsgeschäfte über das Droit moral im deutschen und französischen Urheberrech », Urheberrechtliche Abhandlungen des Max-Planck-Instituts für ausländisches und internationales Patent – Urheber – und Wettbewerbsrecht, Beck, München, 2002.

MONTERO, E., « La responsabilité des prestataires intermédiaires de l'Internet », *Ubiquité,* n° 5, juin 2000.

VIVANT, M., (dir.), « Lamy Droit de l'Informatique et des Réseaux 2005 », Lamy droit des médias et de la communication.

WEISSBERG, J.-L., « L'auteur en collectif – L'art et numérique », *Les cahiers du numérique,* Hermès Science Publications, vol. 1, n° 4, 2000.

4 Tirer parti du Web 2.0 en toute légalité

On assiste depuis quelques années à une modification du comportement du consommateur face aux sollicitations marketing traditionnelles. Le consommateur subit un phénomène de saturation et devient de plus en plus résistant à la publicité (dépenses en hausse pour une visualisation et des retours en baisse) car trop sollicité (avec environ 2 000 stimuli commerciaux par jour, qui ne le serait pas !).

Par ailleurs, le consommateur, plus critique, compare davantage les offres. Le délai moyen entre la visite d'un site marchand et l'achat a ainsi augmenté de 80 % au cours des deux dernières années. Le consommateur appréhende de plus en plus facilement et rapidement les mécaniques du marketing et de la communication. Il est de plus en plus soucieux de sa vie privée.

De plus, l'explosion d'Internet a transformé le consommateur d'informations (passif) en un consommateur actif créant lui-même le contenu *(user generated content)*. Il blogue, participe à des forums, réalise ses propres comparatifs de produits, sa propre page d'accueil sur Internet avec Netvibes, réécrit le dictionnaire avec Wikipédia, diffuse du son et de l'image avec les webradios, les podcasts et partage des informations avec Flickr, Youtube, Myspace ou encore Delicious.

Désormais, le consommateur choisit ce qu'il regarde et quand il le regarde. Il faut donc trouver de nouvelles occasions de créer un lien entre l'entreprise, la marque, le produit et lui. Nous sommes passés du « temps de cerveau disponible », pour reprendre une expression de Patrick Le Lay (ancien P-DG de TF1), à des mécaniques de marketing plus interactives et plus dynamiques. De nouvelles opérations de marketing et de communication qui transforment le consommateur en « consomm'acteur ».

Cela ne va pas sans poser des problèmes de droit : à qui appartiennent les contenus ? L'entreprise est-elle responsable du contenu des forums et des blogs qu'elle héberge ? Y a-t-il des limites à la « censure » que peuvent effectuer les marketeurs sur les commentaires, avis, échanges des consommateurs sur les outils mis en place par les entreprises ? Ces nouvelles technologies sont si nombreuses et si nouvelles, ont-elles toutes un cadre juridique ?Ce renouveau du média fait revivre le concept du bouche-à-oreille, à une nuance près : il permet une rapidité de diffusion sans précédent. Le nombre d'outils nouveaux mis à la disposition du marketeur est aussi exponentiel : *buzz* (marketing viral), blogs, forums, flux RSS, podcasts, vlogs et autres mondes virtuels.

CADRE JURIDIQUE DU WEB 2.0

Conversation à bâtons rompus...

Le marketeur : Tout fout le camp ! La ménagère de moins de 50 ans suivant religieusement les conseils avisés des marketeurs n'est plus ! Maintenant, elle rechigne à acheter des produits, ne veut plus des marques, se précipitent sur le « discount » et, en plus, est infidèle ! Cela à cause du Web 2.0. Mais le marketeur 2.0 arrive et doit pouvoir profiter de ce changement fondamental : passage du marketing de l'offre au marketing des demandes. Et pour les juristes, si on passait tout de suite à la version 2.0 ! Êtes-vous prêt pour cette révolution ?
La juriste : Encore et toujours la révolution ! Avec les femmes et les hommes de marketing, on a l'impression que tout est toujours innovant, tendance, dans le coup... Et si le Web 2.0 n'était pas si révolutionnaire ? Et s'il s'agissait simplement d'une évolution plus que d'une révolution ? En droit, beaucoup des règles existantes ont vocation à s'appliquer à ce deuxième Web, à ce deuxième monde, voire à cette deuxième vie emplie d'interactivité.

Définition du Web 2.0

Paroles de pros !

« *Le Web 2.0, c'est le marketing interactif des années 2000 qui aurait subi un bon lifting. Ceci dit, nous assistons à une révolution et à une prise de conscience, de la part des annonceurs, qu'il y a une carte à jouer.* » Christophe Dané, DG adjoint, pôle MEC Interaction de Mediaedge (groupe WPP), *Marketing Direct*, mars 2007.
« *C'est le rêve de tout publicitaire que d'avoir immédiatement le feedback, les réactions devant une nouvelle campagne, tout comme l'idéal des marques est d'être en relation directe avec leurs consommateurs. Cette logique rend humble aussi, car elle met en évidence le fait que le savoir n'est pas l'apanage d'un petit nombre, mais qu'il y a de nombreux "experts" dans différents domaines qui ne s'exprimaient jamais avant, faute d'outils adéquats. C'est une sacrée remise en question dans beaucoup de nos organisations.* » Maurice Lévy, P-DG de Publicis, février 2007.
« *Le Web 2.0 est un concept flou qui regroupe un certain nombre de tendances et chacun semble en avoir sa propre définition comme on peut le constater devant la foison d'articles décrivant "ce qu'est le Web 2.0".* »
Éric van der Vlist, Dyomedea (« Web 2.0 : mythe et réalité », 2 décembre 2005, http://xmlfr.org/actualites/decid/051201-0001).

Une définition historique

« Le terme Web 2.0 a été inventé par Dale Dougherty de la société O'Reilly_Media lors d'un brainstorming avec Craig Cline de MediaLive pour développer des idées pour une conférence conjointe. Il a suggéré que le Web était dans une période de

renaissance, avec un changement de règles et une évolution des business model.[1] » Il succède au Web « original » qui comprenait des pages statiques rarement, voire jamais, mises à jour et au Web parfois appelé « 1.5 » où des systèmes de gestion de contenu servaient des pages Web dynamiques, créées à la volée à partir d'une base de données en constant changement.

Une définition business

Paroles de pros !

« Le cœur de métier des sociétés du Web 2.0 :

- des services, pas un package logiciel, avec des possibilités d'économie d'échelle ;
- un contrôle sur des sources de données uniques, difficiles à recréer, et dont la richesse s'accroît à mesure que les gens les utilisent ;
- considérer les utilisateurs comme des co-développeurs ;
- tirer partie de l'intelligence collective ;
- toucher le marché jusque dans sa périphérie à travers la mise en place de services "prêts à consommer" ;
- libérer le logiciel du seul PC ;
- offrir de la souplesse dans les interfaces utilisateurs, les modèles de développements et les modèles d'affaires.

La prochaine fois qu'une société clame « ceci est Web 2.0 », confrontez-la à la liste ci-dessus. Plus elle marque de points, plus elle est digne de cette appellation. Rappelez-vous néanmoins que l'excellence dans un domaine vaut mieux que quelques paroles pour chacun des sept points. »

What is Web 2.0, Tim O'Reilly (http://www.oreillynet.com/pub/a/oreilly/tim/news/2005/09/30/what-is-Web-20.html, excellente traduction française de Jean-Baptiste Boisseau à http://web2rules.blogspot.com/search/label/traduction).

Une définition technique

Une des caractéristiques du Web 2.0 est d'être accessible à toutes les versions relativement récentes des navigateurs actuels.

Une définition sociale

L'utilisation du Web 2.0 s'oriente vers l'interaction entre les utilisateurs, la création de réseaux sociaux, le développement de lieux permettant à l'internaute de créer et d'échanger.

1. www.wikipedia.org.

Paroles de pros !

« Internet modifie en profondeur la relation entre une marque et son public et il est essentiel de bien appréhender les enjeux de l'interactivité [...] l'interactivité occupe aujourd'hui une place stratégique dans notre approche marketing et les enjeux qu'elle présente sont pour nous de véritables opportunités d'innover et de nous différencier. » Michel Gotlib, directeur commercial et marketing services Coca-Cola France, interviewé par Raphaële Karayan, *Journal du Net*, 18 mai 2007.

Absence de définition légale du Web 2.0

Il n'est pas étonnant dans ce contexte qu'il n'existe pas de définition juridique spécifique au Web 2.0, car ce « phénomène » n'est finalement qu'une évolution du Web actuel.

Paroles de pros !

« Le Web 2.0, c'est utiliser le Web comme il a été conçu pour être utilisé. Les "tendances" que nous distinguons sont simplement la nature inhérente du Web qui émerge des mauvaises pratiques qui lui ont été imposées pendant la bulle [Internet]. » Paul Graham, capital-risqueur, programmeur et essayiste.

Textes juridiques applicables et cadre légal du Web 2.0

Les textes juridiques applicables en la matière seront donc exactement les mêmes textes que dans le cas du Web classique : traités et conventions internationales; directives européennes; lois, décrets et règlements d'applications nationaux. Il conviendra néanmoins de regarder les spécificités de chaque forme du Web 2.0 pour appliquer, voire adapter les réglementations existantes, car les formes du Web 2.0 sont nombreuses : blog, forum, chat, plate-forme de jeux virtuels, podcast, wiki...

Quiz

1. **Le Web 2.0 est :**
   A : La version 2 d'un logiciel de création de site.
   B : Le nom d'un agent très infiltré.
   C : La Web deuxième génération qui permet aux internautes de créer des réseaux sociaux.
2. **Les textes de droit applicables au Web 2.0 :**
   A : Sont inexistants.
   B : Les mêmes que ceux qui s'appliquent ordinairement à tout site Web.
   C : Actuellement dans un coffre à la banque.

Le blog en toute légalité

Conversation à bâtons rompus...

Le marketeur : Nous utilisons les blogueurs (ne pas pervertir le mot « utiliser », parce que je suis marketeur, merci !) comme nous utilisons les journalistes. Ils sont les nouveaux journalistes. Les lecteurs des blogs voient en eux l'impartialité (qu'ils ne considèrent plus toujours être au rendez-vous chez les journalistes) et la sincérité utile pour eux lors de l'achat ou de l'intention d'achat d'un produit. Nous employons donc les mêmes méthodes : nous les informons, nous leur « prêtons » (comme pour les journalistes, nous oublions de leur réclamer...) des produits, etc. Mais ce ne sont pas des journalistes. Il n'y a donc pas d'obligations particulières, n'est-ce pas ?

La juriste : Décidément, le marketeur ne recule devant rien ! Ce n'est pas parce que les blogueurs ne sont pas journalistes qu'ils n'ont pas un minimum d'éthique à respecter et que vous n'avez pas d'obligations envers eux dans le cadre de « l'utilisation » que vous en faites.

Définition du blog

Le blog est une application du Web 2.0. La France compte près de 4 millions de blogs sur la Toile. De quoi s'agit-il exactement ? Le mot « blog » vient de la contraction de *Web* et de *Log*. Il s'agit d'un journal en ligne qui permet à son auteur d'échanger ses points de vue avec ses lecteurs. Chaque article peut faire l'objet de nombreux commentaires postés par les visiteurs.

Paroles de pros !

« Le Top 100 recense les blogueurs les plus influents, qui sont des "incorruptibles". Ils décident de leurs commentaires et ne veulent être rémunérés pour cela. Ils y mettent, à juste titre, un point d'honneur. Les annonceurs ont bien compris que c'était une méthode très efficace pour récupérer massivement des e-mails en opt-in. Cependant, les blogueurs restent encore mal utilisés par les annonceurs. Il y a un phénomène de saturation risqué et bien réel envers ceux qui sont hypersollicités. » Alexandre Cabanis, directeur de projet chez Business Interactif et auteur d'une thèse sur le Web 2.0., *Marketing Direct*, avril 2007.

« Le blog marketing fait désormais partie intégrante de la stratégie de nombreuses marques. J'ai moi-même reçu des produits en cadeau, des DVD, des téléphones mobiles. Je n'ai jamais eu aucune pression sur le contenu que j'allais produire et j'ai toujours eu la liberté de critiquer le produit en bien ou en mal. » Julien Codorniou, auteur du blog *The codor blog* et, par ailleurs, responsable partenariat start-up chez Microsoft, *ZDNet*, janvier 2007.

Le blog fait partie de l'arsenal des outils du marketing viral[1]. Il est souvent utilisé dans une démarche de *buzz* marketing; le meilleur exemple étant le lancement de l'iPhone d'Apple. Apple a su, avec un budget de communication minimal, être présent sur tout le Web et par effet de ricochet sur tous les médias traditionnels (presse, radio, télévision...). Les blogs ayant été des relais de communication superpuissants.

Mais ils peuvent aussi être à double tranchant. L'un des blogs technologiques les plus lus au monde (*engadget*) a fait chuter le cours de l'action de ce même Apple, lui faisant perdre 4 milliards de dollars de capitalisation en diffusant une fausse rumeur sur le retard qu'aurait pris son iPhone. À manipuler avec précaution donc. Avec l'apparition des blogs, l'entreprise, qui était habituée à communiquer uniquement sur les aspects positifs du produit en utilisant les canaux traditionnels de communication, doit maintenant gérer les « communications » négatives sur ce nouveau média.

Un marketeur 2.0 ne se contentera pas de créer le blog de l'entreprise, il participera également aux blogs parlant de la marque et/ou des produits de l'entreprise. Doit-il s'identifier lorsqu'il le fait? A-t-on l'obligation de dire qu'un blog est la propriété d'une entreprise ou peut-on le cacher? Doit-on dire lors d'un *post* d'un blogueur que le produit dont il parle lui a été offert? Doit-on mentionner quelque chose lorsque le blogueur est rémunéré par la marque?

Règles applicables au blog

Paroles de pros!

« Mais les blogs ont une position singulière : s'ils constituent effectivement de nouveaux usages du réseau, loin de bouleverser le paysage juridique de l'Internet, ils s'y coulent paisiblement ou peu s'en faut. L'absence de débat sur le terrain juridique ne signifie pas pour autant que le phénomène fonctionne hors du droit ou que le droit ne s'applique pas à lui. Le cadre juridique des blogs est en place et il fixe le périmètre des usages. Des ajustements seront peut-être nécessaires, le Forum des droits sur l'Internet y prendra sa part. Pour l'heure, il importe d'informer. C'est pourquoi, le Forum des droits sur l'Internet a réalisé ce document, pour que tous puissent bloguer en toute tranquillité! » Isabelle Falque-Pierrotin, présidente du Forum des droits sur l'Internet, éditorial du guide *Je blogue tranquille*, créé le 31 octobre 2005, mis à jour le 10 février 2006.

1. Pour une marque, le marketing viral permet de se faire connaître du plus grand nombre d'internautes (et donc de clients potentiels) par la propagation du bouche-à-oreille.

Les règles de base

Un certain nombre de règles s'appliquent en effet en matière de création de blog. Il en est ainsi du Code civil, du Code pénal, du Code du travail, du Code de la propriété intellectuelle, des lois du 29 juillet 1881, du 6 janvier 1978 informatique et libertés, du 21 juin 2004 sur la confiance dans l'économie numérique[1].

Selon le Forum des droits de l'Internet (*Je blogue tranquille*, http://www.droitdunet.fr/telechargements/guide_blog_net.pdf), «*il reste essentiel pour ceux qui souhaitent créer leur blog de prendre connaissance des conditions d'utilisation du service et de s'y conformer. Ce conseil permet de comprendre assez vite que, s'il est simple, le blog n'en est pas moins un outil de publication qui projette son auteur sur la place publique avec toutes les conséquences que cela entraîne*».

Comme tout site Internet, le blog est soumis au droit applicable à tout service de communication au public en ligne.

Paroles de pros!

«Le blog est un exercice quasiment incontournable quand on vise une clientèle jeune mais dont il faut accepter les règles du jeu. Nous avons obtenu une grande majorité de commentaires favorables, néanmoins nous laissons également en ligne ceux qui le sont moins.» Billy Salha, directeur marketing international de l'activité rasoirs de Bic. *Marketing Direct*, mars 2007.

«Si c'est une approche intéressante, il faut être transparent avec les blogueurs et respecter le principe d'auto-administration, imposé par Internet. Ce que l'on appelle les "People Rules". Autant dire aux blogueurs: j'ai un blog, venez dialoguer avec moi!» Christophe Dané, DG adjoint, pôle MEC Interaction de Mediaedge (groupe WPP), *Marketing Direct*, avril 2007.

Le titulaire du blog est un éditeur de service de communication publique en ligne soumis aux dispositions de la loi sur la liberté de la presse; de la loi sur la communication audiovisuelle et de la loi pour la confiance dans l'économie numérique.

Que dit la CNIL?

La CNIL a précisé dans une recommandation du 22 novembre 2005 les règles applicables aux blogs en matière de protection des données à caractère personnel et a décidé de dispenser les sites personnels de déclaration. Les dispositions relatives à la protection des données à caractère personnel s'appliquent dès lors qu'un site Web diffuse ou collecte une donnée à caractère personnel (nom,

1. Voir dans ce sens le *Guide du Forum des droits de l'Internet.*

image, etc.). Ces sites Internet, des blogs notamment, sont des traitements de données personnelles qui doivent être déclarés à la CNIL, mais la plupart des internautes l'ignorent.

Prenant la mesure du très grand nombre de sites Web mis en œuvre par les particuliers et du faible enjeu d'une formalité administrative dans ce domaine, la CNIL a décidé, le 22 novembre 2002, de dispenser de déclaration ces sites. Ainsi, leur situation juridique est clarifiée : l'auteur du site ne peut désormais voir sa responsabilité engagée sur la seule base de la non-déclaration à la CNIL.

En contrepartie, la CNIL rappelle, dans une recommandation adoptée à la même séance, les règles de fond qui résultent de la loi du 6 janvier 1978, modifiée en août 2004.

Ainsi, en tant que professionnel et éditeur d'un blog, **vous devez** :

- vous identifier auprès du public en indiquant votre dénomination ou raison sociale, votre numéro de téléphone et, si vous êtes une entreprise assujettie aux formalités d'inscription au RCS ou au répertoire des métiers, le numéro de votre inscription, votre capital social, l'adresse de votre siège social;
- faire connaître les informations concernant la personne physique ou morale qui assure l'hébergement du service;
- désigner comme directeur de la publication le représentant légal de la personne morale ou de la personne physique qui est le propriétaire du service[1] ;
- déclarer à la CNIL les traitements de données personnelles[2];
- permettre l'exercice du droit de réponse : les personnes disposent d'un délai de trois mois à compter de la publication du message. La réponse doit être publiée dans les trois jours.
- veiller au respect des droits des tiers notamment au regard du droit à l'image et de la protection de la vie privée;
- respecter les droits de propriété littéraire et artistique des tiers.

Mais vous ne devez pas :

- mettre en ligne un contenu injurieux ou diffamant;
- créer ou diffuser des contenus illicites, ou contraires aux bonnes mœurs et à l'ordre public;

1. Les particuliers peuvent rester « anonymes » et ne communiquer au public que leur pseudo, ils doivent alors mentionner sur leur blog des informations concernant leur hébergeur.

2. Le blog créé par un particulier pour son activité strictement personnelle est dispensé de déclaration à la CNIL.

- diffuser des contenus appartenant à des tiers sans leur autorisation préalable;
- faire de faux blog afin d'influencer ou d'induire en erreur le consommateur.

Selon la loi, « *la responsabilité pénale du directeur ou codirecteur de publication est engagée comme auteur principal, lorsque le message incriminé a fait l'objet d'une fixation préalable à sa communication au public* » (article 93-3 de la loi du 29 juillet 1982 sur la communication audiovisuelle). En outre, « *toute allégation ou imputation d'un fait qui porte atteinte à l'honneur ou à la considération de la personne ou du corps auquel le fait est imputé est une diffamation. La publication directe ou par voie de reproduction de cette allégation ou de cette imputation est punissable, même si elle est faite sous forme dubitative ou si elle vise une personne ou un corps non expressément nommés, mais dont l'identification est rendue possible par les termes des discours, cris, menaces, écrits ou imprimés, placards ou affiches incriminés* » (article 29, al. 1er de la loi sur la liberté de la presse du 29 juillet 1881). « *Les blogueurs devront-ils ne pas se laisser guider dans leurs commentaires par leur animosité, ne pas être excessifs et faire reposer leurs propos sur un travail sérieux et approfondi.* » (*Je blogue tranquille*, www.droitdunet.fr/telechargements/guide_blog_net.pdf).

Paroles de pros!

« Les promoteurs de la PS3 ont tenté de tromper les internautes avec un faux blog personnel. Une tentative de *buzz* marketing qui tourne au fiasco. » Éric Nunès, *Le Monde*, 20 décembre 2006.

« *Sony pris en flagrant délit de blog bidon! Le constructeur japonais alimentait un faux blog, un « flog », pour vanter les mérites de sa console PSP. Dernier exemple en date d'une pratique devenue courante sur la Toile.* » Isabelle Boucq, *01 Net*, 20 décembre 2006.

En cas de mise en ligne par vous, par le responsable lui-même ou par un membre de ses services d'un contenu injurieux ou diffamant, vous risquez jusqu'à un an de prison et/ou 50 000 € d'amende maximum au titre du délit de diffamation publique[1]. (article 227 du Code Pénal). Et pour l'allégation ou l'imputation d'un fait précis de nature à porter atteinte à l'honneur ou la considération

1. L'injure et la diffamation publiques se définissent comme des délits de presse, soumis au régime de la loi sur la liberté de la presse du 29 juillet 1881. Initialement soumis à un bref régime de prescription de l'action publique de trois mois (sur Internet comme dans la presse écrite, selon une jurisprudence maintenant constante), depuis le 9 mars 2004, la loi Perben II instaure un délai de prescription d'un an à compter de la première publication (article 45 de la loi) dans certains cas.

d'une personne déterminée ou au moins identifiable, ous encourez jusqu'à six mois de prison et/ou 25000 € d'amende maximum au titre d'une injure publique. Les peines sont d'autant plus lourdes que l'injure et/ou la diffamation ont été faites de manière discriminatoire (articles 29, 32 et 33 de la loi de 1881).

Pour une création de « flogs[1] », c'est-à-dire de faux blogs ou de blogueurs payés alors qu'ils se disent indépendants, induisant l'internaute en erreur, vous risquez des sanctions pénales pour tromperie du consommateur, pour délit de publicité fausse ou de nature à induire en erreur, soit deux ans de prison et/ou 37500 € d'amende (article L 213-1 du Code de la consommation).

La diffusion de message à caractère violent ou pornographique ou de nature à porter gravement atteinte à la dignité humaine entraîne une peine de trois ans de prison et 75 000 € d'amende lorsque ce message est susceptible d'être vu ou perçu par un mineur (article 227-24 du Code pénal).

Enfin, la diffusion sans autorisation préalable d'une œuvre protégée par le droit de la propriété intellectuelle, ou un acte de contrefaçon engage votre responsabilité civile et est un délit pénal puni de trois ans de prison et de 300000 € d'amende (articles L 122-4 du Code de la propriété intellectuelle et 335-2, modifié par la loi du 9 mars 2004).

Le juge a dit

«L'action en diffamation de la commune de Puteaux intentée contre le blogueur de < monputeaux. com > a été rejetée par le Tribunal de Grande Instance et la cour d'appel au motif que le blogueur faisait preuve de bonne foi. Les juges rappellent les quatre éléments devant être pris en compte pour la caractériser : «la légitimité du but poursuivi, l'absence d'animosité personnelle, la prudence et la mesure dans l'expression, ainsi que la qualité de l'enquête.» (Cour d'appel de Paris, 11e chambre, section A, arrêt du 6 juin 2007, mairie de Puteaux contre Christophe G.)

Les faux blogs ou blogueurs payés qui se font passer pour des commentateurs indépendants sont en principe illégaux. Selon le Federal Trade Commission : *«Cacher le fait que les commentaires étaient payés revient à tromper le consommateur.»*

1. Contraction de *fake* («faux») et de blogs.

Quiz

1. **Vous mettez en place un faux blog pour vanter les mérites de vos propres produits :**
   A : C'est normal, il faut savoir être créatif.
   B : C'est risqué, vous vous exposez à des sanctions pénales pour tromperie.
   C : Vous vous dites que vous êtes vraiment un petit malin.
2. **Vous pensez créer un blog pour critiquer systématiquement toutes les marchandises et tous les services de vos deux plus gros concurrents :**
   A : Vous n'avez pas trouvez mieux pour faire face à la dure concurrence.
   B : Ce n'était qu'une pensée passagère. Vous reprenez courage et décidez de mettre toute votre énergie dans la valorisation publicitaire de vos produits.
   C : Les autres le font, pourquoi pas vous ?

LES FORUMS EN TOUTE LÉGALITÉ

Conversation à bâtons rompus...

Le marketeur : Le consommateur est resté longtemps un mystère. Pour mieux le connaître, il fallait se lancer dans de longues et coûteuses études qualitatives et quantitatives, afin de connaître ce qu'il pensait des produits, ce qu'il voulait dans le futur, ce qu'il appréciait ou exécrait. Un forum, en plus d'être un outil formidable de marketing viral, permet de disposer des réactions du client et de lui apporter des réponses, le tout en temps réel. Mais nous, les marketeurs, nous nous lançons souvent sur ce qui nous apparaît une merveille avant de découvrir que nous rentrons peut-être dans un enfer juridique, qu'en est-il ?

La juriste : L'enfer juridique peut-être pas. D'ailleurs est-ce que cela existe ? Plus sérieusement... Les forums sont en effet un formidable outil de marketing mais surtout et avant tout un lieu de libre expression. N'oublions pas que pour beaucoup de personnes subissant des dictatures, l'accès au forum est vécu comme une échappée en démocratie, et un moyen de faire entendre sa voix. On comprend mieux alors le rôle du droit qui consiste à maintenir l'équilibre entre cette libre expression[1] d'un côté et la protection des internautes de l'autre.

Il existe des dizaines de milliers de groupes de discussion autrement appelé forums de discussions ou des *newsgroups*, qui permettent aux internautes de pouvoir s'exprimer sur n'importe quel sujet, d'échanger des informations, de partager des expériences...

1. La libre expression est consacrée aussi bien pour les professionnels de l'information que pour les particuliers par la Convention européenne des droits de l'homme dans son article 10.

Cela n'a pas échappé aux entreprises, qui y voient un moyen rapide et efficace de promouvoir leurs marques et leurs produits, transformant – lorsqu'ils y réussissent – les internautes en agents de la marque et/ou du produit.

Il est utilisé également en marketing de crise, lorsque l'entreprise connaît un problème pour pouvoir répondre aux interrogations des internautes et développer des contre-arguments.

En créant son propre forum, l'entreprise maîtrise et contrôle l'ensemble des communications, mais l'impact est moins grand. À titre d'exemple, *The Blair Witch Project* a connu un succès fulgurant sans publicité traditionnelle, en créant un site Internet et en diffusant l'adresse sur des forums. Résultat : 75 millions de visites.

En s'associant à un forum existant, l'entreprise augmente l'impact sans pour autant être visible de manière trop marqué. Les entreprises utilisent alors le sponsoring ou encore la diffusion « cachée » permettant ainsi de profiter de la crédibilité, et de la sincérité associée à ce forum.

Paroles de pros!

« À l'ère de l'Internet participatif, il y a une tyrannie de la transparence pour les marques. Mais elles ont aussi des moyens d'interagir en ligne avec le consommateur. » Emmanuel Vivier, directeur de l'agence Culture Buzz. *ZDNet*, juillet 2007.

« Nous travaillons actuellement sur la création d'un e-panel qui fonctionnerait comme une sorte de forum privé entre Renault et quelques clients et prospects de manière à échanger et à faire réagir. Cet outil ne serait pas accessible à tout un chacun, mais protégé par un accès avec des codes. Il pourrait aussi être dupliqué auprès d'une cinquantaine de concessionnaires. » Guillaume Josselin, directeur marketing France de Renault, *Journal du Net*, mai 2007.

Une autre tactique consiste à « jouer » l'internaute lambda, il faut alors faire attention à brouiller les cartes pour ne pas transformer un échange entre internautes en propos trop typés « réclame ». L'impact est alors maximal. Ces deux dernières techniques s'appellent en marketing : *stealth marketing* (ou marketing discret).

Contrairement à l'e-mail qui ne permet pas l'interactivité et le chat qui ne laisse pas le temps de la réflexion, le forum se situe entre les deux; il permet l'interaction tout en donnant le temps de la réflexion; c'est un puissant outil de communication. Il permet de pouvoir diffuser des comparatifs (dont les critères positifs pour les concurrents ne sont pas primordiaux!), mais est-ce légal? Y a-t-il des lois alors que rien n'oblige l'entreprise à dire qui elle est? Dans le cas d'une création de forum de toutes pièces, est-on obligé de dire qu'il appartient à une entreprise? Peut-on ainsi faire de la publicité dissimulée? Le contenu est-il protégé? Y a-t-il des règles régissant ce type de médium?

Définition du forum

Le forum est défini comme un espace de discussion sur Internet fonctionnant, comme une boîte aux lettres publique, dans laquelle chacun est libre de consulter les messages et d'y répondre.

Paroles de pros !

«La connaissance est structurée en trois niveaux : la connaissance locale (je sais), la connaissance collective (tout le monde sait) et la connaissance globale (tout le monde sait que les autres savent). Le fameux «quatrième pouvoir» des médias vient de leur capacité à passer du niveau local ou niveau collectif. Mais ce qu'apporte le forum, c'est de passer du niveau collectif au niveau global.» Serge Soudoplatoff, président fondateur de l'association Almatropie, *Forums sur Internet et participation collaborative*, 9 décembre 2006[1].

Ce que l'entreprise cherche à favoriser dans ce contexte, c'est *«la mise en relation non plus de tous avec tous, comme c'était le cas avec le téléphone, mais de chacun avec les individus ayant les mêmes centres d'intérêt.»* Guillaume Bernard, expert et consultant marketing pour la société Dalet, éditeur de logiciels de gestion et de contenu multimédia à New York.

Un forum ou *newsgroup* (groupe de discussion) s'établit généralement autour d'un sujet donné. Dans certains cas, une personne appelée «modérateur» se charge, entre autres, d'animer les débats et d'éliminer les messages non conformes à la charte du forum.

Règles applicables au forum

Le Forum des droits de l'Internet dans sa recommandation rendue publique le 8 juillet 2003 sur la «responsabilité des organisateurs de forums de discussion sur le Web[2]» rappelle que lorsque vous organisez des forums vous devez respecter un certain nombre d'obligations.

En tant que professionnel organisateur d'un forum, vous devez :

- mettre en place une charte compréhensible par tous, c'est-à-dire un contrat par lequel les contributeurs s'engagent envers l'organisateur du forum à en respecter les termes pour participer aux discussions et qui ne décourage pas la participation au forum;
- développer un système de modération;
- prévenir l'internaute si la modération se fait *a priori*, c'est-à-dire avant que le message ait été publié;
- en cas de modération *a posteriori*, retirer le contenu des messages indésirables pouvant nuire aux échanges.

---

1. *In* www.almatropie.org/papiers-et-conferences.php.
2. www.foruminternet.org/telechargement/documents/reco-forums-20030708.htm.

Paroles de pros !

« C'est vraiment triste de voir qu'une fois encore, un prestataire technique est tenu responsable des contenus publiés par des particuliers.» Christian Göttsch, directeur adjoint de MSN Allemagne, *ZDNET*, mai 2002.

«Les juges incitent les contributeurs à la diffamation puisque c'est un bouc émissaire qui paie à sa place.» Pascal Cohet, président de Luccas (Les utilisateurs du cybercâble associés) et porte-parole de la ligue Odebi, *ZDNET*, juillet 2002.

D'après le Forum des droits de l'Internet, «la charte contient habituellement plusieurs séries de dispositions relatives :

- au sujet de discussion du forum devant être respecté par les participants;
- au mode d'emploi du forum : il s'agit des aspects techniques d'accès et de participation au forum de discussion;
- aux règles à respecter (certaines chartes feront référence, exclusivement ou cumulativement, à la netiquette, aux règles explicites de bonne conduite qu'il convient de respecter et aux règles de droit);
- à la modération : le type de modération y est décrit (modération *a priori* ou *a posteriori*) et les raisons sur lesquelles se fonde le modérateur pour accepter ou refuser un message ou pour en modifier le contenu;
- à la responsabilité finale des acteurs, généralement celle de l'auteur lui-même et à son engagement à respecter les règles de droit en vigueur.»

Cette recommandation concerne la responsabilité des organisateurs de forums de discussion sur le Web Forum des droits de l'Internet.

Quiz

1. **Sur Internet un forum est :**
   A : Un espace de discussion.
   B : Un espace virtuel dégagé situé entre sept collines où il fait bon réunir le peuple.
   C : Un langage de programmation.
2. **Un modérateur de forum est :**
   A : La personne qui surveille le contenu de l'espace de discussion, et veille notamment à ce que les articles qui lui sont soumis soient conformes à la charte du forum avant de diffuser ces articles au sein de l'espace de discussion.
   B : Un membre d'un groupement politique modéré.
   C : Un grand chef qui fait la pluie et le beau temps sur Internet.

Les flux RSS et la syndication de contenu en toute légalité

Conversation à bâtons rompus...

Le marketeur : Les flux RSS : voilà encore une occasion de toucher le consommateur, mais surtout voilà encore un nouvel intermédiaire qui se crée. Le portail Netvibes, par exemple, joue sur l'intermédiation. Il perçoit une commission si le trafic qu'il génère sur mon site s'accroît. Quel type de contrat s'applique ?

La juriste : Le contrat mis en place est un contrat de partenariat commercial très proche du contrat d'affiliation. En tout état de cause, on veillera à ce que le contrat reflète la réalité des relations entretenues par les parties : s'agit-il d'un échange de bons procédés, proche de l'échange de bannières ou bien d'une mise en ligne relevant de la publicité on line ?

Surfer sur Internet est souvent un passe-temps agréable, mais qui est particulièrement chronophage. Si l'on désire lire tous les sites, blogs, forums, podcast qui nous intéressent cela peut devenir vite rébarbatif. Les technologies RSS et de syndication de contenu permettent à l'internaute d'être prévenu des dernières mises à jour des sites, blogs qu'il connaît et auxquels il s'est abonné en RSS.

Paroles de pros !

« Notre priorité est de continuer à simplifier l'accès à l'Internet pour nos utilisateurs. Nous travaillons à rendre compatible les modèles économiques traditionnels (affiliation, abonnement, publicité) à ces nouvelles exigences des consommateurs. Le Web 2.0 a créé un écosystème de nouveaux services Internet, et nous travaillons avec plusieurs d'entre eux pour trouver de nouveaux modèles. » Tariq Krim, président Netvibes, *ZDNet*, mars 2006.

« Nous expliquons que le public qui lit des fils RSS est très différent de celui des sites, où viennent beaucoup de lecteurs via les moteurs de recherche. Le RSS est aussi un média à part, qui permet une relation directe avec le lecteur. Nous comptons désormais parmi nos clients, Newsweek, USA Today, Reuters, ou encore le Figaro en France ! » Steve Olechowski, Chief operating officer FeedBurner, *Journal du Net*, 2006.

Voilà une occasion rêvée pour le marketeur de pouvoir diffuser les informations essentielles sans tomber dans le piège de la trop forte pression marketing. C'est l'un des outils marketing que l'on appelle le *permission marketing*[1]. Grâce au RSS, le client dispose des dernières nouvelles en quelques secondes.

1. Définie comme l'accord du consommateur pour recevoir de l'information.

Le flux RSS est le dénominateur commun à tous les sites Web 2.0, il permet d'être mieux référencés sur les moteurs de recherche, ouvre les portes du Web social (il est donc un moteur du *buzz*). Le meilleur exemple de l'explosion de cette nouvelle technologie est le succès des agrégateurs de contenu comme Bloglines, Rojo ou des portails personnalisables comme Netvibes ou Portaneo.

Paroles de pros !

« Les éditeurs ont pris conscience que leur visibilité devait aussi passer par autre chose que de la publicité. Nous pensons que les marques Internet doivent développer leurs propres modules, et non les internautes développeurs. Car l'effet de mode passé, il sera difficile de demander à des bénévoles de créer et de faire évoluer des modules, sans les récompenser fortement. » Éric Mathieu, co-fondateur de Portaneo, interviewé par Baptiste Rubat du Merac, *Journal du Net*, 6 septembre 2006.

Définition du flux RSS et de la syndication

RSS est l'acronyme de *Really Simple Syndication*, initialement *Rich Site Summury*, littéralement « souscription vraiment simple ». Un flux RSS est un fichier XML qui a été créé pour syndiquer des nouvelles, afin de partager du contenu sur le Web. La syndication consiste donc à mettre à disposition tout ou partie du contenu d'un site sur un autre ou dans un logiciel gérant ses flux.

Paroles de pros!

« Nous savons ce que nous ne ferons pas : de la publicité traditionnelle ou des liens sponsorisés, pour ne pas polluer la page. Nos pistes tournent autour d'une sorte d'affiliation, en faisant payer les sites présents sur Netvibes et dont nous faisons progresser le trafic et les ventes. À condition, toutefois, que ces sites soient capables d'apporter un service innovant sur notre page. » Pierre Chappaz, co-CEO Netvibes, *Journal du Net*, juin 2006.

« Il y a en effet une dimension communautaire dans xFruits, sur le principe des SNS (Social Network Service), du partage des flux d'informations, du partage d'idées, de nouvelles briques. » Laurent Linza, co-créateur de xFruits, *ZDNet*, juin 2006.

« Nous voulons anticiper les évolutions du marché en proposant de nouveaux formats RSS pour prendre en compte la photo, la vidéo ou encore les podcasts. Le RSS va devenir de plus en plus important pour les entreprises et les médias. » Tariq Krim, président Netvibes, *Journal du Net*, mars 2007.

Règles applicables au RSS et à la syndication de contenus

Les règles applicables au RSS et à la syndication de contenus sont celles : du droit des contrats ; du droit de la propriété intellectuelle ; du droit de l'édition en ligne ; du droit de la promotion commerciale ; du droit de la publicité *on line*. Toutes les règles que nous avons présentées dans les précédents chapitres et toutes celles qui s'appliquent dans le cadre de la publicité *on line* et des offres promotionnelles (chapitres suivants) ont donc toutes vocations à s'appliquer.

Paroles de pros!

« Nos principaux objectifs sont maintenant d'apporter encore plus de fonctionnalités et d'ergonomie à notre portail, de développer de nouveaux partenariats avec les plates-formes d'affiliation qui nous permettront de rentabiliser notre activité, et de conseiller dans la réalisation de modules tous les éditeurs qui souhaitent participer à cette belle aventure et prendre pied, dès maintenant, simplement et sans risque, dans cette deuxième génération du Net. » Éric Mathieu, co-fondateur de Portaneo.

« Sur les pages d'accueil personnalisables, il est possible de savoir énormément de choses sur l'internaute en fonction du contenu qu'il aura ajouté à sa page (flux d'informations, e-mails, recherches...). On imagine donc le potentiel publicitaire de tels outils, qu'aucun des portails personnalisables n'exploitent actuellement. » Éric Mathieu, co-fondateur de Portaneo, interviewé par Michelle Jean-Baptiste, juillet 2007.

En tant que fournisseur de contenu, vous devez :

- être propriétaire des contenus mis à disposition ;
- diffuser des contenus conformes aux droits de la publicité et des offres promotionnelles ;
- ne pas porter atteinte aux droits des tiers (droit à l'image, droit de la propriété intellectuelle, droit de la concurrence) ;
- établir un contrat avec le prestataire-intermédiaire chargé de la publication des contenus ;
- ne pas vous servir des informations récupérées directement ou indirectement sans l'accord préalable des internautes en conformité avec les lois informatiques et libertés (CNIL) ;
- ne pas solliciter l'internaute sans son accord préalable (principe de l'*opt-in*).

LE CHAT EN TOUTE LÉGALITÉ

Conversation à bâtons rompus...

Le marketeur : Le rêve du marketeur : disposer d'un maximum de points de contacts avec le consommateur. L'Internet permet de démultiplier ses points et permet de plus une véritable approche one to one. Mais la question se pose : la justice s'est-elle mise au chat ? Et puis quelle valeur juridique donner à un robot qui parle pour ceux qui utilisent un *chatterbot* (dialogue avec un robot) ?

La juriste : Bien sûr que la justice s'est mise au chat ! Pour preuve, la présidente du Forum des droits de l'Internet et conseillère d'État, Isabelle Falque-Pierrotin, n'a pas hésité à répondre aux questions des internautes lors d'un chat organisé dès 2002 par la rédaction de *01Net*. Maintenant, en ce qui concerne la valeur des *chatterbots*, il ne s'agit ni plus ni moins que d'une version virtuelle de l'information commerciale. Elle engage évidemment les entreprises qui les mettent en place. Ce serait trop facile de dire en cas de dérapage : ce n'est pas moi c'est le robot !

Définition du chat

Le chat, ou *Conversational Hypertext Access Technology*, est une discussion écrite en temps réel qui s'effectue entre plusieurs individus par utilisation du clavier et d'un espace Web dédiés[1]. Ces messageries instantanées sont de plus en plus utilisées sur les sites commerciaux pour fournir un service complémentaire aux consommateurs; avec la difficulté de maintenir ce type de service et d'y allouer un budget.

Paroles de pros!

«Le chat, un outil au service de la communication de recrutement.» Directeur de Canalchat Grandialogue, agence spécialisé, sur le site Internet de l'APEC.

«L'utilisation des chatrooms comme outil du marketing viral est en sensible progression. Les forums sont à la fois vecteurs de diffusion de l'information mais surtout moyens de promotion d'un produit servant de "repère identificatoire", de "totem" à une communauté donnée.» Guillaume Bernard, expert et consultant marketing pour la société Dalet, et Frederic Jallat, professeur à l'école supérieure de commerce de Paris (ESCP-EAP) *L'Expansion*, mars 2001.

L'enjeu pour les hommes de marketing est de pouvoir fournir à leurs clients ce service pour accroître la productivité et permettre une plus grande fidélisation des consommateurs en mettant à leur disposition un service en temps réel, permanent et interactif. Un temps tombé en désuétude, le chat connaît un retour en grâce du fait de l'explosion des messageries instantanées (ichat, Yahoo messenger, AIM, MSN...). Il permet au consommateur de rentrer directement en contact avec un conseiller commercial ou un technicien et d'obtenir instantanément la réponse.

Reste à convaincre l'utilisateur de son efficacité (ce qui explique son faible taux d'utilisation) et pour cela y mettre les moyens techniques et surtout humains.

Cependant, l'usage de cet outil soulève de nombreuses questions. Cet échange a-t-il une valeur juridique? Y a-t-il des limites à son usage? Surtout lorsqu'on utilise des *chatterbots*. Il s'agit de la mise en place d'une solution logicielle qui est capable, théoriquement, de comprendre le langage humain et de permettre une conversation. Vous pouvez donc «discuter» avec des avatars intelligents, mais la conversation ne peut pas être qualifiée de «soutenue». Pour l'exemple, un petit extrait d'une conversation avec Chloé de l'opérateur téléphonique Neuf Télécom et de Léa de voyages-sncf.

1. Définition d'abc-netmarketing.fr.

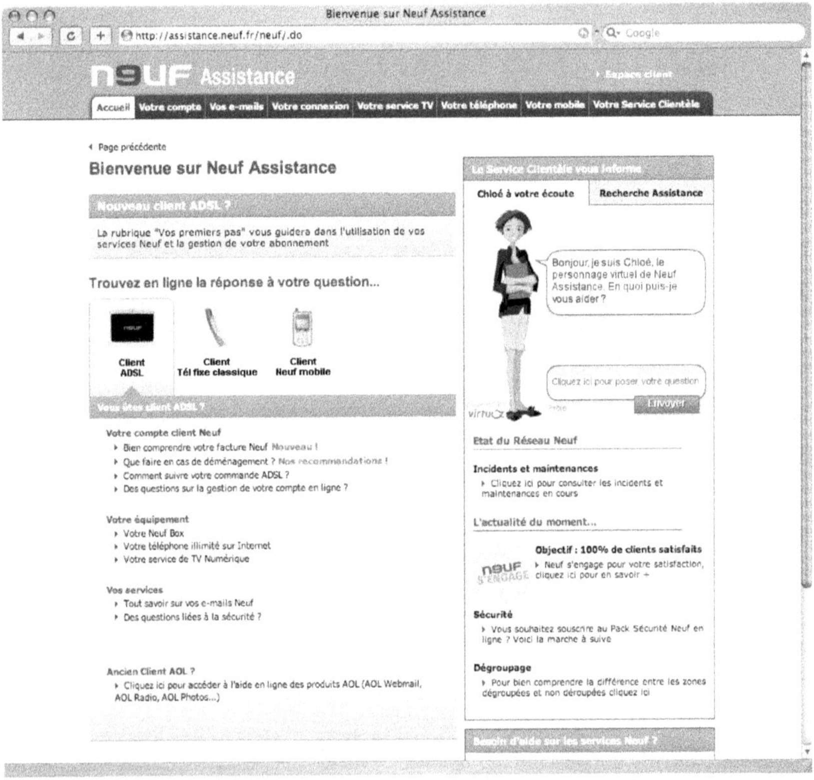

Bienvenue sur Neuf Assistance

http://assistance.neuf.fr/neuf/.do

neuf Assistance

Espace client

Accueil | Votre compte | Vos e-mails | Votre connexion | Votre service TV | Votre téléphone | Votre mobile | Votre Service Clientèle

Page précédente

Bienvenue sur Neuf Assistance

Nouveau client ADSL ?

La rubrique "Vos premiers pas" vous guidera dans l'utilisation de vos services Neuf et la gestion de votre abonnement

Trouvez en ligne la réponse à votre question...

Client ADSL | Client Tél fixe classique | Client Neuf mobile

Vous êtes client ADSL ?

Votre compte client Neuf

- Bien comprendre votre facture Neuf Nouveau !
- Que faire en cas de déménagement ? Nos recommandations !
- Comment suivre votre commande ADSL ?
- Des questions sur la gestion de votre compte en ligne ?

Votre équipement

- Votre Neuf Box
- Votre téléphone illimité sur Internet
- Votre service de TV Numérique

Vos services

- Tout savoir sur vos e-mails Neuf
- Des questions liées à la sécurité ?

Ancien Client AOL ?

- Cliquez ici pour accéder à l'aide en ligne des produits AOL (AOL Webmail, AOL Radio, AOL Photos...)

Le Service Clientèle vous informe

Chloé à votre écoute | Recherche Assistance

Bonjour, je suis Chloé, le personnage virtuel de Neuf Assistance. En quoi puis-je vous aider ?

Cliquez ici pour poser votre question

Envoyer

Etat du Réseau Neuf

Incidents et maintenances

- Cliquez ici pour consulter les incidents et maintenances en cours

L'actualité du moment...

Objectif : 100% de clients satisfaits

- Neuf s'engage pour votre satisfaction, cliquez ici pour en savoir +

Sécurité

- Vous souhaitez souscrire au Pack Sécurité Neuf en ligne ? Voici la marche à suive

Dégroupage

- Pour bien comprendre la différence entre les zones dégroupées et non déroupées cliquez ici

Besoin d'aide sur les services Neuf ?

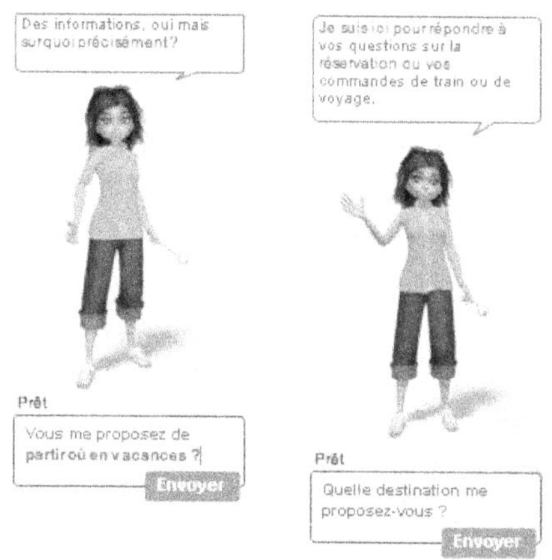

Néanmoins, ces petits robots intelligents, le plus souvent féminins, peuvent parfois vous surprendre.

Ainsi, Chloé de chez Neuf Télécom répond qu'elle a 34 ans lorsqu'on lui demande son âge et, lorsqu'elle est interrogée sur son concurrent Orange, répond : « *Désolée, elle n'a pas été formée pour parler d'aliments.* »

Règles applicables au chat

De la même façon que pour le RSS et la syndication de contenus, les règles légales applicables au chat sont nombreuses, le chat relevant des services de communication électronique. Sont donc applicables au chat : le droit des contrats; le droit de la propriété intellectuelle; le droit de l'édition en ligne; le droit de la promotion commerciale; le droit de la publicité en ligne; le droit des données personnelles nominatives sans oublier le droit de la consommation.

Le droit de la consommation prend en effet une place essentielle dans l'arsenal des règles de droit applicables au chat surtout dans le cas des échanges avec les *chatterbots*.

Vos *chatterbots* doivent :

- prévenir le consommateur en cas d'enregistrement de la conversation;
- prendre les précautions nécessaires pour respecter le devoir d'information des consommateurs;
- fournir un moyen fiable au consommateur d'exprimer son acceptation de manière expresse et éclairée.

N'oubliez pas qu'ils ne sont que des robots et que dans tous les cas de figure, c'est vous le responsable des contenus qu'ils génèrent même automatiquement.

Quiz

1. **Le chat sur Internet est :**
   A : Un petit félin épris de mondes virtuels.
   B : Une messagerie instantanée sur Internet.
   C : Du bavardage.
2. **Les *chatterbots* sont :**
   A : Des employés chargés de faire la conversation à distance avec les clients.
   B : Des programmes «robots» de conversation.
   C : La version franglaise du *Chat botté*.

Le podcast et les plates-formes de partage en toute légalité

Conversation à bâtons rompus...

Le marketeur : Les marketeurs se démultiplient avec l'effet de *crowdsourcing*. Nous ne sommes plus seuls, nous sommes des millions! Ça ne va pas arranger les affaires des juristes! Les marketeurs ne connaissent pas toutes les subtilités du droit, mais qu'est-ce que cela doit être pour les millions d'internautes trop contents de pouvoir se transformer en publicistes en herbe?

La juriste : On continuera d'informer les internautes. Et puis ces publicistes en herbe sont souvent beaucoup plus sensibilisés aux questions de droit qu'on ne le pense.

Après le texte et l'image, il était normal, avec l'explosion du haut débit, de pouvoir y ajouter l'audio et la vidéo. Rendre multimédia l'Internet est l'objet du podcast. Petite révolution dans le microcosme de la communication et du marketing, il remet en cause le marché de la radio et la télévision tel que nous le connaissons aujourd'hui. Tout le monde peut en effet devenir diffuseur de sons et d'images. Le podcast vulgarise la publication audio et vidéo grâce à Internet et confère une dimension multimédia au marketing direct, que l'on peut appeler maintenant 2.0.

Il suffit pour s'en convaincre de voir le succès du chanteur Kamini avec son clip « Rap de Marly-Gomont ». En couplant le podcast avec les plates-formes de partage vidéo (YouTube ou Dailymotion), vous obtenez un puissant outil de *buzz marketing*[1].

Ces plates-formes de partage offrent aux hommes de marketing une segmentation idéale via ces groupes sociaux – le fameux *social networking* – mettant en relation des internautes qui partagent les mêmes centres d'intérêts personnels ou professionnels et s'échangent ainsi des images, sons et vidéos selon leurs centres d'intérêts[2].

Pour le marketing, le podcast ouvre des voies de créativité jusqu'ici inexistante, car les consommateurs deviennent producteurs et diffuseurs de l'information (le fameux *crowdsourcing* : utilisation de la créativité et du savoir-faire d'un grand nombre d'internautes pour créer du contenu *user generated content*).

Cela ne va pas sans poser des problèmes : quid des droits d'auteur, des droits de diffusion, des droits de l'exception française qu'est la Sacem, des droits de la propriété ? Qui est responsable, l'auteur ou la plate-forme de diffusion ?

Définition du podcast

Le podcasting ou « baladodiffusion » est un moyen gratuit de diffusion de fichiers audio ou vidéo qui permet par l'entremise d'un abonnement aux flux RSS ou Atom aux utilisateurs d'automatiser le téléchargement de ces fichiers

1. Le buzz (bourdonnement en anglais) est une technique marketing consistant à faire du bruit autour d'un nouveau produit ou d'une offre. Source : www.wikipedia.org.
2. C'est ce qu'on appelle en marketing le «folksonomie»; contraction de *folk* («peuple») et taxonomie et qui désigne une forme de «classification collaborative décentralisée spontanée» basée non pas sur un vocabulaire contrôlé et standardisé mais sur des termes choisis par les utilisateurs eux-mêmes, intitulés «tags».

pour leur baladeur numérique ou leur ordinateur personnel en vue d'une écoute immédiate ou ultérieure[1].

Le podcast est issu du croisement de plusieurs technologies : les podcasts permettent le téléchargement (*peer-to-peer*) de fichiers multimédia audio (radio) et vidéo à l'aide de flux RSS qui sont devenus très populaires avec le développement exponentiel des blogs.

Le terme vient de la contraction d'iPod (Apple) et de « broadcasting » ; iTunes étant une solution dédiée à la lecture de flux RSS de podcasting mettant à disposition des fichiers audio et vidéo.

Paroles de pros !

« Avec diaLog, Cisco fait figure de pionner et conforte ainsi sa position d'innovateur sur le marché des nouvelles technologies. Le podcasting est un nouveau comportement qui fait de plus en plus d'émules. Il permet de télécharger sur son ordinateur et son baladeur mp3 n'importe quel document sonore. L'auditeur devient son propre *programmateur en décidant quand, où et quoi écouter en s'abonnant aux podcasts de son choix.* » Communiqué de Cisco.

Définition de la plate-forme de partage

Les plates-formes de partage sont des sites Internet permettant l'échange d'images (Flickr, Fotolia), de vidéos (Dailymotion, YouTube, GoogleVidéo) ou mettant en relation des internautes selon leurs centres d'intérêts (MySpace, Twitter).

Règles applicables au podcast et aux plates-formes de partage

Les règles légales applicables au podcast et aux plates-formes de partage relèvent principalement des droit de la propriété intellectuelle; de l'édition en ligne; de la communication audiovisuelle; de la promotion commerciale; de la publicité en ligne et du droit des données personnelles nominatives.

Le droit des contenus et plus particulièrement le droit d'auteur prend une place essentielle dans l'arsenal des règles de droit applicables au podcast et aux plates-formes. Les professionnels en sont d'ailleurs bien conscients.

1. Source : www.wikipédia.org.

Paroles de pros!

«Les contenus ne sont pas offerts! Ils appartiennent aux internautes, c'est la loi. Nous facilitons et offrons leur diffusion. Concernant la modération, nos modérateurs surveillent en permanence le site et les zones sensibles et reçoivent les dénonciations émises par les internautes (bouton "cette vidéo peut offenser"). Nous nous positionnons comme hébergeurs, et à l'égard de la loi, nous devons prouver que nous faisons le maximum pour éviter les problèmes. C'est pourquoi nous retirons le plus vite possible les contenus copyrightés dès que l'ayant droit nous les signale.» Benjamin Bejbaum, P-DG Dailymotion. *Journal du Net*, août 2006.

«Le copyright est un sujet que nous prenons très au sérieux. Notre maison-mère est News Corp, donc y compris au sein de notre groupe, la plupart des revenus viennent de personnes qui produisent du contenu. Nous n'avons jamais eu vraiment de problèmes, car nous avons toujours été très sérieux dans notre coopération avec nos partenaires pour satisfaire leurs besoins. Nous avons notamment un partenariat avec Audible Magic qui marque les contenus et peut les repérer s'ils sont illégalement mis en ligne. Nous les retirons aussitôt. Nous avons aussi un service dédié, qui surveille ce qui est publié chaque jour. De plus, dans les conditions générales d'utilisation, nous prévenons les internautes qu'ils doivent être titulaires des droits sur le contenu qu'ils mettent en ligne. S'ils publient du contenu illégal, leur profil sera détruit.» Jamie Kantrowitz, senior VP marketing Europe, MySpace.com, *ZDNET*, juin 2007.

Des contrats *Creative Commons*[1] se sont développés pour tenir compte de la spécificité des diffusions sur des podcast ou sur des plates-formes. Il s'agit d'autorisations non exclusives permettant aux titulaires de droits d'autoriser le public à effectuer certaines utilisations, tout en ayant la possibilité de réserver les exploitations commerciales, les oeuvres dérivées ou le degré de liberté (au sens du logiciel libre). Ces contrats d'accès ouvert peuvent être utilisés pour tout type de création : texte, film, photo, musique, site Web... Quand aucun contrat de ce type n'est mis en place, le principe est celui de la demande d'autorisation préalable aux auteurs des œuvres mises en ligne.

Attention! Les artistes licenciés sous *Creative Commons* ne sont pas sociétaires de la Sacem. Les deux régimes sont incompatibles car les statuts de la Sacem ne permettent pas aux adhérents d'opter pour un autre régime de gestion des droits.

Et ailleurs comment ça se passe?

Deux décisions de justice récentes aux Pays-Bas (9 mars 2006) et en Espagne (février 2006) montrent que les utilisateurs des licences *Creative Commons* ont pu faire valoir leurs droits

1. Voir contrat Creative Commons en annexe.

contre une utilisation commerciale non autorisée et contre une tentative injustifiée de perception de rémunération par une société civile de perception et de répartition des droits.
Un magazine ne peut pas reproduire des photos publiées sur Flickr sous contrat *Creative Commons* BY-NC-SA sans l'autorisation de l'auteur. La SGAE (principale société d'auteurs en Espagne) demandait le paiement de près de 5 000 € aux responsables d'un bar qui diffuse de la musique sous *Creative Commons*. Le tribunal l'a déboutée car le bar ne diffusait pas de titres appartenant au répertoire géré par la SGAE (source : site français de Creative Commons par Mélanie Dulong de Rosnay, 22 mars 2006).

En tant que créateur et éditeur de contenus, vous devez :
- être propriétaire des contenus;
- respecter le droit à l'image;
- agir conformément au droit de la publicité et des offres promotionnelles;
- respecter le droit d'auteur.

En tant qu'utilisateur des contenus, vous devez :
- respecter le droit des bases de données;
- agir conformément au principe de l'*opt-in*;
- ne pas porter atteinte aux droits des tiers;
- verser les droits à la Sacem si besoin;
- obtenir l'autorisation préalable des auteurs pour toute utilisation de leurs œuvres en respect de leurs droits moraux et patrimoniaux d'auteur.

Quiz

Vous trouvez sur Dailymotion un court-métrage que vous aimeriez adapter pour en faire une publicité :

A : Vous mettez votre équipe sur le coup; ils peuvent se mettre à travailler et en plus ça ne va rien vous coûter.

B : Vous vous assurez de l'accord de l'auteur du court-métrage pour l'adaptation publicitaire de son œuvre avant d'entreprendre quoique ce soit.

C : Vous faites l'adaptation et pour l'autorisation, vous verrez plus tard.

Le *virtual business* en toute légalité

Conversation à bâtons rompus...

Le marketeur : Nous parlions au début de cet ouvrage de la différence de rythme qui existe entre le marketing et le juridique! J'ai le sentiment que les lois ne suivent pas la vitesse de l'Internet, alors qu'en est-il des mondes virtuels?

La juriste : En termes de rythme, peut-être sommes-nous en train de rejouer la fable du lièvre et de la tortue. Qui sait ? En attendant, la bonne vieille tortue commence sérieusement à s'inquiéter des mondes virtuels. Les jeux vidéo ont d'ailleurs fait l'objet de l'attention toute particulière du législateur notamment pour protéger les plus jeunes. Le monde virtuel n'est que le prolongement (c'est vrai souvent fantasmé) du monde réel. La question de la protection des mineurs, des auteurs, des consommateurs y est donc tout aussi essentielle. Le juridique n'est pas en retard. Pour preuve, le passage au tribunal de Second Life durant l'été 2007 !

Après le *e-business* (commerce électronique), le *m-business* (commerce sur téléphone mobile) voici qu'arrive le *v-business* (commerce virtuel) ; une réalité fort lucrative.

Nouvel eldorado pour les marketeurs, les univers virtuel en 3 D avec, en figure de proue, Second Life, Entropia Universe (anciennement « project Entropia ») ou encore Habro, There, Questville, CyWorld, Eve Online, Virtual World of Kaneva, etc., permettent de toucher une cible plus jeune, moins captive aux médias traditionnels et de communiquer différemment ; de manière plus ludique, plus décalée.

Le *v-business* estompe la frontière entre le réel et le virtuel. Les marketeurs l'ont bien compris ; voilà une occasion de faire des boutiques en 3 D plutôt que des sites Web dits standards, de tester des concepts et des produits à moindre coût. Avec le *v-business*, nous passons du *user generated content* au *user generated world* ; l'environnement est enrichi par les utilisateurs eux-mêmes. Nous passons ainsi du *social networking* (réseaux sociaux) au *social virtual universe*. Les applications possibles sont quasi infinies : du e-commerce, de la formation, du communautaire, de l'institutionnel, etc.

Paroles de pros !

Au sujet de Second Life :

« *Avant, nous avions un marketing propre et net, maintenant les utilisateurs créent leur propre contenu pour le mélanger à notre marque.* » Jens Monsees, directeur de l'innovation BMW.

« *Nous nous sommes dit que nous pouvions répondre à la situation actuelle du marché où les consommateurs en ont marre qu'on les fasse réagir sur des produits finis. Le fait de pouvoir visualiser les objets en 3D et le développement de l'Internet collaboratif permettent de les impliquer davantage et d'avoir leur imagination au travail.* » Maurice Lévy, P-DG Publicis, *Le Monde*, juin 2007.

« *Les mondes virtuels sont récemment apparus comme étant une nouvelle opportunité pour les utilisateurs d'interagir et pour les professionnels du marketing de communiquer. Second Life, l'un des univers les plus connus, a vu en 2006 un afflux de professionnels du marketing à la recherche de nouveaux moyens pour créer des liens avec des consommateurs potentiels.*

Premier bénéfice à ce jour : les relations publiques. Dans le futur, les professionnels du marketing devraient considérer les mondes virtuels non pas comme des nouveaux canaux de communication, mais plutôt comme des marchés complètement vierges. Mais pour l'instant, les mondes virtuels ne sont pas tout à fait prêts à satisfaire les demandes et les attentes de ces professionnels. » Brian Haven, Forrester Research.

Les marques ont bien compris l'intérêt de ces mondes virtuels. Lego, MTV, Pepsi (qui en a même deux : Pepsi-Town et PepsiWorld), etc. se sont déjà engagés dans la brèche ouverte par cette nouvelle application du Web 2.0. Cela ne va pas sans poser de problèmes juridiques, car même si nous parlons de mondes virtuels, il faut de l'argent réel pour y être pleinement membre; quel type de droit s'applique, n'y a-t-il pas un problème du fait de la création d'une monnaie parallèle, même si elle est générée par de la monnaie « officielle » ? Surtout, lorsque certains internautes créent des places de marché financières autorisant des échanges monétaires et des investissements croisés entre différents univers virtuels. Si nous volons un tableau virtuel dans un monde virtuel, acheté avec la monnaie locale (mais cette monnaie n'est disponible que contre de l'argent bien réel) que se passe-t-il ? Ce n'est qu'un jeu après tout.

Définition du *virtual business*

Le *virtual business* est le commerce qui se fait au sein des univers virtuels ou métavers[1]. Ces mondes virtuels sont créés arificiellement par un programme informatique et hébergent une communauté d'utilisateurs présents sous forme d'avatars qui peuvent s'y déplacer, y interagir socialement et parfois économiquement, parfois même avec des agents informatiques.

Ce cyber espace peut simuler le monde réel ou non. Il peut reproduire les lois physiques du monde réel telles que la gravité, le temps, le climat ou la géographie ou au contraire s'affranchir de ces limitations physiques. Les lois humaines peuvent également y être reproduites : la communication entre les utilisateurs se fait ainsi le plus souvent sous forme de texte.

1. Le terme «métavers» (de l'anglais *metaverse* c'est-à-dire «méta-univers») provient du roman *Snow Crash*, en français, *Le Samouraï Virtuel*, écrit par Neal Stephenson en 1992. Il est largement utilisé pour décrire la vision qui sous-tend les développements en cours sur les univers virtuels 3D totalement immersifs.

Paroles de pros!

«Le métavers est une invention de ma part, qui m'est venue à l'esprit quand j'ai réalisé que les mots existants (comme "réalité virtuelle") étaient trop maladroits pour être utilisés.» Neal Stephenson, écrivain et inventeur du mot «métavers».

Le cas de Second Life

Second Life est à l'origine un jeu vidéo lancé en 2003 par la société Linden Lab et dans lequel des individus, représentés par leur double virtuel, appelé «avatar», dialoguent dans une reconstitution en 3 D du monde réel ou dans un monde imaginaire créé par eux. Ce qui différencie Second Life d'un simple chat virtuel et ce qui en fait un phénomène de société est que ce jeu n'obéit pas à un scénario établi par l'éditeur, mais par les joueurs eux-mêmes qui évoluent en toute liberté dans un décor créé par eux.

Paroles de pros!

«Les gens font toutes sortes de choses dans Second Life, qu'il s'agisse de se retrouver entre amis, de construire la maison de ses rêves, de récolter de l'argent pour des œuvres de charité, de donner des conférences, d'enseigner, de faire de l'art, de créer des biens et des services qui seront vendus aux autres résidents, d'apporter de l'aide à ceux qui en ont besoin, d'éditer un journal ou de tomber amoureux... Tout ce que vous pouvez imaginer.» Philip Rosedale, fondateur de Second Life, *ZDNET*, octobre 2006.

Second Life est en train de devenir le monde virtuel le plus attirant pour les publicitaires : la société Budweiser fait ainsi circuler des hôtesses aux couleurs de ses bières; Mazda propose d'essayer son nouveau concept Car; la banque Wells Fargo y a acheté une île; la marque de Tee-shirts American Apparel y installe une boutique; l'agence de publicité parisienne Andrea Media, qui avait déjà organisé des défilés de mode et l'élection de miss Second Life pour le fabricant de cosmétiques L'Oréal, a fait l'acquisition en 2007 de la version virtuelle de Paris.

Règles applicables au *virtual business*

Les règles publicitaires applicables dans ces univers virtuels sont-elles les mêmes que celles existant dans le monde réel ? En principe, oui. Ainsi, la Fédération des familles de France a attaqué en justice le site américain, en lui reprochant la présence de pornographie enfantine, de jeux interdits et de publicités pour l'alcool et le tabac. Le 2 juillet 2007, le TGI de Paris a certes débouté la Fédération, non au motif que les règles ne s'appliquaient pas sur Second Life mais parce que la Fédération n'était pas en mesure d'apporter des preuves fiables pour *« justifier de la réalisation effective d'un trouble grave à caractère manifestement illicite ou d'un risque de dommage imminent pouvant affecter les mineurs, de nature à justifier la prise de mesure immédiate »* !

Paroles de pros!

«*Second Life, c'est surtout une nouvelle voie du marketing RH dans un contexte de guerre des talents.*» Yann Auffray, responsable de l'e-recrutement chez L'Oréal, *Stratégie*, mai 2007.

«*Mercedes propose ainsi de tester la nouvelle Classe C sur un circuit virtuel. Lancôme et Jean-Paul Gaultier offrent du parfum pour permettre aux avatars masculins de séduire la gent féminine et engager plus facilement la conversation. T-Mobile sponsorise le terrain de la NBA où l'on peut faire quelques paniers en compagnie de champions du basket-ball américain, tandis que Lacoste mène casting sur casting dans Second Life pour trouver l'avatar qui sera à l'affiche de sa prochaine campagne de publicité.*» *Le Figaro*, mai 2007.

«*Mais, d'ores et déjà, l'enseignement principal que l'on peut en tirer – me semble-t-il – est que les "secondlifers" ne sont pas hostiles aux marques, voire plutôt favorables. Cet apparent paradoxe s'explique par le fait que la présence de marques "RL"* (Real Life) *donnerait, selon eux, un réalisme supplémentaire à Second Life. En d'autres termes, pour que la vie virtuelle ressemble le plus possible à la vraie vie, la présence des marques, autrement dit de la publicité, est indispensable.*» Christian Blachas. *CB News*, 16 avril 2007. «*On peut tout autant faire de la publicité ou du buzz marketing dans Second Life, mais un annonceur peut en plus y faire du one to one avec ses prospects.*» Laurent Heckmann, fondateur AndreaMedia, *01Net*, janvier 2007

En tant que commerçant et éditeur de contenus, vous devez :

- être propriétaire des contenus que vous éditez ou avoir le droit de les diffuser;
- respecter le droit à l'image;
- agir conformément au droit de la publicité et des offres promotionnelles;
- respecter le droit d'auteur;
- respecter la netiquette;
- ne pas porter atteinte aux droits des tiers;
- respecter le droit de la concurrence;
- respecter la législation bancaire et financière.

Quiz

1. **Vous trouvez sur Second Life une œuvre intéressante :**

   A : Vous la volez en vous disant qu'il ne peut rien vous arriver.

   B : Vous la volez en vous disant que le pire que vous risquez est une peine de prison virtuelle.

   C : Vous savez que cette œuvre même virtuelle n'en est pas moins une œuvre réelle au sens du droit de la propriété intellectuelle et que vous risquez la prison réelle.

2. **Vous avez décidé de faire des offres de crédit en ligne :**
   A : Devenir banquier, c'était déjà ce que vous vouliez faire quand vous étiez petit.
   B : Vous risquez d'être sanctionné dans le monde réel car vous êtes en infraction de la législation des banques et des établissements de crédit.
   C : Vous savez que vous ne risquez rien : après tout, ce n'est qu'un jeu.

POUR ALLER PLUS LOIN

Petite bibliographie spécialisée

Je blogue tranquille, Forum des droits de l'Internet, 31 octobre 2005, mis à jour le 10 février 2006 (www.droitdunet.fr/telechargements/guide_blog_net.pdf).

« Les responsabilités liées à l'activité des forums de discussion », dossier du Forum des droits de l'Internet, juillet 2002 (www.forumInternet.org/telechargement/documents/doss20020718-rfd.html).

BARBRY, É., « Le podcast, Objet Virtuel juridiquement Non Identifié ? » *Journal du Net*, 3 janvier 2006, http://www.journaldunet.com/juridique/juridique060103.shtml

DELACROIX, J., *Les wikis, espaces de l'intelligence collective*, M2 Éditions, 2005.

GERVAIS, J.-F., *Web 2.0 - Les internautes au pouvoir*, Dunod, 2007.

LE MEUR, L., BEAUVAIS, L., *Blogs pour les pros*, Dunod, 2005.

MORAND, J.-C., *RSS, blogs : un nouvel outil pour le management*, M2 Éditions, 2005.

SANVITI, O., VILBERT, P., « Blogs et droit », *Legalbiznext,* 28 juin 2005 (www.legalbiznext.com/droit/Blogs-et-droit-par-Olivier-Sanviti).

5 Faire de la publicité *on line* en toute légalité

En France, la publicité *on line*, ou e-publicité, e-Pub, publicité électronique, publicité virtuelle, publicité sur le Web ou encore cyberpublicité, représente 1,18 milliard d'euros d'investissements, plaçant ainsi le pays au troisième rang européen derrière le Royaume-Uni et l'Allemagne[1]. En mars 2007, selon AdNetTrack-TNS Media Intelligence, le nombre de créations diffusées en ligne par les 200 premiers annonceurs plurimédias a progressé de 23,6 % sur un an.

En 2009, on estime que les investissements publicitaires mondiaux sur le Web représenteront près de 10 % du marché total soit presque deux fois plus en l'espace de trois ans. On estime que le média Internet pèsera plus lourd que l'affichage et que la radio[2].

Il faut dire que la publicité *on line* présente de nombreux avantages pour les annonceurs. Internet permet en effet de réaliser de la publicité (bannière, liens sponsorisés, liens contextuels…) pour un coût beaucoup moins prohibitif que les supports standard (papier, radio, TV…). Par ailleurs, Internet ouvre de nouveaux horizons à la publicité; chaque message pouvant être individualisé, adapté à chaque profil. L'annonceur peut aussi obtenir sur le consommateur des renseignements précieux du fait même de la diffusion de la publicité grâce à l'utilisation des *cookies* ou du fait de l'interactivité possible de la publicité, le consommateur devenant un réel acteur de la « relation publicitaire ». Le marketeur peut aussi mesurer avec justesse et précision la fréquentation de la page publicitaire mise en ligne alors que les supports traditionnels ne le permettent pas.

Dans ce contexte, toute une série de questions se posent : une publicité sur et avec Internet est-elle soumise aux mêmes obligations que les autres formes de publicité? Où sont les limites? Quels sont les pièges à éviter? La publicité

1. Classement en 2006.
2. Silicon.fr « *La pub en ligne pèsera 10 % du marché mondial en 2009* », Olivier Chicheportiche, 4 décembre 2006 (www.silicon.fr/fr/silicon/news/2006/12/04/pub-ligne-p-sera-10-march).

comparative est-elle autorisée (notamment si le site est hébergé en dehors de France) ? Les liens sponsorisés peuvent-ils être utilisés sans contraintes ? Peut-on faire la promotion de tous les produits (sexe, arme, tabac, alcool…) ? Existe-t-il des règles spécifiques en matière de diffusion ?

CADRE JURIDIQUE DE LA PUBLICITÉ *ON LINE*

Conversation à bâtons rompus…

Le marketeur : La vraie question est de savoir en combien de temps le juridique va totalement brider le nouvel espace de liberté qu'est la publicité sur Internet. Il n'y a qu'à voir maintenant, il faut indiquer que «manger rend gros», que «l'alcool c'est alcoolisé», que le «sucre, c'est mal ! », qu'il ne faut pas «mettre le chien dans la machine à laver»… La publicité sur Internet ouvre de nouvelles perspectives pour les marketeurs. Elle nous permet de briser les barrières des médias dits traditionnels; parlez de vitesse pour une voiture, jouer sur le «porno-chic» pour les produits de luxe…

La juriste : Voilà le droit encore représenté comme l'anti-créatif par excellence. La publicité n'est pas que de l'art ou de la liberté, comme on voudrait trop facilement nous le faire croire ; c'est d'abord un système qui crée du désir pour inciter à l'achat de produits et de services. Le devoir d'information des consommateurs est donc essentiel ; et même si l'on peut déplorer le trop de réglementation on n'a pas encore trouvé mieux pour assurer la protection de ceux que vous appelez si affectueusement vos «cibles».

Définition légale et jurisprudentielle

Paroles de pros !

«Internet a définitivement pris sa place dans la stratégie des annonceurs publicitaires.» Frédéric Joseph, président de la section française de l'Interactive Advertising Bureau (IAB).

«Les publicités sur Internet jouent, en effet, un rôle plus important lors de la phase de réflexion que lors de la sensibilisation au produit : entre 30 et 50 % des personnes interrogées réagissent aux publicités vues dans d'autres médias en effectuant des recherches en ligne; de même, entre 14 et 18 % des personnes affirment regarder régulièrement des bandes annonces publicitaires de films sur Internet; enfin, 10 % des sondés déclarent explorer des publicités interactives ou cliquer souvent sur play dans les publicités vidéos et 30 % des personnes interrogées reconnaissent la valeur informative des publicités on line.» Jérôme Bouteiller, *NetEco*, 4 juin 2007, étude DoubleClick.

«L'Internet est un média qui a une réelle efficacité parce que l'internaute a une attitude active. La capacité de mémorisation est donc plus forte.» François-Xavier Husherr, coordinateur de la commission Mesurer de l'IAB (Interactive Advertising Bureau).

Définition marketing et formes de la publicité *on line*

La publicité *on line* est définie comme toute information qui vante un produit ou un service dans le but de stimuler la demande de biens ou de services de la part des consommateurs; toute forme de communication de marketing pratiquée par les médias, habituellement en échange d'un paiement ou d'une autre contrepartie de valeur[1]; utilisant les technologies numériques de l'information et en particulier l'Internet.

Du fait de la diversité des technologies mises à disposition, l'e-publicité peut revêtir des formes variées et peut se matérialiser par :

- des bannières ou bandeaux publicitaires c'est-à-dire des «petites annonces publicitaires comportant une image ou un bref message, affichées généralement dans le haut de la page d'accueil d'un site Web, le plus souvent à caractère commercial, et sur laquelle l'internaute est invité à cliquer»[2];
- des *skyscrapers* ou «gratte-ciel» c'est-à-dire des bannières publicitaires consistant en une colonne étroite statique ou animée disposée sur la hauteur de l'écran, le plus souvent à droite d'une taille de 120 x 600 ou 160 x 600 pixels[3];
- des liens hypertextes ou hyperliens;
- des liens contextuels, c'est-à-dire des liens publicitaires textuels mais ciblés en fonction de la thématique de chaque page;
- des liens dits sponsorisés ou commerciaux qui s'affichent en tête des pages de résultats de recherche après une requête d'un internaute sur un moteur de recherche et qui se payent en achetant des mots-clés;
- des textes sponsorisés qui consitituent une forme très intrusive de publicité en ligne en intègrant des mots au contenu éditorial d'un site. Parfois ces mots sont soulignés deux fois pour les différencier des liens hypertextes;
- des fenêtres *pop up*; des icônes animées; des vidéos en ligne; des e-mails; des portails; des sites Internet; des blogs; des messages envoyés sur un forum; des podcasts.

Définition légale

En droit français, il n'existe pas de définition légale précise de la publicité et il n'y a pas de cadre légal spécifique à la publicité sur Internet. Le droit qui s'applique

1. Code des pratiques de publicité et de communication de marketing de la Chambre de commerce internationale, juillet 2006.
2. Selon l'office de la langue française.
3. Selon le standard préconisé par l'IAB (Interactive Advertising Bureau).

est donc celui de la publicité en général. La définition légale de la publicité résulte de la directive européenne du 10 septembre 1984 selon laquelle la publicité est : « toute forme de communication faite dans le cadre d'une activité commerciale, industrielle, artisanale ou libérale dans le but de promouvoir la fourniture de biens ou de services, y compris les biens immeubles, les droits et obligations ».

Le juge a dit

« *Constitue une publicité, tout moyen d'information destiné à permettre à un client potentiel de se faire une opinion sur les résultats qui peuvent être attendus du bien ou du service qui lui est proposé.* » (Cour de cassation, 12 novembre 1986).

« *[...] ainsi que sur les caractéristiques des biens ou des services proposés.* » (Cour de cassation, 14 octobre 1998)

« *Internet constitue un support publicitaire.* » (Cour d'appel de Rennes, 31 mars 2000, Crédit Mutuel)

Constituent une publicité un procédé informatif qui attire l'attention, qui met en valeur une société, un service ou un produit dans le but de provoquer une transaction commerciale; un message dont la finalité est d'assurer la promotion d'un bien ou d'un service; un message qui s'adresse au public.

Mais n'en constituent pas une :

- un simple texte informatif;
- l'information libre publiée par la presse écrite ou audiovisuelle à l'occasion d'un fait ou d'un événement;
- les coordonnées permettant l'accès direct à l'activité d'une entreprise, d'une organisation, ou d'une personne, notamment un nom de domaine ou une adresse de courrier électronique;
- les communications relatives aux biens, services, ou à l'image de cette entreprise, organisation ou personne, élaborées d'une manière indépendante de celle-ci, en particulier sans contrepartie financière;
- le lien hypertexte établi vers un site commercial lorsqu'il est créé sans lien financier ou autre contrepartie provenant de la personne responsable de ce site.

Quiz

1. **Un lien hypertexte constitue une publicité *on line* :**

   A : Toujours!

   B : Jamais de la vie!

   C : Lorsque sa finalité est d'assurer la promotion d'un bien ou d'un service.

2. **Un site Internet constitue un support publicitaire :**
   A : Oui.
   B : Non.
   C : *Quizás, quizás quizás*[1].

Créer des publicites *on line* en toute légalité

Conversation à bâtons rompus...

Le marketeur : Objet de la créativité la plus dynamique, la publicité sur Internet nous permet de marier l'écrit, l'image, le son, la vidéo avec en plus l'interactivité. Mais avec toute cette législation nous obligeant à indiquer plein de choses, j'avoue ne plus rien y comprendre. Comment peut-on encore communiquer sur un produit et un service sur un bandeau en 400 x 40 pixels, avec toutes ces mentions légales?

La juriste : Effectivement un bandeau en 400 x 40 pixels (soit à peu près 1 cm de large sur 12 cm de long) : ça ne laisse pas beaucoup de place pour indiquer les mentions légales obligatoires. Des adaptations des textes ont parfois été prévues pour prendre en considération les spécificités du support.

Protection juridique de la publicité *on line*

Paroles de pros!

«Selon une étude du Benchmark Group, la part de l'Internet dans les dépenses publicitaires des grandes marques en 2007 devrait atteindre 9 % contre 7 % en 2006. Interrogés par l'institut d'études, les annonceurs mettent en avant les atouts de la publicité en ligne : l'interactivité, les possibilités de mesure et les capacités de ciblage. Selon le document, les trois principaux leviers publicitaires sont l'e-mailing, l'e-pub (achat d'espace sur les sites) et l'achat de mots-clés utilisés respectivement par 98 %, 95 % et 90 % des annonceurs. L'e-publicité capte pour l'instant la plus grosse part des budgets.» David Marquié, *CBNEWS*, 21 juin 2007.

«Alors que presque tous les investissements effectués sur les médias traditionnels sont en déclin, la montée en puissance de l'Internet est le signe d'une nouvelle ère dans la communication, le marketing et le comportement des consommateurs. Une nouvelle ère propulsée par l'adoption du haut débit et les contenus créés par les utilisateurs.» IAB UK, 28 mars 2007 (www.iabuk.net/en/1/iabadspend2006.mxs).

1. «Peut-être, peut-être, peut-être», en espagnol et en référence à la chanson d'Osvaldo Farres.

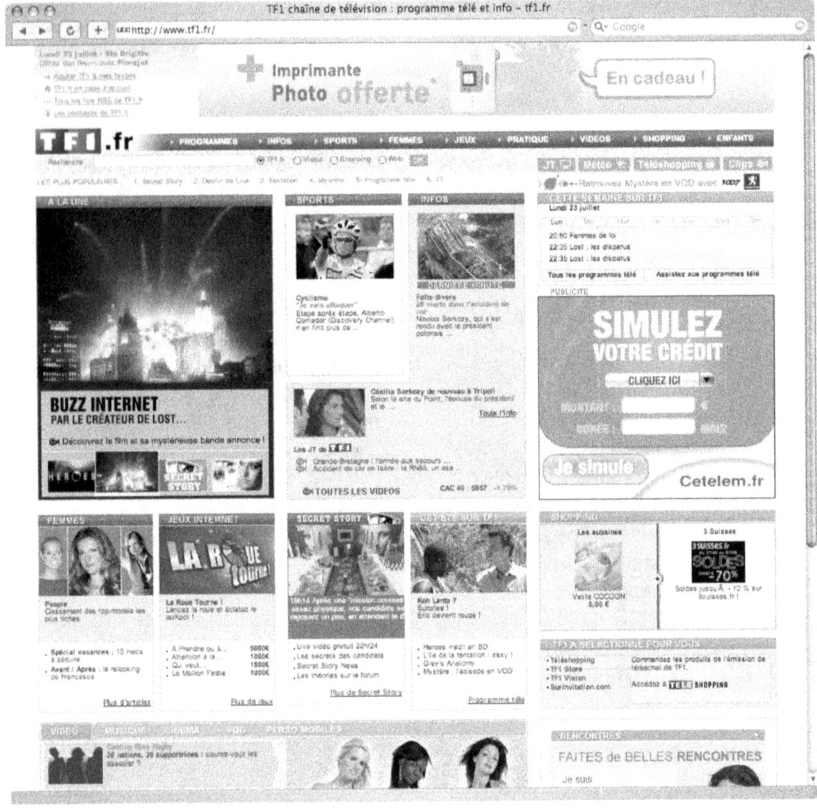

Il ressort des textes que la publicité *on line* est protégée par cinq droits différents : droit d'auteur; droit de la communication au public en ligne; droit de la communication audiovisuelle; droit de la concurrence; droit de la publicité.

Le Monde.fr : A la une
http://www.lemonde.fr/
Le Monde.fr
Accès direct aux NASDAQ, NYSE, ECNs
actualités perspectives pratique annonces le desk le kiosque newsletters multimédia références
Lundi 23 juillet 2007
Le car "n'aurait pas dû se trouver là", selon François Fillon
LES DÉPÊCHES
L'AKP gagne les législatives en Turquie aux dépens des laïques
L'ultimatum visant les otages sud-coréens des taliban prolongé
Toutes les dépêches
Paris Allemagne 60€ en Comfort 1
THALYS
Otages Sud-Coréens : les talibans repoussent l'ultimatum de 24 heures
JOURNAL ÉLECTRONIQUE
Consulter la dernière édition du journal Le Monde
Le Tour de France 10 ans sous influence
ÉDITION ABONNÉS
Turquie : l'AKP obtiendrait la majorité absolue
droits de garde
TOUR DE FRANCE 2007
Les faucheurs volontaires annoncent de nouvelles actions anti-OGM
BLOGS
François Fillon appelle la jeunesse à ne jamais oublier "la faute indélébile" du Vél'd'Hiv
Le retour du loup affecte les paysages alpins
Tour de France : Contador remporte la première étape des Pyrénées
L'AIEA obtient le droit d'inspecter la centrale nucléaire japonaise endommagée par le séisme
Présidentielles de 1965 à 2002
Journal Electronique
Le Monde.fr : sur mobile en RSS
Vite, gagnez
WESTERN

La publicité *on line* est protégée par…	À condition que…
Le droit d'auteur.	Le contenu et ou la forme de la publicité soit originale.
Le droit de la communication au public en ligne.	La publicité permette un échange réciproque d'informations entre l'émetteur et le récepteur.
Le droit de la communication audiovisuelle.	La publicité vise des services de radio et/ou de télévision.
Le droit sur les éléments incorporés à la publicité *on line*.	Les éléments incorporés dans la publicité aient dépassé l'état brut et fassent l'objet de droit privatif, tels que : – droit d'auteur : œuvres photographiques, littéraires, musicales, logicielles, audiovisuelles; – droit des logiciels ou des œuvres audiovisuelles; – droit des marques, des dessins et modèles ou des brevets.
Le droit de la concurrence.	Les éléments figurant dans la publicité aient été copiés ou utilisés de manière déloyale par un tiers.
Le droit de la publicité.	La communication soit faite dans le cadre d'une activité commerciale, industrielle, artisanale ou libérale dans le but de promouvoir la fourniture de biens ou de services.

Les règles applicables dans tous les cas

Paroles de pros!

« La publicité en ligne n'exonère pas les annonceurs, leurs agences et les régies concernées de leur responsabilité sociale, sous prétexte qu'Internet se déploierait avec une plus grande liberté que les médias traditionnels. C'est bien le contraire que réclame notre société : elle exige une beaucoup plus grande attention, et plus de sécurité, compte tenu des problèmes spécifiques que pose la diffusion de certains messages sur le Web. » Jean-Pierre Teyssier, président du BVP, rencontre sur la publicité en ligne « La ruée vers l'or, les règles du jeu » organisée par le Forum des droits de l'Internet, 12 septembre 2005.

La publicité *on line* répond aux mêmes obligations que la publicité traditionnelle. À ce titre, elle doit être identifiable, transparente et loyale. Elle ne doit s'appuyer ni sur le dénigrement, ni sur l'imitation d'un concurrent, elle ne doit pas être mensongère, ni porter atteinte aux droits de propriété des tiers. La publicité *on line* doit être identifiable et transparente. Ainsi, «*toute publicité sous quelque forme que ce soit, accessible par un service de communication au public en ligne doit pouvoir être clairement identifié comme telle. Elle doit rendre clairement identifiable la personne physique ou morale pour le compte de laquelle elle est réalisée*» (article 20 de la loi pour la confiance en l'économie numérique); «*sans préjudice des dispositions réprimant la publicité trompeuse [...], les conditions auxquelles sont soumises la possibilité de bénéficier d'offres promotionnelles ainsi que celle de participer à des concours ou à des jeux promotionnels, lorsque ces offres, concours ou jeux sont proposés par voie électronique, doivent être clairement précisées et aisément accessibles*» (article L 121-15-2 du Code de la consommation).

L'annonceur doit être identifié

Cette identification doit être lisible et facile d'accès pour tout internaute. L'identification peut se faire par la ou les marques de l'annonceur, ou tout autre signe distinctif qui lui est rattaché sans ambiguïté.

La publicité doit être identifiée

La publicité doit pouvoir être clairement identifiée comme telle et ce, quelle que soit la forme sous laquelle elle se présente.

Les mentions doivent être lisibles et intelligibles

Les mentions simplement informatives, les mentions dites légales, qui sont les mentions imposées par un texte de droit positif et les mentions rectificatives, qui sont celles qui restreignent le sens ou la portée d'une accroche ou d'une allégation, doivent être lisibles dans des conditions normales de lecture.

Ainsi, le Code des pratiques loyales en matière de publicité de la Chambre de commerce internationale (CCI) recommande que les mentions figurent :

- à l'horizontale;
- dans une taille de caractères suffisante;
- dans une police de caractères qui permet une lecture aisée, sans pour autant que cette police soit uniforme dans toute la publicité;
- dans une couleur de caractères qui contraste par rapport à celle utilisée pour le fond de la publicité;

- avec des caractères normalement espacés;
- lorsqu'un signe est utilisé pour réaliser un renvoi, la taille du signe, présent au côté de l'accroche et/ou de l'allégation, doit être suffisamment importante pour être toujours lisible dans des conditions normales de lecture.

Il recommande aussi d'utiliser :

- un langage simple, direct, précis et non équivoque;
- une structure de phrase claire et simple;
- la superposition excessive des mentions qui pourrait nuire à la clarté et à l'intelligibilité des publicités doit être évitée;
- les différentes mentions énoncées dans une publicité ne doivent pas présenter de caractère contradictoire entre elles, ni avec tout autre support publicitaire composant la campagne.

Pour la publicité Internet, le code insiste sur le fait que :

- les professionnels portent une attention particulière à la durée d'exposition et à la taille de caractères des mentions en fonction du format de la publicité qui sera choisi;
- lorsque les mentions ne sont pas inscrites sur la publicité elle-même, elles soient accessibles directement par un lien hypertexte apposé sur cette publicité.

Conseils pratiques

Pour rendre identifiable votre publicité *on line*...

Privilégiez des formats publicitaires usuellement utilisés par la profession; lesquels ne nécessitent pas de processus d'identification supplémentaire.

Lorsque votre publicité est diffusée :

- au milieu d'informations ou d'articles rédactionnels : ajoutez une indication explicite permettant d'identifier la publicité comme telle de manière à ce que son caractère publicitaire apparaisse instantanément;
- dans un e-mail : informez l'internaute de la nature publicitaire du message dans l'objet du message. Il ne doit pas avoir à ouvrir le courrier reçu pour être informé du caractère publicitaire de votre e-mail;
- dans le cadre de liens sponsorisés ou promotionnels : mettez une démarcation explicite et non équivoque par rapport aux autres liens non sponsorisés. Veillez aussi, avant leur mise en ligne, à ce que les mots-clés générant les liens soient en adéquation avec l'activité réelle de votre entreprise et de son offre de produits ou de services.

En cas de non-respect des caractères identifiables et transparents de la publicité, vous risquez deux ans d'emprisonnement et/ou 37 500 € d'amende, au titre d'un délit de fausse publicité ou de nature à induire en erreur (article L213-1 du Code de la consommation); la diffusion aux frais du condamné d'une ou plusieurs annonces rectificatives (article L 121-4 du Code de la consommation); la cessation de la publicité ordonnée par le juge d'instruction (article L 121-3 du Code de la consommation); enfin, la publication du jugement.

La publicité *on line* doit être loyale et véridique

« *Toute publicité doit être loyale et véridique* » : c'est l'un des principes de base du Code des pratiques loyales en matière de publicité de la CCI, reconnues par l'ensemble des professionnels. Ce principe est repris dans la plupart des législations en Europe et notamment en France; lesquelles condamnent la publicité mensongère.

Selon l'article L 121-1 du Code de la consommation : « *Est interdite toute publicité comportant, sous quelque forme que ce soit, des allégations, indications ou présentations fausses ou de nature à induire en erreur, lorsque celles-ci portent sur un ou plusieurs des éléments ci-après; existence, nature, composition, qualités substantielles, teneur en principes utiles, espèce, origine, quantité, mode et date de fabrication, propriétés, prix et conditions de vente de biens ou services qui font l'objet de la publicité, conditions de leur utilisation, résultats qui peuvent être attendus de leur utilisation, motifs ou procédés de la vente ou de la prestation de services, portée des engagements pris par l'annonceur, identité, qualités ou aptitudes du fabricant, des revendeurs, des promoteurs ou des prestataires.* »

Le juge a dit

AOL a été condamné pour publicité trompeuse à la suite de son offre d'accès illimité qu'elle ne pouvait assumer (Cour de cassation, 11 mars 2004).

Cdiscount doit s'acquitter de 20000 € d'amende pour publicité mensongère et de 10000 € d'amende (dont 5000 avec sursis) pour infraction à la législation des soldes (Tribunal correctionnel de Bordeaux, 9 janvier 2006).

Le non-respect du délai de livraison annoncé par perenoel.fr (site de commerce électronique) est constitutif de publicité mensongère ou de nature à induire en erreur (Cour d'appel de Lyon, 7 mars 2007).

En cas de publicité mensongère, vous encourez jusqu'à deux ans de prison et des amendes pouvant aller jusqu'à 50 % des dépenses de publicité constituant le délit.

La publicité *on line* doit employer la langue française

En France, la loi Toubon du 4 août 1994 rend obligatoire l'emploi de la langue française « dans la désignation, l'offre, la présentation, la description de l'étendue et des conditions de garantie d'un bien, d'un produit ou d'un service, ainsi que dans les factures et quittances [...] », pour toute publicité écrite, parlée ou audiovisuelle.

Il est néanmoins possible de faire usage d'une langue étrangère :

- lorsque la campagne publicitaire vise un public étranger;
- lorsque la société développe ses activités à l'étranger;
- exceptionnellement en France à condition que cette dernière soit accompagnée d'une traduction lisible en français.

Selon Catherine Trautmann, alors ministre de la Culture et de la Communication, « *les publicités commerciales répondant à l'obligation d'emploi de la langue française en vertu de la loi n° 94-665 du 4 août 1994 le sont indépendamment du support utilisé pour assurer leur diffusion. Le second alinéa de cet article institue une obligation d'emploi de la langue française [...] En effet, le droit communautaire comme le droit national considèrent que la ou les langues officielles du pays de commercialisation constituent, sauf rares exceptions, le moyen le plus adéquat pour assurer efficacement la protection du consommateur. Le respect de cet objectif conduit donc à ne pas traiter différemment des autres supports, au regard des obligations créées par la loi du 4 août 1994, les publicités diffusées par l'intermédiaire de l'Internet* » (réponse ministérielle n° 2110, JOAN, 22 juin 1998).

En cas de de non-respect de la loi Toubon, vous risquez ainsi une amende maximale de 750 euros par infraction constatée (décret du 3 mars 1995).

Quiz

1. **Une publicité *on line* doit permettre d'identifier :**
   A : Son créateur.
   B : Son annonceur.
   C : La source d'inspiration du publicitaire.
2. **Une publicité *on line* doit :**
   A : Toujours être écrite en français.
   B : Être codée.
   C : Parfois être écrite en français, lorsque la cible visée par la publicité est française.

La publicité *on line* peut être comparative sous conditions

Paroles de pros !

« Les trois éléments nécessaires à la mise en place d'une publicité comparative sont réunis : il faut qu'il existe un leader incontestable sur le marché, qui est Mousline avec 60 % de parts de marché; ensuite, qu'il y ait aussi un challenger incontestable, qui est Vico; enfin, que le challenger puisse se différencier du leader de manière objective, ce que permet notre innovation supprimant les colorants et les conservateurs. » Wolfgang Pschenny, directeur général de Vico (première marque alimentaire à avoir lancé une campagne de publicité comparative *on line* en 2003)[1].

« Je l'avais promis. Notre enseigne poursuit l'optimisation de son site de comparaison de prix. Elle a lancé, le 8 février 2007, la 3e version de « quiestlemoinscher.com ». L'objectif est de comparer toujours plus de références : le site met en ligne 670000 prix comparés. « quiestlemoinscher.com » propose aussi au consommateur une nouvelle fonctionnalité interactive : le panier, qui permet de constituer sa propre liste de courses, et ainsi de personnaliser la comparaison. » Michel-Édouard Leclerc, 9 février 2007.

Définition

La publicité comparative compare les marchandises avec les biens ou services d'autrui. Elle est différemment perçue : soit on la voit comme un instrument de concurrence efficace qui permet à l'annonceur d'identifier la concurrence et au consommateur d'être dûment informé; soit comme un instrument de dénigrement de marque et de parasitisme. Pendant plusieurs années, la publicité comparative a été interdite en France. *Elle est autorisée depuis la loi du 18 janvier 1992, modifiée en 1997 à la suite de directives européennes.*

Constitue une publicité comparative *« toute publicité qui, explicitement ou implicitement, identifie un concurrent ou des biens ou services offerts par un concurrent »* (article 2 de la directive 97/55/CE du 6 octobre 1997 modifiant la directive 84/45/CEE du 10 septembre 1984 sur la publicité trompeuse, article L 121-8 du Code de la consommation).

1. « Vico installe sa publicité comparative en ligne », *Journal du Net*, 14 mai 2003.

Le juge a dit

« Dans la mesure où la comparaison est objective et qu'elle porte sur au moins une caractéristique essentielle, significative, pertinente et vérifiable du produit ou du service » la publicité comparative est licite. » (TGI de Paris, 1er avril 1998, NRJ contre Europe 1).
« Pour être valable, il suffit que la publicité comparative se réfère à la comparaison d'une caractéristique essentielle du produit. » (Cour d'appel de Versailles, 3 avril 1998).

Une publicité comparative peut être considérée comme licite au regard de l'article 3 de la directive **à condition** qu'elle :

- ne soit pas trompeuse ;
- compare des biens ou des services répondant aux mêmes besoins ou ayant le même objectif ;
- compare objectivement une ou plusieurs caractéristiques essentielles, pertinentes, vérifiables et représentatives de ces biens et services, dont le prix peut faire partie ;
- n'engendre pas de confusion sur le marché entre l'annonceur et un concurrent ou entre les marques, noms commerciaux, autres signes distinctifs, biens ou services de l'annonceur et ceux d'un concurrent ;
- n'entraîne pas de discrédit ou le dénigrement des marques, noms commerciaux, autres signes distinctifs, biens, services, activités ou situation d'un concurrent ;
- se rapporte dans chaque cas à des produits ayant la même appellation pour les produits ayant une appellation d'origine ;
- ne tire pas indûment profit de la notoriété attachée à une marque, à un nom commercial ou à d'autres signes distinctifs d'un concurrent ou de l'appellation d'origine de produits concurrents ;
- ne présente pas un bien ou un service comme une imitation ou une reproduction d'un bien ou d'un service portant une marque ou un nom commercial protégés.

Quiz

En France, la publicité comparative :

A : Est interdite.
B : Autorisée sous conditions.
C : N'existe pas.

Et ailleurs comment ça se passe ?

La publicité comparative est autorisée très librement aux États-Unis, au Canada, au Royaume-Uni, en Irlande, au Danemark, aux Pays-Bas, en Norvège, en Finlande, en Suède et en Suisse.

En Italie, la jurisprudence, accepte la publicité comparative quand elle est objective, véridique, lorsqu'elle ne contient aucune opinion offensive.

En Grèce, l'article 9, paragraphe 8 de la loi n° 2251/94 autorise la publicité comparative à condition que les traits essentiels, vérifiables et impartialement sélectionnés de produits similaires soient comparés de manière objective.

Les règles de la publicité on line

Votre publicité *on line* doit :

- se conformer aux lois;
- être décente, loyale et véridique;
- être conçue avec un juste sens de la responsabilité sociale;
- être conforme aux principes de la concurrence loyale tels qu'ils sont généralement admis dans les relations commerciales;
- reproduire ou citer des attestations ou recommandations véridiques, vérifiables, pertinentes et fondées sur une expérience ou une connaissance personnelles;
- être nettement distinguée comme telle, quels que soient la forme et le support utilisés;
- être présentée de façon à ce que son caractère publicitaire apparaisse instantanément lorsque le message publicitaire est diffusé dans des médias qui comportent également des informations ou des articles rédactionnels;
- respecter le confort de navigation de l'internaute, notamment en veillant à ce que les caractéristiques comme le poids, les dimensions, l'usage du son et la durée d'exposition des messages publicitaires soient raisonnables;
- comporter des mentions et des renvois lisibles et intelligibles;
- comporter des éléments de comparaison s'appuyant sur des faits objectivement vérifiables et qui doivent être choisis loyalement, lorsque la publicité contient une comparaison;

Votre publicité *on line* ne doit pas :

- être de nature à dégrader la confiance que le public doit pouvoir porter à la publicité;
- abuser de la confiance ou à ne pas exploiter le manque d'expérience ou de connaissance des consommateurs;

- cautionner aucune forme de discrimination, y compris fondée sur la race, l'origine nationale, la religion, le sexe ou l'âge, ni porter en aucune façon atteinte à la dignité humaine;
- exploiter le sentiment de peur sans raison justifiable;
- inciter ou sembler cautionner ou encourager des comportements illicites ou répréhensibles;
- exploiter la superstition;
- utiliser indûment des résultats de recherches, ou des citations tirées d'ouvrages techniques et scientifiques;
- présenter des statistiques de manière à exagérer la validité des arguments publicitaires;
- faire usage de termes scientifiques pour attribuer faussement une valeur scientifique à des arguments publicitaires;
- faire des déclarations ou des présentations visuelles qui soient de nature, directement ou indirectement, par voie d'omissions, d'ambiguïtés ou d'exagérations, à induire en erreur le consommateur;
- dénigrer une entreprise, une organisation, une activité industrielle ou commerciale, une profession ou d'un produit, que ce soit en tentant de lui attirer le mépris ou le ridicule publics ou par tout autre moyen semblable;
- représenter une personne ou s'y référer sans autorisation préalable, qu'elle soit prise dans ses activités publiques ou privées;
- faire un usage injustifiable du nom, du sigle du logo et/ou des marques de fabrique d'une autre entreprise, société ou institution, ou tirer indûment profit du renom qui s'attache au nom, à la marque ou à toute autre propriété intellectuelle d'une autre entreprise;
- imiter la mise en page, texte, slogan, présentation visuelle, musique et effets sonores, etc., d'autres messages publicitaires lorsque cette imitation risquerait d'entraîner des erreurs ou des confusions de la part du consommateur;
- comporter des présentations visuelles ou des descriptions de pratiques dangereuses ou de situations où la sécurité et la santé ne sont pas respectées;
- dévaloriser ou inférioriser une personne en raison de son sexe ou de son appartenance à un groupe social, notamment à travers la réduction de son rôle ou de ses responsabilités;
- exploiter la peur d'un risque technique ou d'une malveillance liés à l'utilisation d'Internet pour inciter l'internaute à cliquer sur un message publicitaire

La publicité *on line* ne doit pas porter atteinte aux droits de la propriété des tiers

<table>
<tr><th colspan="3">Si votre publicité intègre…</th><th>Pensez au droit…</th></tr>
<tr><td colspan="3">Des personnes photographiées ou filmées.</td><td>à l'image des personnes physiques</td></tr>
<tr><td colspan="3">Des éléments susceptibles de ressembler à la campagne publicitaire d'un concurrent</td><td>des sociétés concurrentes.
des marques.
des sociétés.
de la distribution.
des contrats commerciaux.</td></tr>
<tr><td colspan="3">Un bâtiment récent (moins de 70 ans).</td><td>d'auteur des architectes.</td></tr>
<tr><td>Un jardin public.</td><td>Une gare.</td><td>Un monument historique.</td><td>concernant l'utilisation du domaine public[1].</td></tr>
<tr><td>Un film.</td><td>Une peinture.</td><td>Une sculpture.</td><td>d'auteur liés à ces œuvres artistiques.</td></tr>
<tr><td colspan="3">Une musique.</td><td>d'auteur dits aussi droits Sacem.</td></tr>
</table>

Les règles spéciales

Paroles de pros!

«*L'avantage sur Internet, c'est qu'il n'y a pas de réglementations. À la télé par exemple, vous ne pouvez plus faire de pubs pour les voitures avec l'argument de la vitesse ou de la puissance. Sur Internet, BMW avait fait des spots où on voyait des pubs spectaculaires de voitures qui roulaient à 200 km/heure et se crashaient dans le décor.*» Christian Blachas, présentateur-producteur de «Culture Pub» (M6), *L'internaute*, 12 janvier 2005.

« *Internet apparaît comme le moyen de faire du marketing clientèle, avec des sites axés sur une pathologie, protégés par un mot de passe pour des motifs réglementaires. On pourrait, sur le plan technique, constituer des fichiers renseignés, suivre les médecins dans les différen-*

1. Par exemple, à Paris, tout tournage en extérieur (cinéma, télévision, publicité, clips, photos de mode) doit recevoir l'autorisation des deux autorités administratives : la préfecture de police et la mairie de Paris.

tes rubriques d'un site avec des cookies. On ne le fait pas par crainte de la CNIL, qui fait peur à tout le monde.» Sylvie Kassimatis, directeur général de Spinnaker Communication, *Marketing Direct.*

Certains produits, services ou métiers font l'objet de réglementations spécifiques en matière de publicité et de communication commerciale.

Citons notamment les publicités relatives :

- à l'hygiène et à la beauté;
- aux hydrocarbures et à l'électricité;
- à l'enseignement; aux produits financiers;
- aux services de santé;
- aux franchises;
- à la politique;
- aux indications suggérant un bénéfice pour l'environnement;
- aux services téléphoniques payants;
- aux voyages et au tourisme;
- aux informations relatives à des métaux et pierres précieuses;
- à la promotion de textiles;
- à l'indication d'origine;
- aux offres d'emploi;
- aux offres de crédit;
- aux services juridiques;
- à l'incitation à l'achat par téléphone;
- aux produits alcoolisés;
- aux produits alimentaires;
- aux produits et services pour les mineurs;
- aux médicaments et au tabac.

Nous développerons ici cinq de ces publicités spécialement réglementées, à savoir la publicité pour le tabac; la publicité pour l'alcool; la publicité pour les médicaments; la publicité alimentaire; la publicité faite pour et avec les mineurs.

La publicité pour le tabac

Le tabac est une «drogue légale» dont la production et la distribution sont très strictement réglementées. Les impératifs de santé publique et la lutte contre le tabagisme ont été pris en compte depuis la loi Veil de 1976, renforcée par la loi Evin du 10 janvier 1991.

Le principe posé par la loi est l'interdiction de la publicité pour le tabac, elle a fait l'objet d'une insertion dans le Code de la santé publique, article L 3511-3 : « La propagande ou la publicité, directe ou indirecte, en faveur du tabac, des produits du tabac ou des ingrédients définis au deuxième alinéa de l'article L 3511-1 ainsi que toute distribution gratuite ou vente d'un produit du tabac à un prix de nature promotionnelle contraire aux objectifs de santé publique sont interdites. »

Même si Internet n'est pas cité expressément dans la loi cette interdiction y est applicable.

Le juge a dit

« La violation de l'article L 3511-3 du Code de la santé publique relatif à l'interdiction de toute propagande ou publicité, directe ou indirecte, en faveur du tabac constitue, quel qu'en soit le support, une infraction continue qui se poursuit tant que le message litigieux reste accessible au public. » (Cour de cassation, chambre criminelle, 17 janvier 2006, association « Les droits des non-fumeurs » contre M. Jean-Paul K.)

On notera néanmoins qu'il existe des dérogations à ce principe d'interdiction posées par les articles L 3511-3 et L 3511-5 du Code de la santé publique. Ces dérogations concernent :

- les retransmissions télévisées des compétitions de sport mécanique se déroulant à l'étranger ;
- les publications et services de communication en ligne édités par les organisations professionnelles de producteurs, fabricants et distributeurs des produits du tabac, réservés à leurs adhérents, les publications professionnelles spécialisées dont la liste est établie par arrêté ministériel signé par les ministres chargés de la Santé et de la Communication ;
- les services de communication en ligne édités à titre professionnel qui ne sont accessibles qu'aux professionnels de la production, de la fabrication et de la distribution des produits du tabac ;
- les services de communication en ligne mis à disposition du public par des personnes établies dans un pays n'appartenant pas à l'Union européenne ou à l'espace économique européen, lorsque ces publications et services de communication en ligne ne sont pas principalement destinés au marché communautaire.

Et ailleurs comment ça se passe?

La publicité pour le tabac est très strictement réglementée dans la plupart des pays du monde.

En Europe, le principe est celui de l'interdiction de la publicité sur le tabac. Ainsi, la Belgique, la Finlande, la Norvège, l'Islande, le Portugal, la Suède interdisent la publicité sur le tabac. En Roumanie, la loi n° 457/2004 (*Legea privind publicitatea i sponsorizarea pentru produsele din tutun*) sur la publicité des produits du tabac entrée en vigueur le 31 décembre 2006 prévoit expressément que la publicité sur le tabac «est illicite sur les stations et chaînes de radio et télévision privées et publiques, dans les salles de cinéma, sur les affiches, sur les bandeaux et autres panneaux soumis aux tarifs de vente des espaces publicitaires[1].»

En dehors de l'Europe, beaucoup de pays ont aussi posé le principe de l'interdiction de la publicité sur le tabac. C'est le cas en Australie, en Chine, en République de Corée, en Nouvelle-Zélande, à Singapour, au Vietnam, en Thaïlande.

Au Japon il n'existe pas d'équivalent législatif de la loi Evin; le mode de protection retenu est celui de l'autoréglementation. Ainsi la «Nihon TaBaKo KyôKa», l'association des exploitants de tabac du Japon, a développé un code de bonne conduite visant principalement la protection des mineurs et des femmes. Dès avril 1985, le code interdisait les publicités télévisuelles entre 18 heures et 20 heures, les publicités dans les magazines au lectorat à 50 % féminin ou mineur, l'utilisation dans les publicités des idoles ou des artistes adulés par les mineurs[2].

La publicité pour l'alcool

La France est le premier producteur et consommateur d'alcool au monde. Le législateur français a donc porté une attention toute particulière à la réglementation de la publicité des produits alcoolisés. La première réglementation dans le domaine est la loi Barzach du 30 juillet 1987.

La référence réglementaire dans le domaine est aujourd'hui la loi Évin du 10 janvier 1991 qui n'autorise la publicité pour l'alcool que dans des cas spécialement listés à l'article L 3323-2 du Code de la santé publique et dont la télévision et le cinéma ne font pas partie : «La propagande ou la publicité, directe ou indirecte, en faveur des boissons alcooliques dont la fabrication et la vente ne sont pas interdites; sont autorisées exclusivement : dans la presse écrite, par voie de radiodiffusion sonore, sous forme d'affiches ou d'enseignes...»

La question qui se pose alors, Internet ne figurant pas sur la liste des supports autorisés, est de savoir si la publicité pour l'alcool en ligne est possible ou non.

1. «Nouvelles dispositions relatives à la publicité sur les produits du tabac», *Mariana Stoican, Radio Roumanie Internationale, Bucarest.* Document mis en ligne le 28 février 2006 (merlin.obs.coe.int/iris/2005/4/article31.fr.html).
2. http://www.commecadujapon.com/articles/20051031-carte-de-fumeur.html.

Internet pouvant être considéré comme un support publicitaire, il semble que la publicité sur les alcools soit autorisée sur Internet. Dans ce cas, il conviendra de se conformer aux règles de contenus applicables sur les supports traditionnels. Il s'agit d'une part de n'indiquer que les mentions autorisées conformément à l'article L 18 de la loi Évin : « L'indication du degré volumique d'alcool, de l'origine, de la dénomination, de la composition du produit, du nom et de l'adresse du fabricant, des agents et des dépositaires ainsi que du mode d'élaboration, des modalités de vente et du mode de consommation des produits, des références relatives aux terroirs de production et aux distinctions obtenues. ». D'autre part, il faut faire figurer le message sanitaire : « L'abus d'alcool est dangereux pour la santé. À consommer avec modération. »

En cas de publicité interdite pour le tabac ou pour l'alcool, vous risquez une amende pouvant atteindre 100 000 € et jusqu'à la moitié des dépenses consacrées à l'opération illégale. Et si vous récidivez, le tribunal peut interdire pendant un à cinq ans la vente des produits ayant fait l'objet de l'opération illégale. (article L 3 512-2 du Code de la santé publique).

La publicité pour les médicaments

Le régime applicable à la publicité pour les médicaments diffère selon la cible visée[1]. La réglementation distingue en effet les publicités visant le grand public et les publicités visant les professionnels.

Publicité visant le grand public	Publicité visant les professionnels
Autorisation préalable obligatoire de l'Afssaps[2] sous conditions : – le médicament ne doit pas être soumis à prescription médicale; – il ne doit pas être remboursable par l'assurance maladie; – l'autorisation de mise sur le marché ou l'enregistrement ne doit pas comporter de restriction en matière de publicité en raison d'un risque possible pour la santé publique; – la publicité doit être accompagnée d'un message de prudence et renvoyer au médecin en cas de persistance des symptômes.	Dépôt de la publicité obligatoire auprès de l'Afssaps dans les huit jours suivant sa diffusion. L'Afssaps peut : – ordonner la suspension de la publicité; – exiger sa modification; – interdire et éventuellement exiger la diffusion d'un rectificatif.

1. Voir pour plus de détails l'excellent dossier « Publicité du médicament et du dispositif : 5 ans de jurisprudence », *La Gazette de l'AFAR* n° 54 (www.afar.asso.fr/new/fichiers/02-gazettes/AFAR54-BD.pdf).
2. Agence française de sécurité sanitaire des produits de santé.

D'après le décret n° 96-531 du 14 juin 1996, « la publicité ne doit pas suggérer que l'effet du médicament est assuré ou qu'il est sans effets indésirables ». Et selon l'article R. 5 122-9 du Code de la santé publique, « *est interdite la publicité qui induit en erreur le prescripteur qui n'aura pu se faire correctement une idée personnelle de la valeur thérapeutique du médicament* ».

Le juge a dit

Est interdite la publicité qui induit en erreur le prescripteur qui « risque de ne pas prescrire au patient le traitement le mieux adapté à son cas » (Cour d'appel de Versailles, affaire Theramex contre Effik, 30 octobre 2003).

La publicité pour les aliments

En France, depuis la loi du 6 août 2004 qui vise à freiner la progression alarmante de l'obésité, les annonceurs sont obligés d'afficher des messages d'intérêt public sur toutes les publicités pour les produits alimentaires. Le décret d'application a pris effet le 25 février 2007. Selon l'article L 2133-1 du Code de la santé publique, les messages publicitaires télévisés ou radiodiffusés en faveur de boissons avec ajouts de sucres, de sel ou d'édulcorants de synthèse et de produits alimentaires manufacturés, émis et diffusés à partir du territoire français et reçus sur ce territoire, doivent désormais, conformément à la loi, contenir une information à caractère sanitaire validée par l'Agence française de sécurité sanitaire des aliments et l'Institut national de prévention et d'éducation pour la santé. La même obligation d'information s'impose aux actions de promotion de ces boissons et produits.

Ainsi, toute promotion agroalimentaire devra désormais comporter successivement et équitablement l'un des quatre messages suivants :

- « Pour votre santé, évitez de manger trop gras, trop sucré, trop salé » ;
- « Pour votre santé, évitez de grignoter entre les repas » ;
- « Pour votre santé, pratiquez une activité physique régulière » ;
- « Pour votre santé, mangez au moins cinq fruits et légumes par jour ».

Pour les publicités ciblant les enfants de moins de 3 ans, deux messages supplémentaires sont à insérer : « Apprenez à votre enfant à ne pas grignoter entre les repas » et « Bouger, jouer, est indispensable au développement de votre enfant ».

La publicité et les mineurs

Conseils pratiques

Assurez-vous avant toute campagne *on line* que les produits et /ou services que vous voulez promouvoir ne soient pas soumis à une réglementation spécifique.

Veillez à ce que le contenu de votre publicité soit conforme aux dispositions légales en vigueur dans le ou les pays des cibles visées par votre publicité.

N'hésitez pas à prendre contact avec le BVP en cas de doute.

Compte tenu de l'utilisation croissante par les enfants des nouveaux médias interactifs, les émetteurs et les diffuseurs de publicité *on line* doivent être très vigilants à l'égard du public des jeunes internautes particulièrement vulnérables. Selon l'article 7 du décret n° 92-280 du 27 mars 1992, « la publicité ne doit pas porter préjudice aux mineurs ».

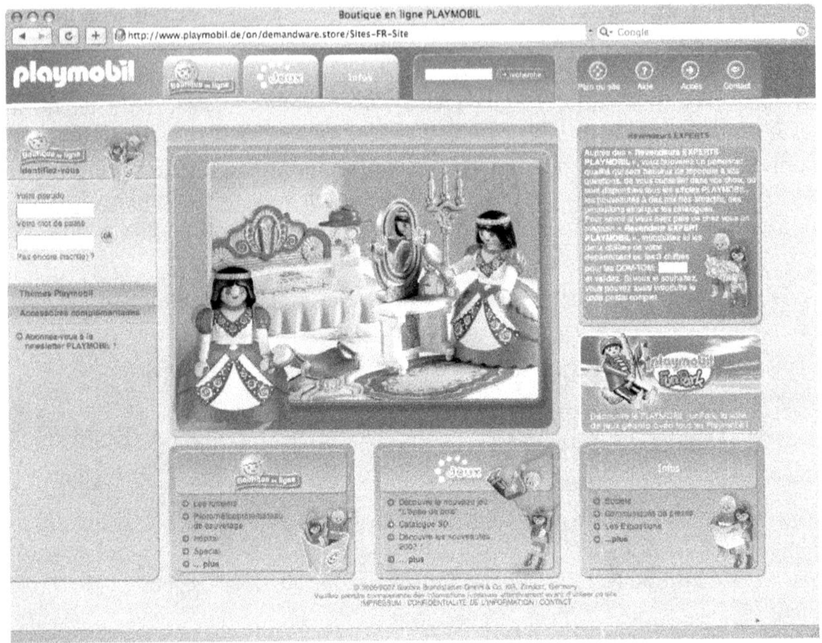

Et ailleurs comment ça se passe?

Une attention toute particulière est portée à la protection des mineurs en et hors Europe. Un des pays les plus avancés en la matière est la Suède qui estime que « c'est seulement lorsque les enfants ont l'âge de comprendre les objectifs cachés de la publicité qu'il est souhaitable de les y exposer ». La réglementation suédoise en matière de publicité est très stricte : toute publicité visant les moins de douze ans que ce soient pour faire la promotion de jouets, d'aliments ou de vêtements, est interdite. En Grèce, la publicité sur les jouets est tout simplement interdite.

Aux États-Unis le *Child Online Protection Act* (COPA) de 1998 prévoit que « toute personne qui, en connaissance de cause et informée du caractère du contenu, effectue via le Web, dans le commerce interétatique ou avec l'étranger, une communication à des fins commerciales, accessible par tout mineur et comportant un contenu préjudiciable au mineur » est passible d'une peine d'amende de 50000 dollars et/ou de six mois d'emprisonnement.

Les annonceurs feront attention notamment à ne pas créer des publicités visant les mineurs qui pourraient être préjudiciables au développement psychologique, éthique, spirituel, civique ou physique de ces derniers. C'est dans cette perspective que la CCI et le Bureau de vérification de la publicité (BVP) ont développé des règles déontologiques spécifiques aux enfants et aux adolescents. Ainsi, la recommandation Internet enfant du BVP et le Code international CCI de pratiques loyales en matière de publicité (avril 2005) précisent que le contenu visuel, sonore ou écrit de la publicité ne doit pas porter atteinte à l'intégrité physique ou morale du jeune public.

Une attention toute particulière sera portée à :

- ne pas valoriser des comportements illicites, agressifs, dangereux ou antisociaux;
- ne pas dévaloriser l'autorité des parents, des éducateurs;
- ne pas présenter des enfants ou adolescents de façon dégradante;
- ne pas leur présenter d'images et/ou de propos indécents, et/ou violents susceptibles de les choquer;
- ne pas exploiter l'inexpérience et la crédulité du jeune public et ce, sans préjudice d'application des autres dispositions de la recommandation enfant du BVP.

Dans ce sens, s'agissant des sites, portails ou autres supports ou services destinés aux jeunes internautes, il est particulièrement important de veiller à ce que l'objet du message publicitaire et son contenu ne leur soient pas préjudiciables. Lorsque le message sollicite directement les jeunes internautes et qu'il incite à une dépense (souscrire un service payant, promotion d'un numéro surtaxé...), l'appel à y participer doit associer de façon explicite les parents.

Quiz

1. **En France, votre publicité peut comporter :**
   A : Des fausses réductions de prix.
   B : Un prix inférieur à celui qui sera effectivement pratiqué.
   C : Le juste prix.
2. **Pour être en accord avec la réglementation en matière de publicité *on line* :**
   A : Toutes les mentions doivent être obligatoirement inscrites sur la publicité elle-même.
   B : Toutes les mentions doivent être inscrites sur une page Web uniquement accessible par l'annonceur.
   C : Toutes les mentions doivent être inscrites sur la publicité elle-même ou être accessibles directement par un lien hypertexte apposé sur la publicité.

Diffuser des publicités *on line* en toute légalité

Conversation à bâtons rompus...

Le marketeur : J'ai souvent l'impression que notre métier est mal compris ! Le marketing intègre n'est pas un oxymore pour nous ! Nous tentons de respecter les règles, mais le problème c'est qu'elles sont trop nombreuses et surtout illisibles.

La juriste : Bienvenue au club en ce qui concerne « les métiers mal compris » ! Si je peux me permettre le parallèle : créativité et droit ne sont pas incompatibles. Je suis d'accord pour reconnaître qu'il y a beaucoup de règles et qu'elles ne sont pas toujours facilement compréhensibles. De manière générale, les juristes ont un vrai travail à faire pour ne pas « jargonner » sans arrêt et pour parler dans un langage plus accessible. De mon côté, j'essaye de rester « bilingue ».

Nous avons vu qu'il existe bon nombre de règles en matière de contenu et de rédaction de la publicité *on line*. Une fois la publicité créée en toute légalité, votre vigilance ne doit pas cesser pour autant car la phase concernant la diffusion de la publicité comporte elle aussi des risques. Vous devez en effet veiller à ce stade à respecter le droit des internautes à ne pas être harcelés ainsi que le droit des tiers à ne pas voir porter atteinte à leur marque ou à leur droit d'auteur par exemple.

La diffusion de la publicité *on line* ne doit pas harceler l'internaute

Les spams

Paroles de pros !

« Je ne comprends pas l'objectif des sociétés pratiquant le spam – et j'en reçois beaucoup de la part de sociétés françaises. Le fait de ne pas demander l'autorisation d'un client ou prospect ou de ne pas lui offrir de choix est non seulement une faute d'un point de vue légal, mais également une erreur d'un point de vue marketing ! Cela veut dire qu'elles ne tiennent absolument pas compte de la perception de leurs clients. D'ailleurs, les spams issus de France s'arrêtent souvent rapidement car l'entreprise se rend vite compte du désastre commis en termes d'image. » Yves Roumazeilles, *Marketing Direct.*

« Les internautes français ont la hantise du spam... Certains sont en train de tuer le marché de l'e-mailing. » Valérie Papaud, DG de Wanadoo Data, *Action Commerciale*.

Le Code international des pratiques loyales en matière de publicité prohibe l'envoi des mails à caractère publicitaire non sollicités (appelés aussi spam). En principe, pour envoyer une publicité sur Internet à un internaute, nous vous rappelons qu'il faut obtenir son consentement préalable (en application des règles de l'*opt in*[1]).

Les *pop up* et les *spywares*

Paroles de pros!

«La publicité au moyen de pop up est à la navigation sur Internet ce que le spam est à l'e-mail», déclarait le président d'Overstock, alors que sa société de commerce en ligne poursuivait son concurrent Smartbargain pour avoir fait paraître sur son site une publicité non autorisée à l'aide de *pop up*.
*«Première loi anti-*spyware, *source de nombreux conflits d'intérêts»*, Sandrine Rouja, *Juriscom. net*, 10 juin 2004.

Les *pop up* sont des fenêtres publicitaires sous forme de bandeaux 468 x 60 agrémentés d'un texte et qui apparaissent d'elles-mêmes en utilisant le système d'exploitation logiciel des ordinateurs. Dans certains cas, leur fonctionnement repose sur l'usage un logiciel qui génère automatiquement, et à l'insu de l'utilisateur, des fenêtres publicitaires lors d'un événement défini c'est-à-dire d'un *spyware* appelé aussi «espiogiciel».

La question est de savoir si le *pop up* constitue ou non un courrier électronique. S'il est reconnu comme tel, alors c'est la règle de l'opt in qui s'applique et les *pop up* intempestifs seront donc considérés comme illicites. C'est la position allemande[2]. Mais cette position n'est pas celle retenue par la Commission européenne qui ne considère pas le pop up comme constituant un courrier électronique au motif qu'il ne s'agit pas «d'un message pouvant être stocké dans un équipement terminal jusqu'à ce qu'il soit relevé par son destinataire», mais d'un message qui «disparaît lorsque le destinataire n'est plus en ligne.»

Et ailleurs comment ça se passe?

L'État américain de l'Utah a été le tout premier au monde à avoir adopté une loi anti-*spyware*. En Europe, le juge allemand s'est prononcé, le 26 mars 2004, dans une affaire oppo-

1. Voir pour rappel la partie du chapitre 2 consacrée au spam.
2. Arrêt jurisprudentiel du Landgerecht Düsseldorf du 26 mars 2003.

sant la société Hertz à la société de publicité électronique Claria, société anciennement appelée Gator, célèbre pour avoir utiliser les *spywares*. La société de marketing en ligne Claria a pu être sanctionnée sur le fondement de la concurrence déloyale et a été obligée de supprimer les *pop up* ou *pop under*[1] qu'elle faisait apparaître, sans aucune autorisation, à l'ouverture du site hertz.de.

Le marketeur peut-il donc créer des *pop up* « en toute tranquillité » ? Rien n'est moins sûr, car la Commission européenne précise qu'il revient aux États membres d'autoriser ou non les « communications non sollicitées par les internautes et effectuées à des fins de prospection directe ».

Actuellement en France, il n'existe aucune loi claire en la matière. La plus grande prudence est donc recommandée aux professionnels du marketing et de la publicité surtout lorsque les pop up visent des internautes ou des sites qui n'ont pas donné leur accord préalable. Les expériences et les jurisprudences étrangères incitent en effet toutes à envisager le pop up comme un courrier électronique non sollicité.

Quiz

Un *pop up* est :

A : La version pop de Betty Page.

B : Une fenêtre intruse qui s'affiche sans avoir été sollicitée par l'internaute devant la fenêtre de navigation principale.

C : Un courant musical issu de la pop music.

La diffusion de la publicité *on line* doit respecter le droit des tiers

Paroles de pros !

« Si une certaine régulation est nécessaire, le filtrage et la surveillance du réseau entraînent des violations de libertés individuelles et érodent sérieusement la capacité de ce formidable outil de communication global qu'est Internet. » John Palfrey, professeur de droit à l'université de Harvard.

1. Le *pop under* est un *pop up* qui ne s'affiche pas par-dessus la fenêtre active du navigateur mais en dessous.

Les sites de *peer to peer*

Souvenez-vous de l'affaire des *Choristes* de 2005. En juin 2007, six annonceurs (AOL France, Finaref, La Française des Jeux, Neuf Telecom, Telecom Italia France et Voyages-sncf,) se sont retrouvés devant les tribunaux. Le motif? La présence de leurs bannières publicitaires sur un site de *peer to peer* qui proposait en libre téléchargement le film *Les Choristes*. Les sociétés Galatee films et Pathé Renn Production, éditrices du film, estimaient en effet que les six annonceurs étaient complices de contrefaçon du film et de la marque *Choristes* et qu'ils participaient ainsi au financement de l'industrie du piratage et du téléchargement illégal. Certes, les annonceurs ont été relaxés en juin 2006, mais ce n'est que parce qu'ils ont pu démontrer que l'insertion de leurs bannières publicitaires s'était faite à leur insu sur le site de *peer to peer* en question.

Le juge a dit

S'il est «plausible de supposer que les annonceurs aient toléré leur présence sur ces sites qui attirent plusieurs millions d'internautes chaque jour et constituent des supports publicitaires particulièrement attractifs [...] force est de constater que ces déductions ne reposent que sur des vraisemblances et des hypothèses» (TGI de Paris, 31e chambre, jugement du 21 juin 2006, Pathé Renn Production et autres contre Neuf Telecom réseau et autres).

Sachant que le tribunal a indiqué que ces sites étaient illégaux, si l'intention existe, il est fort probable que le tribunal estime illégal la diffusion de publicité intentionnelle sur un site proposant des liens *peer to peer*. Cette affaire nous rappelle donc, s'il en était besoin, qu'il convient d'être particulièrement vigilant en matière de modes et de lieux de diffusion de la publicité *on line*.

Les hyperliens

Un lien hypertexte ou hyperlien est un procédé informatique qui permet à l'internaute d'accéder à un autre contenu en cliquant simplement sur un ou plusieurs mots mis en évidence par soulignement ou par coloration du texte. L'utilisation des hyperliens est libre, sous réserve de respecter le droit des tiers. D'après la recommandation du Forum des droits de l'Internet quant au statut juridique des hyperliens (3 mars 2005) :

- liberté *a priori* des liens simples et des liens profonds vers des pages Web;
- demande préalable d'une autorisation pour les liens conduisant à s'approprier des contenus protégés par la propriété intellectuelle;
- identification de l'appartenance du contenu lié;
- information auprès du propriétaire du contenu;
- respect de la politique en matière de liens

La jurisprudence réaffirme que les liens hypertextes ne doivent pas induire en erreur et qu'ils ne constituent pas par essence un procédé anticoncurrentiel. La question s'était en effet posée au sujet du programme de Google Adwords.

Pour rappel, Adwords (de « Ad » pour *advertising*, « publicité » et *words*, « mots ») est un service développé par Google qui permet aux annonceurs d'acheter aux enchères des mots-clés. Ce système publicitaire « affiche des annonces texte ciblées. Les annonceurs paient lorsque l'internaute clique sur la publicité selon un système d'enchère et de qualité : plus le prix au clic est élevé et plus l'annonce est pertinente pour l'utilisateur, plus l'annonce est en évidence »[1].

Le juge a dit

« Le programme Adwords [de Google], fondé sur l'usage des mots-clés et des liens hypertextes, ne saurait être considéré comme de nature à induire en erreur [...] leur nature est clairement identifiable. » De même, « l'usage des mots-clés, s'il crée les conditions et favorise le développement d'une nouvelle forme de publicité en ligne dont le succès ne se dément pas, n'est pas en soi un procédé anticoncurrentiel ». (TGI de Nice, 7 février 2006).

La publicité *via* Adwords est très efficace, car elle permet de cibler les internautes en fonction de la recherche qu'ils ont effectuée, mais cette fois encore la diffusion de la publicité par ce système ne doit pas nuire aux droits des tiers et notamment au droit des marques des tiers.

Le juge a dit

« L'utilisateur du moteur de recherches qui en formulant une requête avec les marques "méridien" ou "le méridien" cherchait les services couverts par les marques en cause et trouve un lien commercial avec une autre offre pour des services identiques ou similaires risque de croire à une même origine. Attendu que par conséquent l'emploi qui est fait par la société Google France de la marque d'autrui, à travers la requête de l'utilisateur, pour réaliser la promotion d'un produit visé par cette marque, est susceptible de tomber sous le coup des interdictions posées par les articles L.713-2 et L.713-3 du Code de la propriété intellectuelle. » (TGI de Nanterre, ordonnance de référé, hôtels Méridien contre Google France, 16 décembre 2004).

1. http://fr.wikipedia.org/wiki/AdWords.

chaussure de sport - Recherche Google

http://www.google.com/search?client=safari&rls=fr&q=chaussure+de+sport&ie

Connexion

Google

Web Images Groupes Actualités plus »

chaussure de sport Rechercher Recherche avancée Préférences

Rechercher sur le Web Rechercher les pages en français

Web Résultats **1 - 10** sur un total d'environ **2 630 000** pour **chaussure de sport** (**0,12** secondes)

Liens commerciaux

NIKE TN -80%
www.efashionsport.com/TN Soldes sur **chaussures** -80% Destockage Nike TN Prix de gros.

Chaussures Marques 45€
Chaussure-Sport.org/Sport **Sport** A Prix Discount. +2900 Références Grandes Marques

MARVIN-**SPORT chaussure de sport**, rien que des **chaussures de sport** ...
La boutique MARVIN-**SPORT** vous propose des prix sans concurrence sur les plus grandes marques de **chaussures de sport** comme Nike, Puma, Airness, Everlast, ...
www.marvin-sport.fr/ - 24k - En cache - Pages similaires

Boutique Technicien du **Sport** : Vente de **chaussures de sport** ...
Chaussures de sport, running, tennis & basket, la boutique en ligne Technicien du **Sport** vous propose l'achat et la vente de **chaussures de sport** & tennis, ...
www.technicien-sport.com/ - 14k - En cache - Pages similaires

Chaussures de sport, vente et achat basket, **chaussures sport** ...
Chaussures de sport : Achat Vente **Chaussures de sport** Occasion au meilleur prix ! 3 millions de membres, 14 millions de produits garantis par PriceMinister.
www.priceminister.com/ navigation/default/category/163219 - 45k -
En cache - Pages similaires

Chaussures de sport Nike, Puma, adidas - **chaussures** football ...
magasin spécialisé dans la vente en ligne d'articles de sports : **chaussures** de football, rugby ou basket, **chaussure de sport** nike, adidas ou puma.
www.madeinsport.com/fr/default. asp?Univers=cha&Langue=fr&Devise=XEU - 58k - 21 juil 2007 - En cache - Pages similaires

Chaussures de sport - Podium **Sport**, le spécialiste des **chaussures** ...
Chaussures de sport : Podium **Sport**, le spécialiste des **chaussures de sport** et des vêtements de **sport**. Ce site offre une grande variétés de textiles de **sport** ...
www.internet-lyon.fr/annuaire_clients/ chaussures-sport/chaussures/chaussures-de-sport.php - 59k - En cache - Pages similaires

SPORTS VILLAGE - Vente en ligne sportswear, vêtements, **chaussures** ...
Magasin et boutique en ligne. Vente d'articles de **sport** : **chaussure**, vetements et accessoires de sports pour hommes, femmes et enfants (Adidas, asics, ...
www.sports-village.com/ - 27k - 21 juil 2007 - En cache - Pages similaires

Chaussures comparer les prix avec LeGuide.com
adidas **Chaussures** ADIDAS Stabil 6 , Indoor (spécial **sport** interieur) coloris JAUNE & NOIR , dessus synthétique , doublure intérieure textile , semelle ...
www.leguide.com/chaussures.htm - 77k - 22 juil 2007 - En cache - Pages similaires

Liens commerciaux

Chaussure Nike
De Réelles Promos les paires a 45 €
Fin de Stock les paires a 37 €
Air-max.biz/Nike

Le Moins Cher Du net -80%
Nike TN Shox, Gucci, Puma
Chaussures grossistes 25€ la paire
www.echaussures.net

Chaussures en solde
Soldes: 2ème démarque jusqu'à -70%
Stock limité, envoi gratuit. Vite!
www.sarenza.com/chaussures

Tn **Chaussures** -36€ gros
Nike TN Shox, Gucci, Puma, D&G
Livraison Rapide, à prix d'usine.
www.esolde.com/tn_chaussures

Votre running en Reebok
Retrouver l'esprit Run Easy
Découvrez les collections RBK
www.monruneasy.fr

Chaussures de sport -50%
Soldes sur les **chaussures**
jusqu'à -50% chez Spartoo !
www.spartoo.com/chaussures-de-sport

Magasin De **Sport**
Large choix, livraison 24h gratuite
Profitez de nos offres spéciales !
www.az-fitness.fr

Soldes La Redoute
Jusqu'à -50% sur la mode **sport**
Vive les soldes sur laredoute.fr !
www.laredoute.fr

Liens commerciaux supplémentaires »

Les liens sponsorisés

Paroles de pros !

« D'un point de vu légal, les liens sponsorisés, en tant que support de publicité, doivent être clairement identifiables par les utilisateurs, par rapport aux résultats algorithmiques. Dans l'usage, l'important est de répondre au plus prêt à la requête formulée par les internautes. Overture s'efforce d'apporter la réponse la plus pertinente possible à chaque requête. C'est pour cette raison que les liens sponsorisés sont reconnus par les internautes comme non-intrusifs et qu'ils n'y prêtent parfois même plus attention. » Bertrand Joncquois, Overture France, *La revue du référencement*, janvier 2007.

Un lien sponsorisé appelé aussi lien commercial, permet de mettre un lien – que l'on facturera – sur un des mots du texte du site Internet en renvoyant sur un autre site Internet. « Il s'agit de liens publicitaires qui sont en rapport avec le contenu de la page où ils sont insérés. Ces liens ont souvent une meilleure visibilité que les bannières publicitaires, car ils se confondent pour les visiteurs avec le contenu. Ils ne sont, par conséquent, pas perçus comme de la publicité, mais comme de l'information complémentaire[1]. »

Par exemple, une entreprise de chaussures qui ne vend pas de cirage pourra, en utilisant le mot « cirage » dans le descriptif de ses produits, renvoyer sur un site Internet de cirage. Chaque clic sera alors facturé à l'entreprise de cirage. Parfois, la facturation se réalise sur les ventes ; alors l'entreprise de chaussures touchera un pourcentage sur les achats effectués sur le site de cirage par les clients venant de son site.

Le lien sponsorisé est soumis aux mêmes règles de respect des droits des tiers que l'hyperlien mais aussi à d'autres règles touchant notamment au droit de la distribution. Le Forum des droits sur l'Internet a développé dans ce sens des recommandations pour les annonceurs qui utilisent les services des fournisseurs de liens commerciaux. Il recommande (26 juillet 2005) aux annonceurs et à leurs représentants qui utilisent les services des fournisseurs de liens commerciaux de vérifier que les mots-clés qu'ils souhaitent sélectionner pour faire apparaître leurs annonces ne porteront pas atteinte aux droits d'un tiers ou qu'ils disposent, le cas échéant, des droits nécessaires pour en faire usage (en qualité de distributeur agréé, par exemple).

Il conseille aussi de délivrer au prestataire fournisseur de liens commerciaux, sur première demande, la preuve des droits dont ils disposent ou qu'ils ont négocié pour employer dans le cadre de publicités en ligne, les termes qu'ils utilisent à titre de mots-clés.

Enfin, il propose de retirer dans les meilleurs délais le mot-clé litigieux qui a généré l'apparition de leur annonce, lorsqu'ils ont connaissance du fait que cette situation porte atteinte aux droits d'un tiers.

1. Définition d'Andreas Hassel, directeur de la société Prezenz à Genève, interview de Mohamed Al-Fallouji, *esens*, 29 novembre 2004, http://esens.unige.ch:8080/savoir/interviews/prezenz/document_view.

Conseils pratiques

Avant toute diffusion, assurez-vous de ne pas porter atteinte au droit des marques, droit de la propriété intellectuelle ou droit commercial d'un tiers.
Ne harcelez pas l'internaute.
Souvenez-vous que le principe applicable en matière de pub *on line* est le principe de l'*opt in*.
En cas de litige, retirez dans les meilleurs délais la publicité litigieuse pour faire preuve de votre bonne foi.

LES CONTRATS DE PUBLICITÉS *ON LINE* EN TOUTE LÉGALITÉ

Conversation à bâtons rompus...

Le marketeur : L'Internet est comme un monde parallèle au *off line*, seulement les contrats que l'on connaît pour les médias dit "traditionnels" sont-ils applicables au *on line* où doivent-ils répondrent à d'autres règles ? Cela va-t-il doubler la paperasserie ?
La juriste : Encore et toujours cette hantise de la paperasserie ! Pas de panique : pour la plupart, les contrats de la publicité *on line* empruntent aux règles de la publicité traditionnelle. Quelques aménagements liés à la spécificité du support sont à prévoir, mais ils restent assez mineurs.

Il existe quatre types de contrats principaux qui concernent la publicité *on line* : le contrat de régie publicitaire (ou contrat de vente publicitaire); le contrat d'achat d'espace publicitaire; le contrat d'échange publicitaire; le contrat d'affiliation.

Le contrat de régie publicitaire

Cadre juridique

Le contrat de régie publicitaire n'a pas été créé avec Internet. Il s'agit d'un contrat de mandat[1] qui existe depuis de nombreuses années dans le domaine de la publicité et qui organise les relations entre le régisseur de publicité qui commercialise auprès des annonceurs et des agences de publicité les espaces dont dispose le support et le support.

1. En cas d'éclatement du site de l'éditeur-support en plusieurs sites différents il est prévu que le contrat ROL s'étende automatiquement à ces nouveaux sites.

Paroles de pros !

« Il faut que chacun fasse son métier : mélanger les professions, c'est participer à la confusion des fondamentaux de chacun de ces métiers. La complémentarité reste nécessaire entre les différents acteurs de la visibilité d'un site : publicité, référencement, sponsoring. »

« L'état des relations internautes, annonceurs, régies, agences est en mutation et le rôle de chacune de ces entités a subi de fortes modifications. C'est finalement la combinaison régie-agence qui a marqué essentiellement les hauts et les bas de la publicité en ligne : en 1999, les budgets alloués aux campagnes de publicité on line étaient proches de ceux que l'on pouvait à l'époque retrouver dans le cinéma... » Foucauld Delannoy, directeur de la publicité pour *Les Échos, La revue du référencement*, janvier 2007.

Selon l'article 1er de l'accord type de régie élaboré par le syndicat national des régies de publicité presse, « le régisseur a pour charge de prospecter, de recueillir et de promouvoir, par tous moyens à sa convenance, la publicité à insérer dans la publication, de la facturer et d'encaisser le montant auprès de la clientèle et de tout agent intermédiaire ».

Le réseau Internet étant considéré comme un support au même titre qu'un journal, une affiche ou un programme audiovisuel ; les règles légales en matière de régie publicitaire lui sont donc applicables. En France, c'est la loi Sapin du 29 janvier 1993 qui rend obligatoire le contrat de mandat entre l'annonceur et le prestataire prenant en charge l'achat d'espace. Selon ce texte, « la régie publicitaire est considérée comme vendeur d'espace ». Son article 26 précise que « tout achat d'espace publicitaire ou de prestation ayant pour objet l'édition ou la distribution d'imprimés publicitaires ne peut être réalisé par un intermédiaire que pour le compte d'un annonceur et dans le cadre d'un contrat écrit de mandat. » Enfin, d'après l'article 20, « cet écrit doit mentionner :

- les conditions de rémunération de l'intermédiaire par l'annonceur ;
- le détail des différentes prestations effectuées dans le cadre du contrat de mandat ainsi que le montant de leur rémunération respective ;
- les autres prestations rendues par l'intermédiaire en dehors du contrat de mandat et le montant global de leur rémunération ; il s'agit des prestations autres que celles liées à l'achat d'espaces publicitaires et de prestations, notamment les prestations de conseil, de création ou de conseil en plan média réalisées par l'agence ».

Des modèles de contrat

Des contrats-types ont été proposés, par exemple le contrat « régie *on line* » (ROL), élaboré par la société Multiline Gestion. Les dispositions de ce contrat combinent des éléments classiques de la régie avec des éléments originaux liés au support spécifique que constitue l'Internet.

Le contrat ROL présente des points communs avec le contrat de régie « classique » en matière tarifaire, dont les deux suivants :

- le partage entre le support et le régisseur des revenus publicitaires provenant d'annonceurs ou d'intermédiaires sera toujours calculé sur le montant net encaissé ;
- toute modification ne pourra être appliquée que trois mois après la décision par les ordres sans suite, et seulement au moment du renouvellement pour les engagements en cours avec les annonceurs.

Néanmoins, le contrat ROL présente des particularités par rapport au contrat de régie publicitaire « classique », notamment en ce qui concerne :

- sa durée puisqu'il est stipulé pour trois ans, renouvelable par tacite reconduction contre cinq ans également renouvelable par tacite reconduction pour le contrat de régie « classique » ;
- son caractère semi-exclusif et non totalement exclusif ;
- l'obligation d'information plus étendue incombant au régisseur ;
- le « champ d'application » du contrat qui porte sur l'ensemble des lieux d'hébergement des sites présents et à venir[1].

Les obligations

Le régisseur doit prospecter la clientèle susceptible de faire paraître de la publicité sur le site de l'éditeur ou de devenir sponsor de ce site et assurer la diffusion du tarif publicitaire. Quant au support-éditeur, il doit :

- s'engager à faire que la publicité puisse être effectivement réalisé ;
- communiquer au régisseur toute information, sur le site, sur toute modification significative de l'apparence ou du contenu du site, sur tout élément qui serait de nature à faciliter la prospection de la publicité à paraître sur le site.

Que vous soyez annonceur ou intermédiaire, en cas de non-rédaction de contrat écrit, vous risquez une amende de 30000 euros (article 25-1-a de la loi Sapin).

1. Lexique d'affiliation, http://www.monalink.com/presentation/lexique-E-22/echange-de-banniere.asp.

Le contrat d'achat d'espace publicitaire

Les espaces publicitaires les plus populaires en ligne sont les sites Internet et les listes de diffusion sous forme de *newsletter* par exemple. L'achat d'espace publicitaire on line, comme tout autre espace publicitaire est réglementé par la loi Sapin. Selon son article 27, les dispositions contenues au chapitre II (Prestation de publicité) s'appliqueront *« quel que soit le lieu d'établissement de l'intermédiaire dès lors que le message publicitaire est réalisé au bénéfice d'une entreprise française et qu'il est principalement reçu sur le territoire français »*.

Les obligations pour les parties sont donc les suivantes :

- les professionnels de la publicité *on line* doivent établir un écrit pour les annonceurs, comportant le prix et les conditions de vente qui seront appliqués;
- l'agence de publicité ne peut procéder aux achats d'espace qu'en qualité de mandataire;
- un contrat doit être rédigé entre l'annonceur et l'agence qui déterminera la rémunération du mandataire;
- le mandataire ne peut recevoir aucune rémunération de la part du support-éditeur.

Obligations de l'annonceur	Obligations de l'agence
De renseignement, c'est-à-dire de mettre à la disposition de l'agent de publicité tous les éléments qu'il lui sera possible de fournir [...] et qui sont nécessaires à la connaissance des produits ou services stipulés dans le présent contrat et à celle de leur marché.	De discrétion. De vérification, d'information et de conseil. De loyauté, c'est-à-dire de ne pas recevoir une autre rémunération, notamment du vendeur d'espace, que celle qui leur est versée par leur mandant.
Obligations du vendeur de l'espace	
De reddition de compte, c'est-à-dire d'informer le mandant de l'accomplissement de sa mission et de restituer au mandant les sommes reçues en vertu de sa procuration.	

Le fait que la loi Sapin ne s'applique que si le message publicitaire bénéficie à une entreprise française et que s'il est principalement reçu en France, limite la portée de ces règles au niveau international.

Le contrat d'échange de bannières et contrats d'affiliation

Le contrat d'échange de bannières

L'échange de bannières est défini comme « une opération promotionnelle au moyen de laquelle des webmasters échangent du trafic. Ils le font en partageant des bannières publicitaires au sein d'un réseau d'échange qui gère l'affichage de leurs supports réciproques en fonction des taux de clic. Ce système permet à des sites peu connus ou isolés de bénéficier de la popularité du réseau[1] ».

Les échanges de bannières publicitaires doivent normalement faire l'objet d'un contrat ou de bons de commandes réciproques; mais ce n'est pas toujours le cas dans la réalité.

D'un point de vue juridique, le contrat d'échange de bannières reste très mal encadré sans doute parce qu'il couvre des réalités très différentes : sponsoring; partenariat; échange de marchandises.

Le contrat d'affiliation

Paroles de pros!

« *L'affiliation nous permet de contrôler le coût d'acquisition des clients. Nous avons plus de visibilité par rapport à la publicité ou aux e-mails.* » Fabrice Sabo, responsable marketing vins rouge-blanc.com.

« *L'affiliation nous a permis de faire baisser considérablement notre coût d'acquisition d'internautes intéressants pour nos annonceurs. C'est une excellente surprise qui nous permet d'avoir six mois d'avance sur nos objectifs de rentabilité.* » Patrick Pedersen, DG de Jobpilot.

« *À l'heure actuelle, l'affiliation est ce qu'il y a de moins cher sur le Net. C'est un des seuls produits à peu près rentables, sur lequel on ne perd pas d'argent.* » Guillaume Cochet, webmaster et en charge de l'affiliation GrosBill Micro.

« *Nous voulons être présents partout où l'internaute peut avoir besoin d'un hôtel. Les campagnes publicitaires visent logiquement des sites à forte audience. Mais l'affiliation nous permet d'être présents sur des sites de niches, vers lesquels nous ne nous serions pas tournés spontanément.* » Virginie Sido, directrice marketing et communication Accorhotels.

L'affiliation sur Internet est une technique qui « vise à la constitution d'un réseau de sites Web affiliés par un site marchand ou éditorial qui lui assureront

1. Lexique du *Journal du Net,* http://www.journaldunet.com/dossiers/lexiques/encyclopedie/affiliation/affiliation.shtml.

une visibilité et draineront un trafic ciblé vers celui-ci. Et ce, grâce à l'insertion de liens dynamiques sur ces sites affiliés. Ces derniers se verront rémunérés grâce au versement d'une commission selon un taux défini au préalable[1] ».

En clair, toute personne exploitant un site Internet (affilié) peut y afficher un élément graphique d'un site commercial (affilieur) sur lequel tout internaute aura la possibilité de cliquer pour s'y rendre. En contrepartie, l'affilié perçoit une rémunération.

Le contrat d'affiliation est ni plus ni moins qu'un contrat de courtage : c'est-à-dire une convention au terme de laquelle une personne (le courtier) est chargée, moyennant une rémunération, de servir d'intermédiaire pour la négociation et la conclusion d'un contrat de vente.

Obligations de l'affilieur	Obligations de l'affilié
Fournir les éléments permettant de faire le lien avec le site. Rémunérer l'affilié conformément aux modalités prévues dans le contrat. Prévenir l'affilié en cas de changement de nature à modifier ses avantages contractuels.	Apposer sur son site Web, des éléments techniques et graphiques faisant le lien avec le site de l'affilieur. Ne pas apporter de modifications ou d'ajouts à ce lien. Ne pas induire les visiteurs en erreur sur le fait que la commande est passée auprès de l'affilieur. Prévenir l'affilieur en cas de changement notable du contenu du site affilé. Ne pas dénigrer ou ne pas présenter de manière dévalorisante les produits ou services de l'affilieur. Effectuer les déclarations nécessaires auprès des administrations fiscales et sociales.

Les systèmes de rémunération de l'affiliation varient d'un contrat à l'autre. Les modes de rémunérations les plus couramment employés sont :

- la rémunération au clic ou à la visite (l'affilié est rémunéré en fonction du nombre d'internautes dirigés sur le site);
- la rémunération au contact qualifié ou au prospect (l'affilié est rémunéré en fonction du nombre d'internautes ayant rempli un formulaire d'information ou ayant pris un rendez-vous);

1. *Pull* : service invitant l'internaute à chercher une information, contraire de *Push*.

- la rémunération au chiffre d'affaires généré (l'affilié est rémunéré en fonction du nombre d'internautes ayant effectué un achat sur le site de l'affilieur);
- la rémunération mixte (l'affilié est rémunéré selon les modes précédents différemment associés entre eux).

Pour aller plus loin

Quelques bonnes adresses

Syndicat professionnel des agences-conseils en communication (AACC) : 40, boulevard Malesherbes, 75008 Paris. Tél. : 01 47 42 13 42. Fax : 01 42 66 59 90. L'AAAC regroupe aujourd'hui près de 200 agences conseil en publicité, marketing services, communication interactive, corporate, événementielle, édition publicitaire et communication santé.

Agence française de sécurité sanitaire des produits de santé (AFSSAPS), commission de contrôle de la publicité des médicaments. Site : www.agmed.sante.gouv.fr.

Bureau de vérification de la publicité (BVP) : 11, rue Saint-Florentin, 75008 Paris. Tél. : 01 40 15 15 40. Fax : 01 40 15 15 41 ou 01 40 15 15 42. E-mail : contact@bvp.org. Site : www.bvp.org.

Conseil Supérieur de l'Audiovisuel (CSA) : Tour Mirabeau, 39-43, quai André-Citroën, 75739 Paris Cedex 15. Tél. : 01 40 58 38 00. Fax : 01 45 79 00 06. Site Internet : www.csa.fr.

Union des Annonceurs (UDA) : 53, avenue Victor-Hugo, 75116 Paris Cedex 16. Tél. : 01 45 00 79 10. Fax : 01 45 00 55 79. E-mail : infos@uda.fr. Site Internet : www.uda.fr.

Centre d'étude des supports de publicité (CESP) : 136, boulevard Haussmann, 75008 Paris. Tél. : 01 42 89 12 26. Fax : 01 42 89 12 25. Site Internet : www.cesp.org. Cette association interprofessionnelle regroupe l'ensemble des acteurs du marché publicitaire concernés par l'étude de l'audience des médias : annonceurs, agences et conseils médias, centrales d'achat d'espaces, médias et régies publicitaires.

Chambre de commerce internationale (CCI) : site Internet : www.iccwbo.org.

Interactive Advertising Bureau (IAB) : IAB France, c/o Doctissimo, 33, rue Raffet, 75016 Paris. Tél. : 01 42 15 7 78. Fax : 01 42 15 00 17.

E-mail : contact@iabfrance.com. Cette association créée en 1998 a une triple mission : structurer le marché de la communication sur Internet, favoriser son usage et optimiser son efficacité.

Petite bibliographie spécialisée

BIGOT, C., *Droit de la création publicitaire*, LGDJ, 1997.

BIOLAY, J.-J., *Le droit de la publicité*, coll. « Que sais-je ? », PUF, 1986.

BONNET-DESPLAN, M.-P., FABRE, R., GENTY, N., SERMET N., *Droit de la publicité et de la promotion des ventes*, Dalloz, 3e éd., 2005.

BUIS, G., « Aspects internationaux du droit de la publicité et des promotions sur Internet », Chronique du Jurisclasseur Communication, Commerce Électronique.

Collectif, *Droit des médias et de la communication*, Lamy, 2000.

DEBBASCH, C., *Droit de médias*, Dalloz Référence, 2002.

DERIEUX, E., *Droit de la communication*, LGDJ, 3e éd., 1999.

DUMOUT, E., « L'outil publicitaire Adwords vaut une nouvelle condamnation à Google », 18 janvier 2005, zdnet.fr.

FABRE, R., *Droit de la Publicité et de la promotion des ventes*, Dalloz, 1996.

FOURGOUX, J.-L., « La publicité comparative ou comment gagner des parts de marché », http://www.avocatfourgoux.com/publications.php?domeniu=11.

GREFFE, P., GREFFE, F., « La publicité et la loi », Greffe, Lexis Nexis Litec, 10e éd.

HUSSHERR, F.-X., *La Publicité sur Internet*, Dunod, 1999.

WILHELM, P., « Pratique du droit de la publicité », Référence Première, 1999.

6 Mettre en place des offres promotionnelles *on line* en toute légalité

Comme pour toute boutique physique, les boutiques *on line* ont besoin de promotions et d'animations sur le lieu de vente afin d'accroître leur chiffre d'affaires, recruter de nouveaux clients et permettre une augmentation sensible du panier moyen de l'internaute.

Ristournes, cadeaux, loteries et autres concours font partie de l'arsenal indispensable pour impulser l'acte d'achat en vente à distance (VAD). Les mécaniques du marketing direct et du *trade marketing* sont ainsi transposées au Web, pour pouvoir répondre à ces différentes problématiques.

En effet, comme pour la VAD traditionnelle (ceux que l'on appelle les « cataloguistes »), le *on line* fait face à l'achat impulsif. C'est une relation qui demande aux consommateurs un effort en termes de distance physique et/ou de temps s'il veut accéder au produit acheté. Le récompenser, c'est tout simplement, l'inciter à commander, voire à recommander. Il faut donc tout faire pour déclencher, susciter (un des termes importants de la définition même de marketing), faire réagir le consommateur, trouver le moyen de lutter contre son indifférence dans cet océan de sollicitations commerciales.

Avec, pourquoi pas, le « fameux » (fumeux ?) petit cadeau tellement décrié par le consommateur, voire critiqué – qui n'a jamais « pesté » devant ce ridicule stylo, ce réveil médiocre ou ce porte-clés désuet ? – mais qui fait terriblement chuter les rendements lorsqu'il n'est pas présent sur la vitrine du site Internet ou en fin de bon de commande et qui permet ainsi d'éviter de faire repousser l'achat au lendemain du consommateur, car demain le consommateur n'est plus là ! Sans doute à cause de cette procrastination qui nous guette tous !

Différentes opérations promotionnelles avec des mécaniques de marketing plus créatives, plus innovantes, plus séduisantes, permettent au consommateur d'agir et de ne pas zapper, de divulguer des informations alors qu'il souhaite les cacher.

Les formes sont variées : jeu, concours, cadeaux, primes, réductions, promotions, sans oublier les offres de bons d'achats, chèques-cadeaux, bons de réduction, cartes, ou points… outils parfaits pour augmenter le totem du marketeur (ainsi que le tabou du juriste…)

Si l'on vous offre un iPod, une croisière aux Caraïbes, moins 30 % de réduction ou plusieurs dizaines d'euros en chèque-cadeaux, n'êtes-vous pas plus enclin – vous consommateur si attaché au respect de votre vie privée – à communiquer votre nom, vos goûts et vos habitudes d'achat voire ceux de quelques-uns de vos amis ?

Ces opérations trouvent un écho particulièrement favorable sur Internet, espace déjà fortement ludique et convivial. De nombreuses questions d'ordre juridique se posent alors en termes de création, de mise en place et d'organisation de ces opérations : peut-on proposer tout type de jeu en ligne ? Qu'en est-il de la distinction entre les loteries et les jeux *on line* ? Quelles sont les pratiques illicites ? Quel type de cadeau peut-on offrir à l'internaute ? Y a-t-il des limites ? Quid de la législation des soldes et des promotions sur Internet ? Existe-t-il des règles à respecter pour la création d'une carte de fidélité ? Qui dit carte de fidélité, dit une tendance naturelle à la transformer en moyen de paiement ? Peut-on transformer les points en monnaie sonnante et trébuchante ? Comment protéger son opération promotionnelle du plagiat de « la sainte concurrence » ?

Cadre juridique des opérations promotionnelles *on line*

Conversation à bâtons rompus...

Le marketeur : RFM est la clé de voûte des marketeur : « récence » (la promotion permet d'accélérer la décision d'achat des clients) ; « fréquence » (la promotion permet de réenclencher un nouvel achat) ; « montant » (la promotion permet d'augmenter le panier moyen). Avec ça, je ne vais pas me faire des amis parmi les juristes, mais la promotion est le sel de la vie du marketeur et il l'est également pour le consommateur ! Pourquoi y a-t-il alors tant de règles contraignantes sur ce sujet ? Pourquoi ne pas simplifier les choses et les rendre plus faciles pour nous et donc pour le consommateur ?

La juriste : Encore une fois, les choses ne sont pas si compliquées. En matière d'activités de promotion, des réglementations bien spécifiques s'appliquent afin de différencier la loterie prohibée du jeu-concours autorisé ; le cadeau du produit proposé en vente déguisé ; la carte de fidélité qui apporte de réels avantages au consommateur de la carte qui oblige le client à consommer des services et des produits dont il n'a pas besoin et qu'il n'aurait jamais acheté sinon. Les règles sont contraignantes car les abus existent bel et bien. Toutes les entreprises ne se soucient pas du bien-être du consommateur. Alors, c'est au législateur d'y veiller.

Les définitions du marketing

Paroles de pros!

« La promotion recouvre l'ensemble des techniques qui ont pour but de créer un changement dans le comportement de consommation des clients. À la différence de la publicité qui met en avant un bénéfice permanent, la promotion des ventes vise à offrir un avantage temporaire. » Philippe Ingold, fondateur de Promo Research et auteur de plusieurs ouvrages sur la promotion des ventes.

« C'est un cercle vicieux. Il y a 20 ou 25 ans, le cycle d'un produit était long et les promotions intervenaient pour le relancer. Proposer une ristourne en avant du cycle de vie d'un produit est une hérésie. Non seulement il y a détérioration des marges mais, en plus, on détruit son image de marque. » Jean-Louis Ferry, ex-PDG de Directis (groupe Publicis), aujourd'hui consultant, *Marketing Direct*, novembre 2002.

Les formes d'opérations promotionnelles

Les opérations promotionnelles sont définies comme l'ensemble des techniques ayant pour objectif de stimuler la vente directe de manière immédiate. Ces opérations se distinguent de la publicité parce qu'elles ont pour but de pousser le produit vers le consommateur au moment même de l'achat. C'est une stratégie dite *pull*[1], alors que la publicité a pour but d'attirer le consommateur vers le produit. Il s'agit d'actions commerciales qui « associent à un produit un avantage temporaire destiné à faciliter ou à stimuler son utilisation, son achat et/ou sa distribution[2] ».

L'objectif de ces opérations de promotion peut être de : pénétrer des nouveaux marchés; recruter de nouveaux acheteurs; faire face à une chute des ventes; fidéliser des acheteurs acquis; renforcer la compétitivité; gérer plus efficacement un stock. Il existe de nombreuses techniques de promotion des ventes *on line* : les concours et les jeux promotionnels; les cadeaux sans obligation d'achat; les réductions de prix; les offres de primes liées à l'achat et les cartes de fidélité.

La définition légale

En droit français et en droit communautaire, les promotions des ventes sont définies comme : *« L'offre d'un rabais, d'un cadeau, d'une prime ou d'un titre de*

1. J. Lendrevie et D.Lindon, *Mercator, théorie et pratique du marketing*, Dalloz, 1997.
2. Proposition modifiée de règlement du Parlement européen et du Conseil relatif aux promotions des ventes dans le marché intérieur, 25 octobre 2002.

participation à un concours ou jeu promotionne[1]. » Selon la proposition modifiée de règlement du Parlement européen et du Conseil relatif aux promotions des ventes dans le marché intérieur du 25 octobre 2002, « l'utilisation et la communication des promotions des ventes servent la croissance et le développement de toutes les entreprises de la Communauté. Ce sont des outils particulièrement importants pour les PME qui sont tributaires de ces pratiques disponibles en amont et en aval du développement de leurs activités transfrontalières. Ces promotions renforcent ainsi la compétitivité de l'économie européenne et, partant, permettent aux consommateurs de bénéficier d'un plus grand choix et de prix compétitifs ».

Protection des opérations promotionnelles *on line*

Les offres promotionnelles *on line* sont protégées par...	À condition que...
Le droit d'auteur.	La structure et le contenu de l'offre soient originaux.
Le droit sur les éléments incorporés à la base.	Les éléments incorporés dans l'offre aient dépassé l'état brut et fassent l'objet de droit privatif (droit des marques par exemple).
Le droit de la concurrence.	L'offre ait été copiée ou utilisée de manière déloyale par un tiers sans bourse déliée.
Le droit des jeux, concours, soldes, réductions, promotions, etc.	L'offre réponde aux critères définis par ces différents droits.

Il ressort des textes que les opérations promotionnelles *on line* sont protégées par le droit d'auteur; le droit sur les éléments incorporés aux opérations de promotion; le droit de la concurrence; les droits des jeux, concours, soldes, réductions et promotions.

1. Rapport d'information sur les promotions des ventes dans le marché intérieur présenté par Gérard Voisin et déposé par délégation de l'Assemblée nationale pour l'Union européenne le 11 juin 2003.

Quiz

1. **En Europe, les offres de promotion des ventes sont :**
   A : Interdites.
   B : Autorisées dans tous les cas.
   C : Autorisées sous condition.
2. **Les règles applicables aux offres de promotion des ventes :**
   A : Sont très récentes.
   B : N'existent pas.
   C : Existaient en France dès le XIXe siècle.

Règles générales applicables à toutes les opérations promotionnelles

Le Code international de pratiques loyales en matière de promotion des ventes de la CCI et la proposition modifiée de règlement du Parlement européen et du Conseil relatif aux promotions des ventes dans le marché intérieur, en date du 2 octobre 2001 prévoient un certain nombre de dispositions relatives à l'utilisation et à la communication des promotions des ventes.

La proposition de règlement du Parlement européen[1] soumet les créateurs et les organisateurs d'activités de promotion des ventes à :

- des obligations de transparence relatives au rabais, aux primes, aux concours et aux jeux promotionnels permettant aux consommateurs de prendre des décisions en toute connaissance de cause;
- des obligations d'information spécifiques concernant les ventes à perte afin de veiller à ce que les consommateurs puissent comparer la valeur d'un prix ou d'un service;
- des restrictions concernant certaines catégories de produits susceptibles de nuire à la santé des enfants.

Toute communication commerciale doit comporter des informations sur[2] :

- le prix (taxes comprises) du bien ou du service promu et tous frais annexes de transport, de livraison ou d'envoi;
- les nom et adresse du promoteur;

1. *Op. cit.*
2. Milan Kundera, *Risibles amours*, Gallimard, 1986.

- la date de début de l'offre et, soit la date de fin de validité de l'offre, la quantité disponible du bien ou du service promu soit, lorsqu'il n'est pas possible de fournir ces informations, l'indication que cette quantité est limitée;
- en cas d'offre conditionnelle, la mention de la source où ces conditions et autres informations peuvent être consultées;
- tout système de règlement extrajudiciaire des différends ou code de conduite auquel le promoteur souscrit.
- ainsi que sur demande, sans obligation d'achat du bien ou du service promu des informations concernant tout système de règlement extrajudiciaire des différends ou tout code de conduite.

Le Code international de pratiques loyales en matière de promotion des ventes de la CCI prévoit aussi un certain nombre d'obligations. Selon l'article 1 du Code CCI de pratiques loyales en matière de promotion des ventes, « toutes les actions promotionnelles doivent être honnêtes, véridiques et conformes au droit et aux bonnes mœurs. Elles doivent être conçues avec un juste sens de la responsabilité sociale et être conformes aux principes de la concurrence loyale généralement admis dans les relations commerciales :

- toute promotion doit réserver aux consommateurs et autres destinataires un traitement loyal et honorable;
- toute promotion sera conçue et réalisée de manière à éviter des déceptions justifiées ou tout autre motif de mécontentement légitime;
- la gestion des promotions et l'accomplissement de toute obligation en résultant doivent être prompts et efficaces;
- les conditions et la conduite de toute promotion seront équitables envers tous les participants;
- toute promotion sera conçue dans le respect de la loyauté envers les concurrents et les autres acteurs du marché;
- ni la conception, ni la mise en œuvre d'une promotion ne doit provoquer ou paraître absoudre un comportement violent, antisocial ou à tout autre point de vue contraire à la loi, ou encore encourager des pratiques contraires à l'intérêt public;
- aucun promoteur, intermédiaire ou autre intéressé ne doit porter atteinte à la réputation des activités de promotion des ventes».

Toutes les offres promotionnelles doivent…
Être honnêtes. Être conçues de manière à faciliter au destinataire une claire appréciation des conditions de l'offre. Respecter strictement le Code international de pratiques loyales en matière de publicité de la CCI. Respecter la vie privée de tout particulier ou commerçant. Respecter les exigences applicables en matière de protection des données, y compris les dispositions du Code international de marketing direct de la CCI. Être conçues et réalisées dans le respect des normes de sécurité appropriées. Comporter dans leurs présentations des instructions claires sur le moyen d'utiliser ou d'obtenir l'offre promotionnelle, par exemple les conditions pour obtenir cadeaux ou primes ou pour participer à des concours. Préciser les principales caractéristiques des avantages complémentaires offerts. Indiquer tout délai qui pourra être fixé pour profiter de l'offre promotionnelle. Préciser toute limitation quant à la zone géographique ou à l'âge, à la quantité des articles de promotion ou autres avantages complémentaires, ou toute autre limitation de quantité. Comporter la valeur de tout bon ou timbre offert, lorsqu'un versement en espèces est possible. Indiquer les frais, y compris les frais d'expédition et de traitement, et les conditions de paiement. Préciser le nom et l'adresse complets du promoteur, ainsi que l'adresse à laquelle les réclamations peuvent être envoyées, si elle diffère de celle du promoteur.
Toutes les offres promotionnelles ne doivent pas…
Abuser de la confiance ou exploiter l'éventuel manque d'expérience ou de connaissances du destinataire ou de l'intermédiaire. Exagérer la valeur de l'avantage complémentaire et l'action promotionnelle. Dissimuler le prix du produit principal. Induire en erreur ceux à qui elles s'adressent. Présenter de manière trompeuse la valeur ou la nature de la promotion. Être pour quiconque une source de désagrément ou d'irritation indue.

L'article 5 du Code CCI, consacré aux services de promotion, précise que « le promoteur doit s'assurer que :

- les avantages complémentaires sont disponibles en quantité suffisante pour honorer les demandes dans un délai raisonnablement bref. En cas de retard inévitable, les destinataires doivent en être avisés et les mesures nécessaires seront prises pour ajuster la publicité donnée à l'offre ;
- les articles défectueux ou les services non conformes seront remplacés ou donneront lieu à une indemnisation financière appropriée. Les frais encourus de ce fait seront immédiatement remboursés sur demande ;
- toute réclamation sera efficacement et correctement traitée ».

Les enfants et les adolescents

L'article 8 du Code CCI dit : *« Les promotions qui s'adressent aux enfants et aux adolescents ne doivent pas exploiter leur crédulité ou leur inexpérience. Aucune promotion de nature à causer aux enfants ou aux adolescents un tort mental, moral ou physique ou à mettre à l'épreuve leur loyauté envers leurs parents ou envers les personnes chargées de leur garde ne doit être mise en œuvre. »*

Les intermédiaires

Dans ses articles 12 et 14, le Code CCI précise que « toutes les offres promotionnelles doivent :

- être présentées aux intermédiaires de telle manière qu'ils puissent apprécier les services et autres prestations attendus d'eux ;
- comporter l'organisation et la portée de l'action promotionnelle, y compris le calendrier et les limites de temps éventuelles ;
- indiquer les moyens par lesquels l'action promotionnelle sera présentée aux distributeurs et au public ;
- indiquer les conditions de participation ;
- décrire les implications financières pour les intermédiaires ;
- préciser toute intervention administrative spéciale attendue des intermédiaires ;
- être organisées et mises en œuvre en prenant dûment en considération les intérêts légitimes des intermédiaires et en respectant leur liberté de décision.

Les offres promotionnelles impliquant des comparaisons

Le Code CCI, article 21, précise : « Les promotions impliquant une comparaison doivent être conçues de manière à ce que la comparaison ne soit pas trompeuse et être conformes aux principes de la loyauté de la concurrence et de la protection des marques. Les points de comparaison doivent se fonder sur des faits pouvant être démontrés et ne pas être choisis de manière déloyale. »

Nous avons vu qu'il existe de nombreuses règles en matière de promotion des ventes de manière générale. À côté de ces règles, il existe des régimes spécifiques concernant les différentes techniques de promotion des ventes.

Nous traiterons donc dans les prochaines parties : des jeux *on line* ; des cadeaux et des primes *on line* ; des réductions, des soldes et promotions *on line* et des cartes de fidélité *on line*.

Quiz

1. **Vos offres promotionnelles doivent être de préférence :**
   A : Loyales.
   B : Malhonnêtes.
   C : Trompeuses.
2. **Lorsque les articles en dotation sont défectueux :**
   A : C'est tant pis pour les internautes !
   B : Vous devez les remplacer ou procéder à une compensation financière.
   C : C'est la faute à pas de chance !

LES JEUX *ON LINE* EN TOUTE LÉGALITÉ

Conversation à bâtons rompus...

Le marketeur : Outil de communication interactif et ludique, le jeu nous permet de pouvoir augmenter de manière fulgurante la fréquentation du site Internet, de récolter des données qualifiées pour générer des ventes, faire découvrir des produits dans un cadre ludique et permet à l'entreprise de jouir d'une image dynamique. Qu'est-ce qu'il y a de mal à cela ?

La juriste : Il n'y a aucun mal à cela; simplement le caractère ludique du jeu peut être à l'origine de beaucoup de dérapages et surtout de la baisse de vigilance de l'internaute. Il ne faudrait pas se servir des jeux pour endormir voir abuser le consommateur. Le romancier Milan Kundera n'écrivait-il pas « dans le jeu, on n'est pas libre, pour le joueur le jeu est un piège ?[1] »

Paroles de pros !

« *À la fois vecteur de communication, d'image et de promotion, les plates-formes de jeux marketing sont la poule aux œufs d'or des marques de distribution, qu'il s'agisse de produits ou d'enseignes. Conçues pour les opérations de trade marketing, elles leur permettent de recruter et fidéliser des clients identifiés et qualifiés de manière fiable.* » Nathalie Carmeni, *Marketing Direct* n°69, 1er novembre 2002.

« *Le concept de LuckyVillage.com n'a pas changé depuis son lancement : être une plate-forme promotionnelle ludique et gratuite généreusement récompensée permettant à des marques de mieux conquérir, communiquer et fidéliser. Le jeu n'est qu'un "prétexte" pour des opérations de marketing plus sophistiquées.* » Ouriel Ohayon, directeur marketing de Ludopia Interactive, société éditrice de LuckyVillage.com, *NetEco*.

1. Selon un rapport du Conseil national de la consommation de 1997.

Si de plus en plus d'internautes répugnent désormais à confier leurs coordonnées, adresse e-mail, téléphone, leurs goûts, leurs habitudes; s'ils réclament de plus en plus souvent l'existence d'engagements de confidentialité sérieux, il est une technique qui continue à se jouer de toutes les réticences : le jeu-concours. Dans l'espoir de gagner une télévision, un voyage à Tahiti, une voiture flambant neuve, deux places de cinéma ou quelque autre prix, l'internaute perd aussitôt toute prudence, pour le plus grand bonheur des e-marketeurs. La part des jeux-concours représente ainsi 20 % des différentes techniques promotionnelles[1]. Il faut reconnaître que les avantages du jeu-concours pour les entreprises sont très nombreux.

1. Étude de 2001.

Paroles de pros!

«*Avec une campagne de communication traditionnelle, il est très rare de connaître exactement le nombre de personnes touchées et d'avoir leur adresse. Le jeu-concours permet de tout calculer.*» Emmanuel Parrou, directeur marketing de Concoursmania, société spécialisée dans l'organisation de jeux.

«*Notre but est ainsi de générer des recrutements et de fidéliser nos inscrits. Les internautes sont incités à créer des championnats entre eux et à inviter des amis à participer. Cela nous permet de nous constituer un fichier pour nos futurs mailings.*» Philippe Chalindar, directeur des activités Internet M6, «Jeux marketing : le jackpot de l'e-CRM», *Marketing Direct* n°66, 1er juin 2002.

«*Pour des entreprises comme L'Oréal, les jeux-concours ne sont pas vraiment naturels. Aussi ont-ils débuté par une petite campagne sur la cible des femmes de 30 à 50 ans. Nous leur avons fait découvrir un nouveau produit en avant-première et elles devaient tenter de le gagner* via *un jeu. Résultat : un véritable "carton" !*» Stéphane Christakis, directeur du développement de Beweb, *Marketing Direct*, n° 73, 1er mars 2003.

Le législateur a donc pris conscience depuis longtemps des risques que peuvent faire courir aux consommateurs les jeux-concours. Cette matière n'a donc pas attendu la venue de l'Internet et son flot de jeux *on line* pour établir des règles strictes. Ainsi en France, une loi existe depuis 1836, complétée depuis par beaucoup d'autres!

Pourtant, nombre de professionnels semblent encore les ignorer à leurs risques et périls. En effet, d'après une étude menée par Klarsen-Concours Mania[1], près de 53 % des plates-formes de jeux en ligne ne respecteraient pas les dispositions légales comme l'affichage du règlement, l'affichage des lots ou encore les modes de collecte des données personnelles.

Paroles de pros!

«*Les infractions sont effectivement nombreuses : la plus courante, le non-dépôt du règlement, pourtant obligatoire ou l'oubli de réactualisation du règlement lorsque les dotations changent.*» Jean Duchatel, fondateur du site Reglement.net et de la société Stratégies Networks.

«*Un quart des opérations, proposées par des sites de moindre notoriété, sont illégales.*» Julien Parrou, directeur de Concours.fr, *L'Express*, novembre 2006.

1. Recommandations du BVP concernant les jeux promotionnels.

> *« Tous ces outils marketing intéressent de plus en plus les professionnels du Net qui se heurtent néanmoins à diverses problématiques : la mise en place d'un jeu adapté à ses objectifs marketing et à son image de marque, la réglementation et la mise en place technique. »*
> Julien Parrou co-fondateur de Concours Mania.

Pourtant nous verrons que ces infractions sont très strictement sanctionnées par les juges. La plus grande prudence est donc recommandée aux professionnels; lesquels se posent de plus en plus de questions : existe-t-il une différence de régime applicable en fonction du type de jeu : concours, loterie, avec ou sans tirage au sort? Quel est le cadre juridique applicable aux jeux en ligne? Quelle mécanique de jeu et quelles dotations choisir? Y a-t-il des limites ou des règles sur le montant de la dotation? Le règlement est-il obligatoire dans tous les cas? Qu'en est-il du recours à l'huissier?

Régimes juridiques des loteries et des jeux-concours

En droit, il existe deux catégories de jeux, avec deux régimes juridiques très différents.

Les loteries, elles, sont des opérations offrant au public l'espérance d'un gain acquis par la voie du sort quelles que soient les modalités du tirage au sort (en pré-tirage ou non). Certaines loteries ont appelées *sweepstakes* : il s'agit de loterie où l'attribution des prix dépend à la fois d'un tirage et du résultat d'une course. Dans le domaine hippique, il s'agit d'une loterie par souscription entre les propriétaires des chevaux engagés dans une course. Exemple de loterie *on line* : cas d'une agence de voyages qui offre *on line* un séjour d'une semaine à Venise aux dix premiers gagnants d'un tirage au sort.

Les concours, eux, visent à attirer l'attention du consommateur en lui offrant aux participants, des gains en nature ou en espèces, grâce à la participation à l'épreuve faisant appel à leurs connaissances, leur habileté, à leur sagacité. Le gagnant est désigné par la valeur de sa prestation.

Une proposition de règlement européen relatif aux promotions des ventes du 2 octobre 2001 explique que « constitue un jeu-concours « toute offre temporaire de participation à un concours, le cas échéant, avec obligation d'achat, par lequel le gagnant est désigné essentiellement sur la base de ses aptitudes ».

Le régime juridique applicable aux loteries

Les loteries font l'objet d'une réglementation très stricte. Les loteries *on line* relèvent, comme celles développées sur d'autres supports, d'une loi du 21 mai

1836, toujours d'actualité (article 1) : « Les loteries de toute espèce sont prohibées. »

Tout jeu ou loterie, sous quelque forme que ce soit (donc y compris sur Internet), est susceptible d'être sanctionné.

Le principe : interdiction des loteries
Est qualifiée de loterie prohibée toute opération commerciale qui réunit cumulativement les critères constitutifs du délit et ce, que les loteries soient avec attribution de lots immédiate ou différée. Les quatre éléments constitutifs du délit sont : – l'espérance de gain; – l'intervention du hasard; – la publicité; – la participation financière du joueur (cela comprend les frais de communication téléphonique ou les frais postaux).

Mais il existe des exceptions. **Les loteries autorisées sont les suivantes** :

- loteries pour lesquelles la participation est totalement gratuite pour le joueur;
- loteries destinées à des actes de bienfaisance;
- loteries destinées à l'encouragement des arts;
- loteries destinées au financement d'activités sportives à but non lucratif;
- lotos traditionnels organisés dans un cercle restreint et de faible valeur;
- loterie nationale;
- loteries foraines;
- casinos autorisés.

Le juge a dit

« La loterie est illicite dès lors qu'il faut acheter le produit pour pouvoir bénéficier du lot. » (avis de la Direction générale de la concurrence, de la consommation et de la répression des fraudes n° 91-491 du 1er octobre 1991; cour d'appel de Caen, 4 mars 1992).

En cas de d'infraction à la réglementation des loteries, que vous soyez entrepreneurs français ou étrangers, vous risquez un emprisonnement de deux ans et une amende de 304 898 euros, multipliée par cinq s'il s'agit d'une société (Code pénal). En outre, la loi Perben du 9 mars 2004 permet, pour la première fois, une incrimination des personnes morales coupables d'infractions à la loi du 21 mai 1836 prohibant les loteries. Enfin, «la loi pénale française est applicable aux infractions commises sur le territoire de la République dès lors qu'un de ses faits constitutifs a eu lieu sur ce Territoire» (article 113.2 du Code pénal).

Le juge a dit

«La diffusion en France de billets d'une loterie organisée à l'étranger est soumise à l'application de la loi française dès lors qu'un des faits constitutifs a eu lieu sur le territoire national.» (Cour de cassation, chambre criminelle, 2 mai 1997).

«L'organisation par deux sociétés ayant leur siège, l'une à Guernesey, l'autre à Londres d'un concours de pronostics sur les résultats du Tour de France 1989, avec 900 000 bulletins de participation imprimés et diffusés sur l'ensemble du territoire national, et 500 paris adressés en Angleterre est une loterie prohibée.» (Cour de cassation, chambre criminelle, 22 mai 1997).

«Conformément à l'art. L. 121-36 du Code de la consommation, lorsque les documents présentant une loterie publicitaire comportent un bon de commande, un bulletin de participation, un extrait du règlement, une présentation, une présentation des lots, ces éléments doivent figurer chacun dans une partie distincte comportant en titre, de manière particulièrement lisible, celle des mentions sus énumérées, à l'exclusion de toute autre mention.» (TGI de Paris, 31e chambre, 9 janvier 1998, ANC contre les éditions Atlas)

Le régime juridique applicable aux jeux-concours

En droit français, le jeu-concours est en principe licite. Les concours sont autorisés et peuvent être subordonnés à une obligation d'achat. Pour autant, les jeux-concours ne doivent pas enfreindre les interdictions des loteries ni celles des ventes avec prime. Le fait que les questions posées par le concours soient trop faciles et permettent au plus grand nombre de participants de gagner peut constituer une vente avec prime prohibée. Aucune question du jeu-concours (même subsidiaire) ne doit être soumise au hasard sous peine d'être requalifié en loterie illicite.

Conseils pratiques

Veillez à ne pas mettre en place une loterie interdite.
Développez un jeu ouvert à tous : il ne doit pas être limité aux seuls acheteurs.
Précisez bien que la participation n'est soumise à aucune obligation d'achat.
Insérez la mention «ouvert à tous, sans obligation d'achat».
Assurez-vous que la gratuité pour le consommateur soit totale.
Remboursez si besoin l'accès au serveur téléphonique, le coût des SMS, les frais de timbres, etc.
En cas de tirage au sort montrez clairement que l'attribution des lots résulte de ce tirage.

Présentez de manière claire les lots, leur nature, leur nombre et leur valeur.
Assurez-vous que le bon de participation au jeu soit distinct du bon de commande.
Assurez-vous que la présentation générale des documents *on line* respecte les dispositions des articles L 121-36 et suivants du Code de la consommation.
Reproduisez la mention «le règlement est adressé à titre gratuit à toute personne qui en fait la demande».
Mentionnez l'adresse et le nom de l'huissier en cas de loteries avec pré ou post-tirage.
Envoyez un règlement détaillé des opérations et adressez-le à titre gratuit à toute personne qui en fait la demande.
Mettez techniquement en place sur votre site si vous le pouvez un accès au règlement que l'internaute doit lire avant de pouvoir participer au jeu.
Envoyez la liste des gagnants des lots à tout participant qui en fait la demande.

D'après l'article 16 de la directive du 8 juin 2000 et l'article L 121-36 du Code de la consommation, «les opérations publicitaires réalisées par voie d'écrit qui tendent à faire naître l'espérance d'un gain attribué chacun des participants, quelles que soient les modalités de tirage au sort, ne peuvent être pratiquées que si elles n'imposent aux participants aucune contrepartie financière ni dépense sous quelque forme que se soit».

Le juge a dit

«Le simple coût de l'affranchissement ou de la communication téléphonique constitue un "prix de participation" suffisant pour rendre la loterie onéreuse et donc illicite, sauf remboursement de ces frais.» (Cour d'appel de Lyon, 14 mars 1978, cour d'appel d'Aix, 16 décembre 1987).

Pour sa part, le BVP recommande :

- de procéder à une réelle organisation du jeu;
- de développer une formulation claire, précise et rigoureuse afin que les consommateurs comprennent bien la nature et le nombre de lots principaux;
- d'annoncer le montant global des lots à gagner que si c'est complété par un message principal répondant aux obligations susmentionnées;
- de présenter les lots de telle façon qu'aucune confusion ne puisse exister dans l'esprit des participants quant à leur valeur;
- de présenter les lots dans l'ordre hiérarchique de leur valeur commerciale.

Par ailleurs, les jeux concours *on line*, par leur caractère créatif et interactif et du fait de leurs contenus ne doivent pas porter atteinte aux droits d'auteur; des marques; des mineurs et de la santé.

Le juge a dit

«La dénomination "loto" est un terme générique qui ne peut faire l'objet d'une appropriation, bien que la Française des Jeux soit titulaire de la marque "loto".» (TGI de Nanterre, ordonnance de référé, affaire Française des Jeux contre Bananalotto, 14 septembre 2000)

Des mentions légales devront figurer en bonne place sur le jeu-concours concernant l'interdiction de tout acte de plagiat, piratage, de hacking; les mentions concernant la présence de scènes pouvant choquer par leur objet ou par leur violence; enfin les dangers pour la santé du fait de l'utilisation du jeu; et ce, au même titre que les jeux vidéo (prévention des crises d'épilepsie par exemple).

Selon l'article 10 du Code CCI, « quand la promotion comprend un concours, les informations suivantes doivent être données, ou du moins être disponibles sur demande, avant la participation et indépendamment de l'achat du produit principal, en plus des informations exigées à l'article 9 ci-dessus :

- règles régissant les conditions de participation au concours;
- tous frais afférents à la participation autres que les frais de communication au tarif normal ou à tarif réduit (courrier, téléphone, etc.);
- nombre, valeur et nature des prix à attribuer, et possibilité éventuelle de substituer une somme d'argent à un prix;
- en cas de jeu-concours, nature du concours et critères de jugement des réponses;
- procédure de sélection pour l'attribution des prix;
- date de clôture du concours;
- date et mode de publication des résultats;
- obligation éventuelle du destinataire de payer des taxes ou impôts sur le prix attribué;
- délai dans lequel les prix peuvent être réclamés;
- lorsqu'un jury est formé, composition de ce jury ».

Il est aussi recommandé de développer un règlement complet et facilement consultable en ligne[1].

Paroles de pros !

« *Contrairement à une idée répandue, le règlement ne protège pas que le consommateur. Le législateur veut aussi obliger les organisateurs à se protéger.* » Emmanuel Parrou, directeur marketing de Concoursmania.

« *Le dépôt chez un huissier du règlement ne doit pas forcément se faire dans le département de l'organisateur, il peut être fait partout en France. On peut noter aussi un point positif en France, il n'y a pas de contraintes concernant la valeur des lots (pas de minimum mais pas de maximum non plus), à la différence de la Floride, par exemple où tous les prix supérieurs à 5 000 dollars doivent être déclarés à l'État.* » Julien Parrou, co-fondateur de Concoursmanial, « Réglementation des jeux en ligne : ne jouez pas avec le feu ! », *Journal du Net*, 21 février 2001.

1. Source : Net-iris, thème « Consommation », publié le vendredi 11 mai 2007 (http://www.net-iris.fr/veille-juridique/archives/2007/05/11/).

Par ailleurs, tous les jeux doivent faire l'objet d'un contrôle obligatoire par un officier ministériel (huissier). Le nom de l'huissier auprès duquel le réglement aura été déposé doit d'ailleurs être mentionné (loi du 23 juin 1989 et article 121-38 du Code de la consommation) : « Le recours à un huissier est obligatoire pour tous les jeux-concours. »

Quiz

1. **Le contrôle des jeux *on line* par un huissier est :**
   A : Conseillé.
   B : Obligatoire.
   C : Facultatif.
2. **L'organisation d'une loterie est :**
   A : Un délit pénal.
   B : Une occupation comme une autre.
   C : Un travail de titan.

Régimes juridiques des paris, casinos et jeux de hasard *on line*

Les paris sur les courses de chevaux

En France, ils font l'objet d'une réglementation spécifique. Les paris sur les courses de chevaux sont définis comme « la prévision d'un événement lié à l'arrivée d'une ou plusieurs courses de chevaux organisées par des sociétés habilitées à cet effet ». La loi du 2 juin 1891 précise que « seules sont autorisées à organiser le pari mutuel, en vertu d'une autorisation spéciale et toujours révocable du ministre de l'Agriculture, les sociétés, dont les statuts ont été approuvés par le ministre de l'Agriculture et qui organisent des courses de chevaux ayant pour but exclusif l'amélioration de la race chevaline » (article 2) et « sera passible de sanctions pénales « quiconque aura, en vue de paris à faire, vendu des renseignements sur les chances de succès de chevaux engagés ou qui, par des avis, circulaires, prospectus, cartes, annonces ou par tout autre moyen de publicité, aura fait connaître l'existence, soit en France, soit à l'étranger, d'établissements, d'agences ou de personnes vendant des renseignements » (article 4).

En France, la législation actuelle fait que seul le Pari mutuel urbain (PMU) peut légalement collecter les enjeux pris hors des lieux où se tiennent les courses de chevaux, et notamment sur Internet.

Attention néanmoins, une jurisprudence récente a remis en cause le monopole du PMU sur les jeux en ligne. Le juge français suit en effet la Cour de justice des Communautés européennes et son célèbre arrêt Gambelli du 6 novembre 2003. Dans cette affaire, M. Gambelli et d'autres personnes de nationalité italienne étaient poursuivis pour avoir organisé des paris clandestins. La Cour a jugé que la législation nationale était incompatible avec le droit communautaire, et plus précisément avec l'article 49 du traité de Rome. L'établissement des jeux en ligne est donc sur le point de changer.

Le juge a dit

« Des activités de paris sont assimilables à des services, ce qui autorise la liberté d'établissement et de prestation en Europe conformément à l'article 49 du traité de Rome. » (Cour de cassation, chambre commerciale, arrêt du 10 juillet 2007, Zeturf limited contre GIE Pari mutuel urbain).

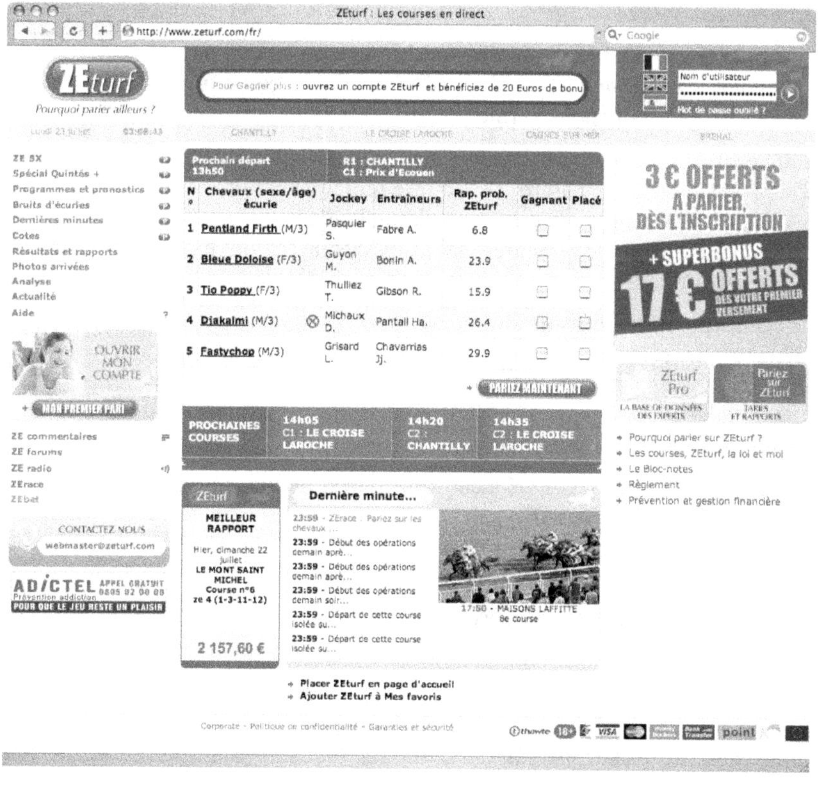

En cas de promotion effectuée sciemment de paris sur les courses de chevaux, vous risquez un emprisonnement de deux ans et une amende de 304 898 euros, multipliée par cinq s'il s'agit d'une société (articles 121-6 et 121-7 du Code pénal).

Les casinos *on line* et les jeux de hasard

En France, c'est la loi n° 83-628 du 12 juillet 1983 qui réglemente les jeux de hasard mais elle n'en donne pas une définition précise. C'est la jurisprudence qui nous apporte un éclairage dans ce domaine.

Le juge a dit

On entend par jeux de hasard «tout jeu où la chance prédomine sur l'habilité, la ruse, l'audace et les combinaisons de l'intelligence. [...] *Ainsi sont des jeux de hasard, le poker, le loto, les petits chevaux...»* *(Cour de cassation, chambre criminelle, arrêt du 28 mai 1930).*

Le principe est celui de l'interdiction des jeux de hasard payant et des cybercasinos ou casinos *on line*. Le dépôt d'argent (que celui-ci soit réel ou virtuel) sur un compte dédié pour permettre ensuite un pari est donc prohibé.

Sont également prohibées la mise à la disposition de tiers et l'exploitation d'appareils de jeux de hasard, c'est-à-dire tout appareil dont le fonctionnement repose sur le hasard et qui permet, éventuellement par l'apparition de signes et moyennant enjeu, de procurer un avantage direct ou indirect de quelque nature que ce soit.

Les éléments constitutifs de l'infraction sont :

- l'existence de jeux de hasard;
- la mise à la disposition de ces jeux au public;
- un enjeu en argent, même faible;
- la tenue de ces jeux, soit de façon continue et permanente (délit de tenue de maison de jeux de hasard), soit de façon passagère ou accidentelle (délit de tenue de jeux de hasard dans un lieu public).

Ainsi, la prohibition des maisons de jeux a vocation à s'appliquer à tout établissement de jeux de hasard par correspondance organisés par le biais de l'Internet.

Les mineurs

Depuis le 1er juillet 2007, les jeux de paris et de loterie sont interdits aux mineurs. Deux décrets du 7 mai 2007 interdisent aux mineurs, même émancipés de participer à des jeux de paris et de pronostics sportifs, mais aussi aux jeux de loterie (ex : Euro Millions, Loto, Morpion, etc.)[1].

Et ailleurs comment ça se passe?

La plupart des autres pays adoptent une position voisine de la nôtre en matière de réglementation des loteries et des jeux de hasard. C'est le cas de la Belgique, de la Finlande, de la Principauté de Monaco, de l'Italie, du Canada, de la Tunisie, de l'Irlande, de la Suisse et des États-Unis.

Mais d'autres pays adoptent des positions différentes[2]. C'est le cas des Pays-Bas qui ont autorisé en 2000 les jeux d'argent en ligne; des îles de Man (mer d'Irlande) et d'Aurigny (archipel anglo-normand) qui se sont dotées en 2001 de législations sur mesure et de «commission de contrôle des jeux» pour accueillir les grands groupes internationaux dans un cadre «respectable» et avec des taxes très faibles ou encore du Royaume-Uni ou de l'Allemagne qui autorisent les paris sportifs. Notons aussi que l'île d'Aland, située entre la Finlande et la Suède, a tout autorisé : cyberloteries, paris sportifs en ligne, paris hippiques *on line* et casinos virtuels.

Pour terminer, voici un petit glossaire du jeu *on line* (source : www.codejeu.fr): concours, dotation, loterie et *sweepstake*.

Le concours désigne juridiquement les jeux faisant appel à la sagacité, aux connaissances des joueurs, en vue de déterminer un gagnant. Ils peuvent prendre la forme de quiz de connaissance, de chasse au trésor.

La dotation, elle, désigne les gains et lots associés à un jeu-concours donné. La loi stipule qu'une valeur financière doit être fournie pour chacune de ces dotations.

La loterie, au sens juridique du terme, est un jeu-concours basé sur le hasard de façon générale (tout jeu basé sur l'instant gagnant ou une question subsidiaire par exemple). Plus spécifiquement, la loterie désigne le jeu qui repose sur le tirage au sort d'une combinaison gagnante parmi une grille de numéros.

---

1. «Cybercasinos et cybercriminalité» par Dominique-Sylvie Dine, capitaine de police, affectée aux Renseignements généraux – direction centrale (DCRG). Retranscription de la communication prononcée le 19 janvier 2005 en Sorbonne à l'occasion de la conférence « Police et Internet » coorganisée par le DESS de l'université Paris-I Droit de l'Internet – Administration-Entreprises et le Chapitre français de l'Internet Society.
2. Il s'agit le plus souvent d'échantillons ou de «menus objets» (porte-clés, stylos, tapis de souris, etc.) comportant le logo ou la marque de l'entreprise émettrice avec ses coordonnées.

De nombreux sites se sont spécialisés dans cette activité, tels que Luckysurf ou LuckyVillage.

Encore appelé « loterie pré » et post-tirage, le *sweepstake*, cette technique de jeu assez agressive (à la limite du spam) consiste à envoyer à un certain nombre d'adresses électroniques une invitation à venir consulter une liste de gagnants pré-tirés au sort en vue de vérifier si le destinataire fait partie ou non des gagnants. L'objectif est de drainer massivement des internautes sur un site donné.

LES CADEAUX ET PRIMES *ON LINE* EN TOUTE LEGALITÉ

Conversation à bâtons rompus...

Le marketeur : Une mère de famille qui a la responsabilité des achats de fournitures de bureau dans l'entreprise où elle travaille ne va-t-elle pas, pour pouvoir ramener à la maison le cadeau qui fera la joie de toute la petite famille, arrondir la facture de ces dites fournitures ? Communiquer les adresses e-mails et les habitudes d'achats de ses meilleurs amis contre l'obtention d'un petit cadeau n'est-il pas parfaitement humain ? Rajouter un produit dont on n'a pas forcément besoin pour pouvoir profiter de ce chèque-cadeau si proche de l'obtention n'est-il pas naturel ? En quoi, jouer sur les petits travers qui font de l'être humain ce qu'il est, est-il répréhensif ?

La juriste : N'est-elle pas un peu sexiste cette référence à la « mère de famille » ? À croire qu'il n'y a que les femmes qui sont intéressées par les cadeaux... Enfin ! Bien sûr que c'est humain mais justement n'abusons pas trop des « petits travers » et faisons en sorte que le père ou la mère de famille ne soit pas déçu à l'arrivée du cadeau qui aura fait décoller le montant de sa facture car dans ce cas, à moyen ou long terme, c'est le marketeur qui y perd. Au mieux le client se dit qu'on ne l'y reprendra plus et retient une image négative de l'entreprise, au pire il intentera une action en contentieux.

Remettre gratuitement à l'internaute des produits ou des services (différents du produit vendu) pour l'inciter à l'achat ou pour donner une bonne image de l'entreprise est une action réglementée. En réalité, on distingue deux types d'action : les cadeaux qui ne sont liés à aucune obligation d'achat et les primes qui sont liées à un achat.

Paroles de pros!

«Pour nous, ces animations en ligne sont indispensables. Elles nous permettent de fidéliser nos clients. Un internaute vient en moyenne une fois par mois sur notre site alors que l'obligation d'achat est trimestrielle. Lorsqu'il effectue une visite, le client doit donc trouver autre chose que la seule offre marchande : un contenu éditorial et des animations qui le poussent à revenir.» Isabelle Martin, responsable marketing Internet France Loisirs, *Action Commerciale*, 2002.

Les cadeaux

Paroles de pros!

«Il y a dix ans, on utilisait les jeux de loteries à haute dose. Aujourd'hui, les entreprises privilégient les cadeaux sans obligation d'achat.» Dominique du Chatelier, secrétaire général, chargé des affaires économiques et juridiques de la Fevad.

Une pratique licite

On distingue deux types de cadeaux d'entreprise : les objets à caractère publicitaire et les cadeaux d'affaires. La pratique des cadeaux est licite tant pour les consommateurs qu'entre professionnels, à condition que la gratuité soit totale.

L'article 11 du Code CCI précise que le terme «gratuit», par exemple «cadeau gratuit» ou «offre gratuite», ne doit être utilisé que quand :

- il n'y a pas d'obligation associée à l'offre;
- le destinataire n'est tenu de payer que les frais d'expédition et de traitement, pour un montant n'excédant pas les coûts exposés par le promoteur; ou en cas d'obligation, par exemple d'achat, si le prix du produit principal n'a pas été augmenté afin de couvrir tout ou partie du coût de l'offre.

Attention! L'inclusion aléatoire d'un cadeau dans un emballage pourra être considérée comme une loterie illicite.

Le régime fiscal des cadeaux

Les articles 39-5 et 238 du Code général des impôts précisent que «les cadeaux peuvent être compris dans les charges déductibles du résultat fiscal :

- s'ils relèvent d'une gestion normale;
- s'ils sont faits dans l'intérêt de la bonne marche de l'entreprise;
- à la condition que leur valeur ne soit pas exagérée;
- sans qu'il existe par ailleurs de règles particulières pour déterminer cette valeur.

Lorsque le montant total des cadeaux excède annuellement 3000 €, le montant global des cadeaux doit obligatoirement être mentionné sur le relevé des frais généraux. L'échantillon gratuit étant une petite quantité de marchandise destinée à donner une idée du produit disponible sur le marché, ouvre droit à déduction sans condition de valeur s'il n'entraîne pas, dans les faits, une consommation finale de biens en franchise de TVA».

Les primes

Paroles de pros !

«*Une prime peut apporter 30 % de commandes supplémentaires.*» Florent Argentier, directeur du marketing direct chez France Loisirs, *Action Vente à distance* n° 5, 1er octobre 2004.

Le principe d'interdiction des ventes à primes

La vente à primes consiste à offrir au client ou au prospect la perspective d'obtenir, avec un produit ou un service acquis à titre onéreux un autre objet ou un autre service remis gratuitement. Cette offre faite à l'occasion d'achats ou suite à des achats est strictement encadrée, voire interdite. Cette interdiction ne concerne que les consommateurs en points de vente. La vente à primes étant possible entre professionnels. «Est interdite toute vente ou offre de vente de produits ou de biens, ou toutes prestations ou offres de prestations de services faites au consommateur, et donnant droit, à titre gratuit, immédiatement ou à terme, à une prime consistant en produits, biens ou services, sauf s'ils sont identiques à ceux qui font l'objet de la vente ou de la prestation», dit l'article L 121-35 du Code de la consommation.

Les cas de ventes à primes autorisées

La vente avec primes aux consommateurs est autorisée à condition que…
Les produits proposés soient identiques au produit vendu; il s'agit : – du «plus-pack» (le «2 pour 1»; 2 bouteilles de jus d'orange pour une achetée par exemple); – de la prime «girafe» (20 % de produit en plus); – de la prime «kangourou» (offre d'un format réduit du produit porteur pour le même prix); – la prime soit de faible valeur, car la valeur de l'objet ne doit pas amener le vendeur à pratiquer une «revente à perte»; il s'agit des «menus objets» La prime fasse apparaître le marquage indélébile du nom, dénomination, logo, sigle de l'entreprise. …/…

La prime consiste à offrir un article à prix réduit à tout acheteur d'un autre produit ou d'un service; il s'agit des primes dites « autopayantes ».
La vente liée pour 1 € de plus qui est considérée comme relevant de la législation sur les primes « autopayantes ».

Attention ! La prime autopayante, dès lors qu'elle est envoyée à son acheteur, est régie par les dispositions du Code de la consommation concernant la vente à distance et notamment par le délai de sept jours francs à compter du jour de la livraison pour retourner la prime et en demander le remboursement.

Conseils pratiques

Vérifiez la valeur du cadeau en fonction du prix de vente ou de la prestation de services offert.
Veillez au respect de l'intégralité des dispositions sur les primes.
Communiquer, de manière précise et claire sur la valeur commerciale du cadeau ou de la prime.
Informez le consommateur, dès l'achat du bien ou du service, des conditions ou des limitations applicables au cadeau ou à la prime.

La valeur de la prime comprend la valeur intrinsèque de la prime et les frais d'emballage et de port.

La Direction générale de la concurrence, de la consommation et de la répression des fraudes (DGCCRF)[1] et la jurisprudence rappellent que si l'offre se compose de plusieurs éléments qui pourraient être offerts indépendamment, ce sera la valeur totale de l'ensemble qui sera retenue.

1. La Direction générale de la concurrence, de la consommation et de la répression des fraudes (DGCCRF) exerce, au sein du ministère de l'Économie, des Finances et de l'Industrie, une mission essentielle de régulation à l'égard de l'ensemble des acteurs économiques, consommateurs, entreprises et collectivités locales. À ce titre, elle veille au fonctionnement loyal et sécurisé des marchés, ce qui implique l'élaboration de règles, des contrôles et, le cas échéant, des sanctions.

Le juge a dit

Pour déterminer la valeur de la prime (petites figurines Disney intégrées dans les bouchons de bouteilles de sirop), il faut «*prendre en compte la valeur intrinsèque des figurines offertes, ainsi que les coûts correspondant aux opérations d'emballage et de conditionnement des bouteilles permettant de disposer les figurines dans la coiffe des bouteilles. La valeur de la prime ainsi calculée excédant les limites légales autorisées, il a été jugé que l'opération commerciale était constitutive d'une vente avec prime interdite*». (Cour d'appel de Lyon, 17 décembre 1999, confirmé par la cour de cassation, chambre commerciale, 11 mars 2003).

En cas de violation des dispositions relatives à la vente avec primes, vous risquez une amende de 15 000 €.

Quiz

1. **Vous voulez offrir un home cinéma à vos clients à condition qu'ils vous achètent une Ferrari :**
   A : Vous aimeriez bien, mais c'est interdit.
   B : Vous mettez en place, sans plus attendre, un e-mailing promotionnel pour prévenir tous vos clients
   C : Vous ne savez quoi répondre et repartez quelques pages en arrière pour faire le point.
2. **Vous offrez à l'un de vos clients un séjour d'une semaine aux Seychelles pour lui et sa femme :**
   A : Vous en avez tout à fait le droit.
   B : Cela relève-t-il sincèrement de la gestion normale de l'entreprise ?
   C : Vous vous demandez si vous n'allez pas non plus en faire profiter son frère aîné.

Soldes et promotions *on line* en toute légalité

Conversation à bâtons rompus…

Le marketeur : Pourquoi empêcher le consommateur de réaliser une bonne affaire en limitant le niveau de réduction que nous voulons lui accorder ? Pourquoi les soldes sont-ils si encadrés[1] ? Pour les promotions nous pouvons toujours « jouer » sur la dépréciation comptable d'un stock pour vendre à perte. Je ne vois pas bien alors la différence fondamentale entre ce type de promotions et les soldes…

La juriste : La différence fondamentale entre les soldes et les promotions tient au type de produits qui font l'objet de la réduction ; dans le premier cas, il s'agit d'accélérer l'écoulement des marchandises en stock en un temps donné pour des raisons d'équilibre économique au niveau national alors que, dans le second cas, l'objectif est personnel à l'entreprise : il peut s'agir de stimuler les ventes d'un produit en particulier, de se servir d'un produit promotionnel comme produit d'appel pour toute une gamme et ce en toute indépendance.

1. Pour ceux qui auraient été choqués par le « ils » de la phrase, sachez que « solde » est un nom masculin.

Les soldes

Paroles de pros!

« Sur Internet, il y a une compétition permanente sur les prix, et les consommateurs viennent parce qu'ils savent qu'ils vont faire de bonnes affaires toute l'année, avec des promotions en permanence [...] mais les e-commerçants veulent eux aussi profiter de la période des soldes pour faire du marketing et baisser encore plus les prix. » Henri de Maublanc, président de l'Association pour le commerce et les services en ligne (Acsel), « Les soldes sur le Net : une bonne affaire marketing pour les e-commerçants », ZDNet.fr, par Estelle Dumout, le 11 janvier 2006.

« Les soldes, c'est le plus gros trafic de l'année sur l'Internet, devant Noël. Nous attendons entre 600000 et 700000 connexions le premier jour, contre 500000 l'année dernière. » Patrick Jacquemin, P-DG du site de produits high-tech RueDuCommerce, *Libération*, janvier 2007.

« Internet est une innovation de rupture qui a généré de nouveaux comportements dans le grand public. Le modèle traditionnel des soldes n'échappe pas à cette tendance et vit une réelle mutation. En quelques années, les consommateurs ont compris comment tirer parti au mieux du phénomène des soldes sur Internet et sont devenus des "conso-vendeurs". » Pierre Kosciusko-Morizet, PDG de PriceMinister, *NetEco*, janvier 2007.

La définition légale

Le Code de commerce précise que les soldes sont des « ventes accompagnées ou précédées de publicité et annoncées comme tendant, par une réduction de prix, à l'écoulement accéléré de marchandises en stock » (article L 310-3) ; et « ne peuvent être dénommées soldes que les opérations commerciales qui répondent à ces caractéristiques » (article L 310-3-II).

Le juge a dit

Les soldes se définissent comme « une offre particulière faite à la clientèle, portant sur des lots de marchandises strictement délimités et non renouvelables que le vendeur veut écouler de façon accélérée consentant des remises de prix attractives et intéressantes » (Cour d'appel de Pau 26 juin 2001).

Les soldes se caractérisent donc par :

- une réduction de prix ;
- une publicité ;
- un écoulement de stock de marchandises.

Le régime légal applicable

Les soldes sont régis par la loi 96-603 du 5 juillet 1996 qui pose un certain nombre de conditions. Les marchandises qui font l'objet des soldes doivent avoir été proposées à la vente depuis au moins un mois à la date de début de la période des soldes.

Les soldes ont une durée limitée. Il y en a deux par an d'une durée maximale de six semaines chacune. Les dates de début et de fin des soldes sont fixées dans chaque département par les préfets après consultation des professionnels.

Dans le domaine spécifique de l'Internet, la date de début des soldes est celle fixée par le département où se situe l'établissement responsable de l'offre faite à distance.

Néanmoins, notons que depuis début 2000 des dates fixes ont été mises en place au niveau national (soldes d'hiver de six semaines qui ont démarré le 15 janvier en 2000) pour éviter que les déplacements d'acheteurs d'une région à l'autre ne discriminent certains commerces par rapport à d'autres.

Vous devez...	Vous ne devez pas...
Faire apparaître clairement aux yeux des consommateurs la distinction entre les articles soldés et non soldés, à défaut, cela constitue de la publicité mensongère. Faire bénéficier les articles soldés des mêmes garanties en matière de défauts de fabrication non apparents ou de service après-vente. Effectuer la réduction de prix par rapport à un prix de référence, soit le prix le plus bas pratiqué au cours des 30 jours qui précèdent le début de l'opération.	Utiliser le mot « solde(s) » ou ses dérivés en dehors des cas définis par la loi. Avoir pour enseigne « soldeur » en permanence.

Et ailleurs comment ça se passe?

Chaque pays possède sa propre réglementation en matière de soldes.

Les Pays-Bas ont, depuis quelques années, supprimé toute législation sur les soldes.

Depuis le 1er avril 2004, l'Allemagne a libéralisé le régime des soldes dans le cadre d'une nouvelle loi contre la concurrence déloyale. La nouvelle loi allemande permet aux commerçants de réduire leurs prix à tout moment de l'année sans autorisation préalable.

L'Angleterre démarre ses soldes le 27 décembre.

Le Luxembourg a adopté une législation très similaire à la législation belge (soldes d'hiver et d'été deux fois par an, pendant un mois maximum, pré-soldes de trente jours) si ce n'est

qu'un arrêté ministériel fixe chaque année, après consultation des chambres professionnelles, les dates d'ouverture et de clôture des deux périodes de ventes en solde qui sont donc variables.
(Source : Le syndicat des indépendants et des PME de Belgique[1])

D'après le guide.com (http://www.leguide.com/lois/soldes.htm) : « *Durant les soldes, certains marchands jouent la politique du "ni repris, ni échangé". Cette règle est valable en magasin, mais elle ne s'applique pas à l'achat en ligne. Une commande sur Internet relève en effet de la vente à distance et à ce titre vous aurez toujours, soldes ou pas, le droit de retourner votre produit dans les sept jours après réception. C'est là tout l'intérêt de faire ses soldes en ligne ! Au cas où un marchand vous demanderait un numéro d'autorisation de retour pour faire valoir votre droit de rétractation de sept jours, nous vous rappelons que ce numéro ne peut être exigé qu'en cas de retour pour service après-vente, suite à une panne.* »

Les contrôles sont effectués par la direction générale de la concurrence, de la consommation et de la répression des fraudes et portent principalement sur le respect des dates, la réalité des rabais et la véracité de la publicité.

Pour sa part, « au cours de l'été 2002, la DGCCRF a effectué plus de 3500 contrôles en matière de soldes qui ont donné lieu à 214 procès-verbaux. Le taux d'infraction de 6 % est limité, mais des pratiques irrégulières demeurent.

Principales infractions relevées en % du total :

- soldes anticipés déguisés : 39 % (dont ventes privées illégales : 6 %) ;
- faux rabais : 25 % ;
- publicités irrégulières (publicité sur produits soldés, emploi illégal du mot « solde ») : 22 % ;
- infractions diverses (liquidations, ventes au déballage, facturation...) : 14 %. »

(Ministère des Petites et Moyennes Entreprises, du Commerce, de l'Artisanat et des Professions libérales[2])

1. http://www.sdi.be/fr/soldes3.html
2. http://www.pme.gouv.fr/actualites/dossierpress/dp06012003/enquete.htm.

Le juge a dit

« Pour l'appréciation de la sanction, il convient de relever que la société, consciente de la difficulté, avait précisé sur son site que les clients habitant un département où la période des soldes n'était pas ouverte ne pourraient être livrés que le 2 juillet (côte 9 des annexes au procès-verbal de la DGCCRF). Cette précaution ne peut avoir pour effet de faire disparaître l'infraction [...] Condamne la société à l'amende délictuelle de 10000 €, dont 5000 € avec sursis, à titre de peine principale pour l'infraction de vente en solde, par personne morale, en dehors des périodes autorisées. » (TGI de Bordeaux, 4e chambre jugement du 9 janvier 2006).

En cas d'infraction à la réglementation des soldes, vous risquez une amende pouvant atteindre 15000 € qui peut être multipliée par cinq pour les sociétés; des dommages et intérêts aux parties civiles; la publication éventuelle du jugement à vos frais (articles 121-2, 131-38, 131-39 9° du Code pénal et articles L 310-5, L 310-6 du Code du commerce).

Quiz

1. **Vous voulez fabriquer 1000 articles spécifiquement pour les soldes :**
   A : C'est tout à fait légal.
   B : C'est illégal, seules les marchandises proposées à la vente et payées depuis au moins un mois à la date de début des soldes peuvent être soldées.
2. **La date de début des soldes sur Internet est celle fixée par le département où se situe :**
   A : Votre résidence secondaire.
   B : Le lieu du domicile de votre plus gros client.
   C : L'établissement responsable de l'offre faite à distance.

Les promotions

Paroles de pros !

« *Diverses condamnations pour manquement aux règles de publicité lors d'opérations promotionnelles ont d'ores et déjà été réalisées à l'encontre de cybermarchands.* » Élodie Massin, avocate et senior associate chez Baker et Mckenzie, « e-Commerce : connaître les règles de la promotion des ventes », par Solveig Emerard-Jammes, *Journal du Net*, 13 octobre 2006.

Les promotions appelées aussi réductions, rabais, ristournes sont des opérations promotionnelles réalisées en dehors des périodes des soldes ; elles ne font l'objet d'aucune définition légale.

À la différence des soldes, elles peuvent avoir lieu toute l'année. Les cybermarchands peuvent donc réaliser des promotions, des réductions, des rabais, des ristournes quand ils le souhaitent. Ces promotions sont licites si elles respectent les dispositions réglementaires (arrêté du 2 septembre 1977, circulaire du 8 décembre 2005 relative aux relations commerciales, loi de janvier 1992). Les ventes promotionnelles sont réglementées par l'interdiction de revente à perte (L 442-2 du Code de commerce).

Vos ventes promotionnelles doivent :

- ne pas correspondre à la définition légale des soldes, c'est-à-dire viser l'écoulement accéléré du stock de marchandises ;
- être limitées dans le temps ;
- préciser les dates de début et de fin de ces opérations de promotion ;
- faire figurer dans les conditions générales de vente :
  - le montant ;

– les modalités selon lesquelles tout acheteur peut bénéficier de réductions de prix,

– les conditions dans lesquelles elles sont consenties.

- mettre en place obligatoirement un double marquage : prix normal barré, prix réduit (si vous choisissez de proposer un taux unique de remise, ce double marquage n'est pas obligatoire, mais vous devrez alors afficher clairement ce taux) ;
- indiquer la disponibilité des produits pendant la période à laquelle se rapporte la publicité ;
- pouvoir être honorées durant toute la durée sur laquelle la promotion est proposée et ce même si le produit objet de la vente n'est plus en stock (vous devrez réaliser un réassort auprès de votre fournisseur).

Enfin, la DGCCRF précise que « *le commerçant doit enregistrer votre commande pendant la durée de validité de l'opération de réduction de prix, et vous devez obtenir le même article ou un article équivalent au prix promis par la publicité* ».

Cartes de fidelité *on line* en toute légalité

Conversation à bâtons rompus...

Le marketeur : La carte de fidélité permet de récompenser l'acheteur assidu, et elle offre la possibilité au marketeur de créer un lien fort avec le consommateur : offres spéciales, cadeaux, remises... Elle permet aussi de bien suivre ses achats. Pour être plus efficace, nous créons des partenariats (avec cette carte, le consommateur, en plus de ses achats sur le Web, peut gagner des points lorsqu'il prend le train ou lorsqu'il fait le plein, part en vacances, ...). Nous la lions même de plus en plus à une carte de paiement... Mais ce n'est pas parce que nous sommes « de vilains marketeurs », mais parce que dans un portefeuille, il n'y a pas la place pour des milliers de cartes ! Je ne sais pas pourquoi, mais je sens bien que là, je crispe la juriste...

La juriste : Elle se crispe en effet... car non seulement vous liez ces cartes de fidélité à des cartes de paiement poussant certains de nos concitoyens encore un peu plus loin dans le surendettement personnel mais, en plus, pour rentabiliser le coût de telles opérations, vous n'hésitez pas à développer des cartes co-brandées pour atteindre une taille critique. Résultat, les informations récupérées *via* la carte de fidélité ne servent pas uniquement la première entreprise interlocutrice du consommateur mais bien d'autres. Ainsi, la carte Monoprix peut être aussi utilisée lorsque j'achète un billet de train à la SNCF. La proposition paraît alléchante au départ : gagner des smiles ! Mais au final y gagne-t-on vraiment quelque chose ? Combien d'achat faudra-t-il faire pour que l'équilibre soit rétabli ? C'est vrai, là je suis crispée.

Définition marketing

Paroles de pros!

«Le montant moyen du panier d'un détenteur d'une carte de fidélité, tous secteurs confondus, augmente de 39 %.» Lettre de la fidélisation n° 45, septembre 2005.

«La carte comme simple vecteur d'accumulation de points, je n'y crois pas. Ce n'est pas un hasard si la Fnac, ou d'autres grandes enseignes, y ont intégré une fonction de paiement.» Guillaume Villemot, directeur général d'UrsaMaïor, *Marketing Direct*, 2001.

Selon une étude menée par TNS Direct en 2006 pour Accentiv, les Françaises possèdent en moyenne, 3,7 cartes de fidélité dans leur portefeuille. Les cartes de fidélité également connues sous le nom de «carte de magasin», «carte privative» ou encore «carte privilèges» sont largement répandues et permettent l'identification à chaque visite et ou chaque achat de son utilisateur. La carte de fidélité permettant souvent l'attribution d'avantages à l'utilisateur peut ainsi l'inciter à renouveler ses visites-achats. Le droit ne définit pas ce nouvel élément largement répandu au cœur de nos portefeuilles. Il faut dire que c'est une invention 100 % marketing.

Les cartes de fidélité ont donc plusieurs objectifs. Les programmes de fidélisation permettent de rentabiliser le portefeuille client, de récompenser la fidélité proprement dite; de prévenir le risque de la perte de clientèle, du fait de l'arrivée de concurrents nouveaux; de contribuer au développement des ventes et au soutien de la prospection; de monter des partenariats avec des confrères, des fournisseurs, et proposer une offre intégrée, incluant une plus large prestation de services et de remonter son handicap par rapport aux concurrents qui ont déjà des programmes de fidélisation.

Règles légales applicables

Les cartes de fidélité permettant à la fois d'obtenir des informations sur son utilisateur et de pousser ce dernier à consommer un certain nombre de produits vendus de manière promotionnelle, avec parfois la possibilité d'opter pour un crédit; les problèmes de droit dans ce domaine relèveront surtout :

- du droit à la vie privée et plus particulièrement de la protection des données personnelles nominatives;
- du droit de la consommation;
- du droit bancaire et financier lorsque la carte de fidélité devient carte de paiement et/ou carte de crédit.

La protection des données personnelles nominatives

Paroles de pros!

« Traçabilité de surveillance mais aussi, pourquoi pas, traçabilité de confiance avec l'affaire des steaks hachés contaminés commercialisés par un hypermarché du sud-ouest de la France. 80 % des clients ont été retrouvés et informés grâce à leur carte de fidélité. » Alain Borghesi, P-DG de Cecurity.com[1].

Comme nous l'avons déjà abordé dans le cadre du chapitre 2 consacré aux bases de données, vous devez respecter le droit à la vie privée des titulaires de la carte de fidélité et notamment :

- recueillir le consentement de la personne pour utiliser une information qui l'identifie ;
- vérifier que les données que vous traitez sont exactes, complètes et mises à jour;
- informer du caractère obligatoire ou facultatif des réponses, des conséquences d'un défaut de réponse des destinataires des informations;
- déclarer votre fichier à la CNIL.

« La CNIL a autorisé, le 7 juin 2005, l'utilisation d'une carte de fidélité comprenant un système de reconnaissance de l'empreinte digitale des voyageurs de l'aéroport de Nice-Côte d'Azur. Elle a considéré que ce système ne présentait pas de risques dans la mesure où l'empreinte digitale des personnes est exclusivement stockée sur la carte de fidélité et où il n'a aucun caractère obligatoire [...] La CNIL a autorisé la mise en œuvre de ce dispositif car : seules les données à caractère personnel des personnes volontaires sont traitées, l'empreinte digitale est uniquement stockée dans un support individuel exclusivement détenu par la personne concernée (en l'espèce la carte de fidélité) et dont elle décide librement de l'utilisation. Dans ces conditions, la CNIL a considéré que le dispositif soumis par la chambre de commerce et d'industrie de Nice-Côte-d'Azur ne comportait pas de risques particuliers pour la protection des libertés et des droits fondamentaux de la personne. » (*Échos des séances*, 27 juin 2005).

1. Texte de l'allocution introductive d'Alain Borghesi, P-DG de Cecurity.com, lors des 2e assises des correspondants Informatique et Libertés, organisées le 28 février 2006 à Paris par l'AFCDP (Association française des correspondants à la protection des données à caractère personnel), http://www.cecurity.com/site/PubArt200602.php

Le droit de la consommation et le droit bancaire

Paroles de pros!

«*Certains clients se laissent dépasser par leurs cartes, parce qu'ils s'en servent pour répondre à des impulsions d'achat ou pour résoudre des difficultés financières.*» Corinne Lamoussière, juriste à l'Institut national de la consommation, *L'Expansion*, avril 2006.

«*First Meta, une start-up de Singapour, spécialisée dans les services financiers et bancaires, va proposer aux résidents de l'univers en ligne, des cartes de crédit et services associés. Des banques sont déjà présentes dans Second Life, mais elles se bornent aux simples dépôts des Linden dollars, la monnaie "officielle". Or, chaque mois, ses 6,6 millions d'adeptes s'échangent des millions de ces dollars virtuels.*» Douglas Abrams, P-DG de First Meta, *ZDNet France*, 28 mai 2007.

Lorsque la carte de fidélité permet d'effectuer des achats en direct ou en différé voire à crédit, elle relève du droit bancaire et de la législation des cartes de paiement.

Le principe en droit français est celui du monopole des banques. Vous n'avez donc pas le droit de créer une carte de crédit sans faire une demande d'agrément.

Selon l'article 10 de la loi bancaire, codifié à l'article L 511-5 du Code monétaire et financier, «il est interdit à toute personne autre qu'un établissement de crédit d'effectuer des opérations de banque à titre habituel. Il est, en outre, interdit à toute entreprise autre qu'un établissement de crédit de recevoir du public des fonds à vue ou à moins de deux ans de terme»; sont des établissements de crédit «des personnes effectuant à titre de profession habituelle des opérations de banque».

Par ailleurs, une législation visant à protéger les consommateurs des dangers du crédit est applicable[1]. Les articles L 312-1 et suivants du Code de la consommation et la loi Scrivener n° 79-596 du 13 juillet 1979 disent que «la loi s'applique notamment à tout crédit à la consommation d'un montant maximum de 22000 € et d'une durée supérieure ou égale à trois mois. Elle oblige les organismes de crédit à remettre au client une offre préalable de crédit». Après renvoi de l'offre signée, la loi prévoit un délai de rétractation de sept jours.

1. Cette protection ne s'applique cependant pas aux prêts d'une durée inférieure ou égale à trois mois ; aux prêts d'un montant supérieur à 21500 € ; aux crédits se rapportant à une activité professionnelle ; aux prêts passés devant notaire et au crédit immobilier.

En cas...	vous risquez...
D'infraction à la réglementation financière. De crimes et délits prévus par la loi et punis des peines prévues pour l'escroquerie et l'abus de confiance.	Une peine d'emprisonnement ferme ou d'au moins six mois avec sursis. (Article L 500-1 du Code monétaire et financier , titre Ier du livre III du Code pénal).

Quiz

1. La carte de fidélité peut faire carte de crédit :

A : Dans n'importe quelles conditions.

B : Sous réserve de l'autorisation du directeur financier de l'entreprise.

C : Sous réserve de l'autorisation de la Banque de France.

2. Les informations concernant le titulaire de la carte :

A : Peuvent être diffusées à qui bon vous semble.

B : Ne peuvent être utilisées qu'aux fins préalablement annoncées au titulaire.

C : Ne servent à rien de toute façon.

Et ailleurs comment ça se passe?

«En Asie, à Dubaï ou en Turquie, la puce sert d'outil marketing pour la fidélisation. On parle "d'intelligence aux caisses", car le point de paiement devient un point de contact client.» Là-bas, comme dans les pays anglo-saxons, il existe des cartes flexibles, pour lesquelles le client choisit la couleur, le système de points... Avec plus de 200 partenaires, Asia Miles est le programme phare en Asie. Les miles cumulés peuvent être transformés en billets primes sur plus de seize compagnies aériennes [...] plus largement, ils peuvent être transformés en matériel électronique, séjours hôteliers, soins de beauté... Il existe donc, notamment aux États-Unis et en Grande-Bretagne, des programmes importants en nombre de membres, sans commune mesure avec ce qui se fait en France.» (Source : «À l'étranger, les pays anglo-saxons mènent la danse» par Céline Oziel, *Marketing Direct*, 1er décembre 2004)

POUR ALLER PLUS LOIN

Quelques bonnes adresses

Association des agences conseil en communication (AACC) :
40, boulevard Malesherbes, 75008 Paris. Tél. : 01 47 42 13 42.
Fax : 01 42 66 59 90.

Bureau européen des unions de consommateurs (BEUC) :
36, avenue de Tervueren batiment 4 1040 Bruxelles Belgique.
Tél. : +32 2 7 43 15 90. Fax : +32 2 7 40 28 02. E-mail : consumers@beuc.org.
Site : www.beuc.org.

Direction générale de la concurrence, de la consommation et de la répression des fraudes (DGCCRF) : 59, boulevard Vincent-Auriol, 75703 Paris Cedex 13.
Tél. : 01 44 87 17 17. Site : www.minefi.gouv.fr/DGCCRF.

Fédération des entreprises vente à distance (FEVAD) : 60, rue de la Boétie,
75008 Paris. Tél. : 01 42 56 38 86, Fax : 01 45 63 91 95.
E-mail : clmorre@fevad.com. Site : www.fevad.com.

Petite bibliographie spécialisée

ANDRIEU, É. « Une révolution dans la promotion des ventes : la proposition de règlement du parlement européen et du Conseil relative aux promotions des ventes dans le marché intérieur », *Légipresse*, n° 187, 1er décembre 2001.

BONNET-DESPLAN, M.-P., GENTY, N., SERMET, N., *Droit de la publicité et de la promotion des ventes,* Dalloz, 2005.

CHANDON, P., « Dix ans de recherches sur la psychologie et le comportement des consommateurs face aux promotions », *Recherche et Applications en Marketing*,1994.

CLAIRE, F., « Le PMU prépare ses paris sur le Web », *Le Journal du Net*, 7 février 2001.

CHANTERAC (de) et FABRE, *Droit de la publicité et de la promotion des ventes*, Dalloz, 1996.

DESMET, P., *Promotion des ventes. Du 13 à la douzaine à la fidélisation*, Dunod, 2007.

DUCOURTIEUX, C., MACKE, G., « Les casinos éclosent sur Internet, en profitant d'un flou juridique », *Le Monde*, 3 février 2002.

LAUNET, É. « La fièvre du cyberjeu atteint la France », et « Élaborer un cadre légal, indispensable », *Libération*, 17 janvier 2002 et « Les sénateurs veulent flamber en ligne », *Libération*, 22 février 2002.

LENDREVIE, J., et LINDON, D., *Mercator, théorie et pratique du marketing*, Dalloz, 1997.

MISSE, B., *Les jeux, loteries, concours, primes et cadeaux*, Guide juridique Alain Bensoussan, 1992.

PECNARD Christophe et DELESALLE Dimitri, « Casinos et loteries sur Internet », Legicom n° 21/22 - 2000/1 et 2.

TRUCY, F., « Les jeux de hasard et d'argent en France », Rapport de la commission des finances du sénat, www.senat.fr n° 223, 2001-2002.

VERBIEST T., « Les casinos virtuels : une nouvelle cybercriminalité ? », Juriscom.net, 10 avril 2002, http://www.juriscom.net.

VERBIEST, T., et RICCIO G. M., «Jeux et loteries sur Internet : un vent de libéralisation souffle sur l'Europe», 28 novembre 2000, http://www.droit-technologie.org.

Annexes

Creative Commons

Creative Commons propose gratuitement des contrats flexibles de droit d'auteur pour diffuser vos créations et permettre à d'autres de les utiliser selon vos conditions :

- accorder plus de libertés que le régime minimum du droit d'auteur;
- autoriser à l'avance le public à effectuer certaines utilisations selon les conditions exprimées par l'auteur, tout en conservant ses droits;
- faciliter la diffusion, la recherche et la réutilisation d'œuvres dans d'autres créations (textes, photos, musique, films ou encore sites Web).

Les contrats *Creative Commons* se présentent sous trois formes :

- un contrat pour les juristes;
- un résumé explicatif pour que les conditions d'utilisation, en lien dans le logo CC « Certains droits réservés » que vous apposez près de votre œuvre, apparaissent clairement aux utilisateurs;
- des métadonnées pour la recherche automatique en ligne : plus de 53 millions de pages placées sous CC en août 2005.

Les conditions :

- l'autorisation de reproduire, distribuer et communiquer cette création au public, à condition de le faire à titre gratuit;
- des options à sélectionner par le titulaire des droit qui choisit un contrat sur le site *Creative Commons*.

Paternité : il est obligatoire de citer le nom de l'auteur	BY:		
Paternité Pas de modification	BY:		=
Paternité Pas d'utilisation commerciale Pas de modification	BY:	$	=
Paternité Pas d'utilisation commerciale	BY:	$	
Paternité Pas d'utilisation commerciale Partage des conditions initiales à l'identique	BY:	$	↻
Paternité Partage des conditions initiales à l'identique	BY:		↻

Chacune des conditions optionnelles peut être levée après l'autorisation du titulaire des droits.

L'option « Pas d'utilisation commerciale » n'interdit pas définitivement toute utilisation commerciale, elle signifie que toute personne souhaitant effectuer une utilisation commerciale de cette œuvre devra demander l'autorisation, comme sous le régime traditionnel où tous les droits sont réservés, de même pour l'option « Pas de modification ».

Si l'œuvre est modifiée, l'option « Partage des conditions initiales à l'identique » demande aux auteurs de la nouvelle œuvre de l'offrir au public avec les mêmes libertés (les mêmes options *Creative Commons*) que l'œuvre originaire, c'est le principe des licences de logiciels libres.

Le système *Creative Commons* permet à l'avance et simplement aux titulaires de droits : de choisir et d'exprimer simplement les conditions d'utilisation de leurs œuvres aux utilisateurs : de ne pas avoir à négocier systématiquement une autorisation avant toute utilisation.

Un titulaire de droits, membre d'une société de gestion collective (SACEM), devra en principe déclarer ses œuvres au fur et à mesure de leur création, et ne peut pas les placer sous contrat CC car il a délégué la gestion de ses droits d'exploitation, et n'est plus en mesure d'offrir une exploitation gratuite.

Creative Commons France : http://fr.creativecommons.org/

Modèles

- Modèle d'autorisation écrite du Forum des droits de l'Internet pour faciliter vos démarches d'acquisition des droits d'auteur figurant sur le site (http://www.foruminternet.org/telechargement/documents/autorisation.rtf):
- Modèle de contrat de commande d'une œuvre de la SCAM : collaboration à une œuvre multimédia (scénario interactif, conception graphique, réalisation), voir pièce jointe en pdf accessible sur le site de la SCAM à http://www.scam.fr/scam.php?unfold=34 & xmlfile=Scam/Deposer
- Modèle de dépôt d'une œuvre multimédia à l'APP : voir pièce jointe en pdf accessible sur le site de l'APP (http://app.legalis.net/pdf/Formulaire_de_Depot_APP_et_tarifs_et_codif_iddn.pdf).
- Modèles de mentions particulièrement bien rédigées concernant les cookies :

1 - Extrait des mentions légales du site Relais & Châteaux (http://www.relaischateaux.com/page.php3?lang=fr&controller=art_generic_temp&id_rubrique=43):

Cookies

Relais & Châteaux souhaite implanter un « cookie » dans votre ordinateur. Un « cookie » ne nous permet pas de vous identifier. De manière générale, il enregistre des informations relatives à la navigation de votre ordinateur sur notre site (la langue d'affichage, la monnaie de préférence, l'affichage de codes GDS pour les agences, le carnet de route...) que nous pourrons lire lors de vos visites ultérieures. En l'espèce, il contient les informations que vous venez de nous fournir. Ainsi, vous n'aurez pas besoin, lors de votre prochaine visite, de remplir à nouveau le formulaire que nous vous avons proposé. La durée de conservation de ces informations dans votre ordinateur est de 1 000 jours.

Nous vous informons que vous pouvez vous opposer à l'enregistrement de « cookies » en configurant votre navigateur de la manière suivante :

Si vous naviguez sur Internet avec Internet Explorer 3 ou 4 (Microsoft) : Cliquez "affichage", "options", "avancées". Parmi différents avertissements que vous pouvez activer, le quatrième est intitulé "avertir avant d'accepter des cookies" et, uniquement sur Internet Explorer 4, le cinquième est intitulé "refuser toujours les cookies". Si vous naviguez sur Internet avec Navigator Gold 3 (Netscape) : Cliquez "options", "préférences du réseau", "protocoles". Parmi différents avertissements que vous pouvez activer, le premier est intitulé "avertir avant d'accepter un cookie".

Vous serez alors averti(e) lors de l'arrivée d'un "cookie" et vous pourrez vous opposer à son enregistrement par votre logiciel de navigation.

Toutefois, nous attirons votre attention que le refus des cookies peut réduire la convivialité d'utilisation du site des Relais & Châteaux, et même rendre impossible l'utilisation de certaines fonctionnalités, tel le Carnet de Route.»

2 - Extrait des conditions d'usage du site Management (http://www.management.fr/contenu_editorial/pages/autres/conditions.php:

«Nous souhaitons implanter un "cookie" dans votre ordinateur. Un "cookie" ne nous permet pas de vous identifier; en revanche, il enregistre des informations relatives à la navigation de votre ordinateur sur notre site (les pages que vous avez consultées, la date et l'heure de la consultation, etc.) que nous pourrons lire lors de vos visites ultérieures.

Nous vous informons que vous pouvez vous opposer à l'enregistrement de "cookies" en configurant votre navigateur de la manière suivante :

- *si vous naviguez sur Internet avec Internet Explorer 3 ou 4 (Microsoft) : cliquez «affichage», «options avancées». Parmi les différents avertissements, le quatrième est intitulé «avertir avant d'accepter des cookies» et, uniquement sur Internet Explorer 4, le cinquième est intitulé «refuser toujours les cookies».*
- *si vous naviguez sur Internet avec Navigator Gold 3 (Netscape) : cliquez «options», «préférences du réseau», «protocoles». Parmi les différents avertissements, le premier est intitulé «avertir avant d'accepter un cookie». Vous serez alors averti lors de l'arrivée d'un cookie et vous pourrez vous opposer à son enregistrement par votre logiciel de navigation.*

3 - Extrait des mentions légales du site Pay Pal (https ://www.paypal.com/fr/cgi-bin/webscr?cmd=p/gen/ua/policy_privacy-outside) :

Notre utilisation des cookies

Les cookies sont des petits fichiers de données qui résident sur votre ordinateur et qui nous permettent de vous reconnaître en tant qu'utilisateur de PayPal lorsque vous revenez sur notre site à partir du même ordinateur et via le même navigateur. Nous envoyons un «cookie de session» à votre ordinateur si vous vous connectez à votre compte PayPal en entrant votre adresse e-mail et votre mot de passe. Ces cookies nous permettent de vous identifier lorsque vous visitez plusieurs pages de notre site au cours d'une même session, si bien que vous n'avez pas à entrer votre mot de passe plusieurs fois. Dès que vous

vous déconnectez ou fermez votre navigateur, ces cookies de session expirent et n'ont plus d'effet.

Nous utilisons aussi des cookies à durée de vie plus longue visant à afficher votre adresse e-mail dans notre formulaire d'ouverture de session, pour vous éviter de la ressaisir chaque fois que vous vous connectez à votre compte PayPal. Par ailleurs, nous utilisons les cookies dans le cadre de notre programme de parrainage, afin de pouvoir vérifier quel utilisateur ouvre un compte par l'intermédiaire de quel marchand, tel que décrit ci-dessous. Nous cryptons nos cookies afin d'être les seuls à pouvoir interpréter les informations qu'ils contiennent. Vous êtes libre de refuser nos cookies si votre navigateur le permet, mais cela risque d'interférer avec votre utilisation de notre site.

Textes juridiques applicables

Au marketing *on line*

Les principaux textes applicables en France aux activités de marketing *on line* relèvent du droit international, européen et national.

Aux bases de données

Les textes internationaux

Convention de Berne de 1886.

Lignes directrices de l'Organisation de coopération et de développement économiques (OCDE) du 23 septembre 1980.

Accords internationaux sur la protection des droits intellectuels (ADPIC) du 15/04/1994 de l'Organisation mondiale du commerce (OMC).

Traité de l'Organisation mondiale de la propriété intellectuelle (OMPI) du 20/12/1996 sur le droit d'auteur.

Les textes européens

Directive CE 1995/46 du 24 octobre 1995 relative à la protection des personnes physiques à l'égard du traitement des données à caractère personnel.

Directive CE 1996/29 du 11 mars 1996 concernant la protection juridique des bases de données.

Directive n° 97/66/CE du 15 décembre 1997 concernant le traitement des données à caractère personnel et la protection de la vie privée dans le secteur des télécommunications.

Directive CE 2001/29 du 22 mai 2001 sur l'harmonisation de certains aspects du droit d'auteur et des droits voisins de la société d'information.

Directive CE 2002/58/du 12 juillet 2002 concernant le traitement des données à caractère personnel et la protection de la vie privée dans le secteur des communications électroniques.

Les textes nationaux

Code de la propriété intellectuelle.

Loi n° 78-17 du 6 janvier 1978. Loi Informatique et Libertés relative à l'informatique, aux fichiers et aux libertés, dite loi CNIL.

Loi n° 85-660 du 3 juillet 1985 sur les logiciels.

Loi n° 98-536 du 1er juillet 1998 sur la protection des bases de données.

Loi n° 2000-230 du 13 mars 2000 portant adaptation du droit de la preuve aux technologies de l'information et relative à la signature électronique.

Loi n° 2004-575 du 21 juin 2004. Loi pour la confiance en l'économie numérique, dite LCEN ou LEN.

Loi n° 2004-801du 6 août 2004. Loi Informatique et Libertés relative à la protection des personnes physiques à l'égard des traitements de données à caractère personnel et modifiant la loi n° 78-17 du 6 janvier 1978, dite loi LIL.

Loi n° 2006-961 du 1er août 2006 relative au droit d'auteur et aux droits voisins dans la société de l'information.

À l'e-mailing

Les principaux textes applicables à la prospection *on line* en France relèvent du droit international, européen et national.

Les textes internationaux

Convention de Vienne du 14 avril 1980.

Convention des Nations Unies sur les contrats de vente internationale de marchandises.

Convention de La Haye du 15 juin 1955.

Convention sur la loi applicable aux ventes à caractère international d'objets mobiliers corporels.

Les textes européens

Directive CE 2000/31 du 8 juin 2000 relative à certains aspects juridiques des services de la société de l'information, et notamment du commerce électronique, dans le marché intérieur.

Directive CE 97/66 du 15 décembre 1997 concernant le traitement des données à caractère personnel et la protection de la vie privée dans le secteur des télécommunications.

Directive CE 97/7 du 20 mai 1997 concernant la protection des consommateurs en matière de contrats à distance.

Directive CE 1999/93 du 13 décembre 1999 sur un cadre communautaire pour les signatures électroniques.

Directive CE 2002/58 du 12 juin 2002 concernant le traitement des données à caractère personnel et la protection de la vie privée dans le secteur des communications électroniques.

Les textes nationaux

Code de la propriété intellectuelle-CPE (dont l'article L 713-5).

Code des Postes et Communications électroniques (dont l'article L 34 -5).

Code de la consommation (dont l'article L 121-20-5).

Loi n° 89-1008 du 31 décembre 1989 relative au développement des entreprises commerciales et artisanales et à l'amélioration de leur environnement économique, juridique et social.

Loi 94-665 du 4 août 1994 relative à l'emploi de la langue française.

Loi 2000-230 du 13 mars 2000 portant adaptation du droit de la preuve aux technologies de l'information et relative à la signature électronique.

Loi n° 2004-669 du 9 juillet 2004 relative aux communications électroniques et aux services de communication audiovisuelle.

Ordonnance n° 2001-670 du 25 juillet 2001 portant adaptation au droit communautaire du Code de la propriété intellectuelle et du Code des postes et télécommunications.

Loi n° 2004-575 du 21 juin 2004 pour la confiance dans l'économie numérique.

Loi n° 2004-669 du 9 juillet 2004 sur les communications électroniques et les services de communication audiovisuelle.

La loi n° 2004-801 du 6 août 2004 relative à la protection des personnes physiques à l'égard des traitements de données à caractère personnel.

Code des Postes et Communications Électroniques – CPCE.

Décret n° 2007-162 du 6 février 2007 relatif à l'attribution et à la gestion des noms de domaine de l'Internet.

Et aussi :

- charte française de l'Internet, règles et usages des acteurs de l'Internet en France, mars 1997 ;
- charte qualité de la vente à distance de la Fevad (Fédération des entreprises de vente à distance), juin 2000 ;
- code de déontologie de la communication directe électronique de mars 2005 ;
- charte de l'e-mailing de l'UFMD (Union française du marketing direct)[1] du 31 mars 2005 ;
- accord européen de coopération dans le cadre du réseau de contact des autorités anti-spams (CNSA) ;
- charte de l'édition électronique du GESTE du 10 août 2001 qui s'adresse aussi bien aux éditeurs qu'aux utilisateurs.

Au site Internet et au Web 2.0

Les textes internationaux

Convention de Berne de 1886.

Convention de La Haye du 15 juin 1955.

Convention des Nations Unies du 11 avril 1980, dite Convention de Vienne.

Convention de Rome du 19 juin 1980.

Lignes directrices de l'Organisation de coopération et de développement économiques (OCDE) du 23 septembre1980.

Accords internationaux sur la protection des droits intellectuels (Adpic) du 15 avril 1994 de l'Organisation mondiale du commerce (OMC).

1. L'UFMD regroupe plusieurs organisations et associations professionnelles : la FEVAD, l'UDA, l'AACC, la Marketing mobile association (MMA), l'Union nationale des organismes faisant appel à la générosité du public (UNOGEP), le Syndicat des producteurs de cadeaux d'affaires et d'objets Publicitaires (SYPROCAF), le BVP, le Cercle du marketing direct (CMD), l'Institut européen du marketing direct (IEMD), La Poste.

Traité de l'Organisation mondiale de la propriété intellectuelle (OMPI) du 20 décembre 1996 sur le droit d'auteur.

Les textes européens

Directive 85/577/CEE du 20 décembre 1985 concernant la protection des consommateurs dans le cas de contrats négociés en dehors des établissements commerciaux.

Recommandation 87/598/CEE de la Commission, du 8 décembre 1987, portant sur un code européen de bonne conduite en matière de paiement électronique.

Directive 90/314/CEE du 13 juin 1990 concernant les voyages, vacances et circuits à forfait.

Directive 93/13/CEE du 5 avril 1993 sur les clauses abusives dans les contrats conclus avec les consommateurs.

Directive 94/47/CE du 26 octobre 1994 sur la protection des acquéreurs pour certains aspects des contrats portant sur l'acquisition d'un droit d'utilisation à temps partiel de biens immobiliers.

Directive 97/7/CE du 20 mai 1997 concernant la protection des consommateurs en matière de contrats à distance.

Directive 98/6/CE du 16 février 1998 relative à la protection des consommateurs en matière d'indication des prix des produits offerts aux consommateurs.

Directive 98/27/CE 19 mai1998 relative aux actions en cessation en matière de protection des intérêts des consommateurs.

Directive 1999/44/CE du 25 mai1999 sur certains aspects de la vente et des garanties des biens de consommation.

Directive 1999/93/CE du 13 décembre1999 sur un cadre communautaire pour les signatures électroniques, entrée en vigueur le 19 juillet 2001.

Directive 2000/31/CE sur les aspects juridiques du commerce électronique du 8 juin 2000.

Directive 2001/29 CE du 22 mai 2001 sur l'harmonisation de certains aspects du droit d'auteur et des droits voisins de la société d'information.

Directive 2002/58/CE du 12 juillet 2002 concernant le traitement des données à caractère personnel et la protection de la vie privée dans le secteur des communications électroniques.

Directive 2005/29/CE relative aux pratiques commerciales déloyales.

Le livre vert sur la révision de l'acquis communautaire en matière de protection des consommateurs présenté par la Commission européenne du 8 février 2007.

Les textes nationaux

Code civil.

Code pénal.

Code de la propriété intellectuelle.

Code monétaire et financier

Code de commerce.

Loi du 29 juillet 1881 relative à la liberté de la presse modifiée et complétée notamment par la loi du 29 juillet 1982 sur la communication audiovisuelle et celle du 1er août 1986 portant réforme du régime juridique de la presse.

Loi n° 84-46 du 24 janvier 1984 relative à l'activité et au contrôle des établissements de crédit.

Loi n° 93-980 du 4 août 1993 relative au statut de la Banque de France et à l'activité et au contrôle des établissements de crédit.

Loi n° 90-615 du 13 juillet 1990 sur le racisme dite « loi Gayssot ».

Loi n° 90-1170 du 29 décembre 1990 sur la réglementation des télécommunications.

La loi n° 96-659 du 26 juillet 1996 modifiant la loi du 29 décembre 1996.

Décrets n° 98-101 et n° 98-102 du 24 février 1998 définissant les conditions dans lesquelles sont souscrites les déclarations et accordées les autorisations concernant les moyens et prestations de cryptologie.

Décret n° 99-199 du 17 mars 1999, « définissant les catégories de moyens et de prestations de cryptologie dispensés de toute formalité préalable ».

Décret n° 99-200 du 17 mars 1999 « définissant les catégories de moyens et de prestations de cryptologie pour lesquelles la procédure de déclaration préalable est substituée à celle d'autorisation ».

Loi n° 2004-575 du 21 juin 2004 pour la confiance en l'économie numérique, dite LCEN ou LEN.Loi n° 2000-230 du 13 mars 2000 portant adaptation du droit de la preuve aux technologies de l'information et relative à la signature électronique.

Loi n° 2006-961 du 01 août 2006 relative au droit d'auteur et aux droits voisins dans la société de l'information.

Charte française de l'Internet « Règles et usages des acteurs de l'Internet en France » de mars 1997.

Charte AFNIC[1] de nommage relatif au nom de domaine en .fr du 15 janvier 2007.

À la publicité

Les textes internationaux

Code des pratiques loyales en matière de publicité de la Chambre de commerce internationale.

Convention internationale relative aux droits de l'enfant du 24 novembre 1989.

Les textes européens

Directive 84/450/CEE du 10 septembre 1984 relative à la publicité trompeuse.

Directive relative à la télévision sans frontières du 3 octobre 1989 (notamment en son article 16).

Directive 97/55/CE du 6 octobre 1997 modifiant la directive 84/45/CEE sur la publicité trompeuse et comparative.

Directive CE du 8 juin 2000 sur le commerce électronique.

Directive 2003/33/CE du 26 mai 2003 concernant le rapprochement des dispositions législatives, réglementaires et administratives des États membres en matière de publicité et de parrainage en faveur des produits du tabac.

Règlement CE n° 1924/2006 du 20 décembre 2006 concernant les allégations nutritionnelles et de santé portant sur les denrées alimentaires.

Les textes nationaux

Code de la consommation (dont l'article 121-1).

Code pénal.

Code de la santé publique (dont l'article L 3511-3).

Loi du 16 juillet 1949 modifiée par les lois du 29 novembre 1954 et 31 décembre 1987 sur les publications destinées à la jeunesse.

Loi Barzach du 30 juillet 1987.

1. L'Association française pour le nommage Internet en coopération (ci-après dénommée AFNIC) est une association régie par les dispositions de la loi du 1er juillet 1901 chargée d'attribuer et de gérer les noms de domaine, au sein des zones de nommage correspondant au territoire national qui lui ont été déléguées.

Loi du 12 juillet 1990 sur la protection de l'enfance dans les domaines de l'emploi des enfants de moins de seize ans dans la publicité ou dans la mode comme mannequins.

Loi Évin du 10 janvier 1991.

Loi n° 92-60 du 18 janvier 1992 sur la publicité comparative.

Loi n° 92-1336 du 16 décembre 1992.

Loi Sapin n° 93-122 du 29 janvier 1993.

Loi n° 94-665 du 4 août 1994 relative à l'emploi de la langue française.

Circulaire d'application de la loi Sapin 19 septembre 1994.

Ordonnance n° 2000-916 du 19 septembre 2000, art. 3, *Journal Officiel* du 22 septembre 2000, en vigueur le 1er janvier 2002.

Loi n° 2001-504 du 12 juin 2001 art 3 II, *Journal Officiel* du 16 juin 2001.

Ordonnance n° 2001-741 du 23 août 2001, art. 1, *Journal Officiel* du 25 août 2001 portant transposition de directives communautaires en matière de droit de la consommation.

Loi n° 2004-575 du 21 juin 2004 pour la confiance en l'économie numérique.

Loi n° 2004-806 du 9 août 2004 relative à la politique de santé publique.

Décret n° 2007-263 du 27 février 2007 relatif aux messages publicitaires et promotionnels en faveur de certains aliments et boissons et modifiant le Code de la santé publique et arrêté du 27 février 2007.

Recommandation du Forum des droits sur l'Internet adoptée le 3 mars 2003.

Recommandation du BVP du 24 septembre 2005.

Codes de déontologie du BVP et de l'Alliance européenne pour l'éthique en matière de publicité.

Règles d'autodiscipline des professionnels de la télévision.

Règles d'autodiscipline de l'Association des fournisseurs d'accès et de services Internet.

Règles d'autodiscipline de l'Union de la publicité extérieure (UPE).

Recommandation du Forum des droits sur l'Internet adoptée le 26 xx 2005 sur « les liens commerciaux ».

Rapport national du Conseil national de la consommation sur la publicité et l'enfant.

Charte pour la communication sur Internet des entreprises pharmaceutiques du 20 octobre 2006.

Aux offres promotionnelles

Les principaux textes applicables aux opérations promotionnelles *on line* en France relèvent du droit international, européen et national.

Les textes internationaux

Code international de la CCI de pratiques loyales en matière de promotion des ventes.

Les textes européens

Livre vert sur les « Communications commerciales dans le marché intérieur » du 18 mai 1996.

Directive 2000/31/CE du 8 juin 2000 relative à certains aspects juridiques des services de la société de l'information, et notamment du commerce électronique, dans le marché intérieur (Directive « commerce électronique »).

Règlement 44/2001 du Conseil du 22 décembre 2000.

Livre vert sur la protection des intérêts économiques des consommateurs dans l'Union européenne du 2 octobre 2001.

Proposition de règlement du Parlement européen et du Conseil relatif aux promotions des ventes dans le marché intérieur : communication de la Commission au Parlement européen du 2 octobre 2001.

Proposition modifiée de règlement du Parlement européen et du Conseil relatif aux promotions des ventes dans le marché intérieur 25 octobre 2002.

Les textes nationaux

Code de la consommation (dont les articles L 121-36 et suivants sur les loteries réalisées par voie d'écrit pour les opérations publicitaires).

Code pénal.

Code de commerce (dont les articles L 310-1 à L 310-7).

Code général des impôts (dont les articles 39-5 et 238).

Loi du 21 mai 1836 portant prohibition des loteries (modifiée par la loi du 18 avril1924, la loi n° 86-1019 du 9 septembre 1986 et la loi n° 92-1336 du 16 décembre 1992).

Loi du 2 juin 1891 relatives aux paris hippiques.

Loi du 31 mai 1933 autorisant la création de la loterie nationale.

Loi n° 83-628 du 12uillet 1983 relative aux jeux de hasard.

Loi n° 89-421 du 23 juin 1989 relative à l'information et à la protection des consommateurs ainsi qu'à diverses pratiques commerciales.

Loi n° 96-588 du 1er juillet 1996 (dite loi Galland) pour la transparence et la loyauté des transactions commerciales et le rééquilibrage des rapports entre fournisseurs et distributeurs.

Réponse du ministre de l'Économie, des Finances et de l'Industrie, (publiée au J.O. n° 47223 du 28 août 2000).

Loi n° 2000-719 du 1er août 2000 modifiant la loi n° 86-1067 du 30 septembre 1986 relative à la liberté de communication.

Loi n° 2001-420 du 15 mai 2001 relative aux nouvelles régulations économiques.

Loi n° 2004-204 du 9 mars 2004 portant adaptation de la justice aux évolutions de la criminalité.

Loi n° 2005-882 du 2 août 2005 en faveur des PME.

Code des usages professionnels du SNCD (Syndicat des entreprises de vente à distance).

Recommandations du BVP.

Index

A

B

C

D

E

F

H

I

J

K

L

M

N

O

P

R

S

T

V

W

www.ingramcontent.com/pod-product-compliance
Lightning Source LLC
Chambersburg PA
CBHW061153220326
41599CB00025B/4469

* 9 7 8 2 2 1 2 5 3 9 8 2 0 *